Landolf Scherzer

Fänger & Gefangene

LANDOLF SCHERZER, geb. 1941 in Dresden, freier Schriftsteller in Thüringen, wurde vor allem durch Langzeitreportagen wie »Der Erste« und »Der Zweite« bekannt.

Außerdem sind lieferbar »Der Grenz-Gänger« (2005); »Immer geradeaus. Zu Fuß durch Europas Osten«; »Letzte Helden« (beide 2010) sowie »Urlaub für rote Engel« (2011). Zuletzt erschienen die Reportagen »Madame Zhou und der Fahrradfriseur« (2012) und »Stürzt die Götter vom Olymp. Das andere Griechenland« (2014).

Als Landolf Scherzer an Bord eines Fischfang- und Verarbeitungsschiffes anheuerte, wurden ihm zuerst Tips gegen die Seekrankheit gegeben: trockenes Brot kauen, immerzu trockenes Brot. 100 Tage lebte und arbeitete er an Bord, und fünf Tage davon benötigte er, bis er wieder aus einem Bullauge oder auf den Speiseplan blicken konnte, ohne daß ihm schlecht wurde. Dann aber kehrte seine Neugier zurück auf das Leben an Bord, auf die Geschichten, die während der Coffeetime erzählt wurden, auf Kanada und Grönland.

Ein Seemann ist aus Scherzer nicht geworden, das hatte sein-Kapitän am Anfang der Fahrt richtig prophezeit. »Jedoch: Wenn ich in Rostock an der Pier stehe, wenn ich irgendwo in der Welt dieSee sehe – manchmal sogar, wenn ich Fisch kaufe –, denke ich: Scherzer, die Zeit auf dem Dampfer war die beste Zeit deines Lebens!«

Über diese Zeit hat er einen so spannenden wie amüsanten Be-richt geschrieben, hat nun noch einmal nachgefragt, was aus denSeeleuten geworden ist, und hat sich obendrein die beliebtesten Gerichte aus der Bordküche aufschreiben lassen.

Landolf Scherzer

Fänger & Gefangene

2386 Stunden vor Labrador
und anderswo

Mit einem Nachwort
und Rezepten der Hochseefischer

aufbau taschenbuch

Der Schiffsname und die Namen der Besatzungsmitglieder wurden vom Autor verändert.

ISBN 978-3-7466-1470-0

Aufbau Taschenbuch ist eine Marke
der Aufbau Verlag GmbH & Co. KG

5. Auflage 2011

Bei Aufbau Taschenbuch erstmals 1998 erschienen

Umschlaggestaltung Preuße & Hülpüsch Grafik Design
Satz LVD GmbH, Berlin
Druck und Binden Book on Demand GmbH, Norderstedt
Printed in Germany

www.aufbau-verlag.de

Inhalt

Angelesenes zählt nicht mehr

Die Schiffe im Hafen sind größer, rostiger und verbeulter, als ich dachte.

Die Männer darauf lächeln nicht stolz und optimistisch wie in den Werbeprospekten der Kaderabteilung. Sie sprechen auch eine andere Sprache als ihre Betriebszeitung, die sich »Der Hochseefischer« nennt.

Zum ersten Mal balanciere ich über eine schwankende Gangway, stolpere über gespannte Stahltrossen, stoße mir den Kopf an der niedrigen Tür zum Schiffsbauch, hangele steile, enge Treppen hinunter und verlaufe mich hilflos in den winkligen Gängen. Ich bin unsicher und neugierig: ein 36jähriger Schulanfänger. Außer mir werden im Januar 1978 noch zweiundzwanzig neueingestellte Landratten (keine von ihnen ist älter als dreiundzwanzig) in einem fünftägigen Schnellkurs von nicht mehr fahrenden alten Hochseefischern und jüngeren Theoretikern seeklar gemacht.

Während des Einführungsvortrages in der Bildungsbaracke des Fischkombinates mühe ich mich, Steuerbord und Backbord auseinanderzuhalten. Steuerbord ist dort, wo das Lenkrad vom Auto nicht ist – also rechts. Dann erklären uns die Lektoren, was wir tun müssen, wenn unser Schiff sinkt, brennt, wir über Bord gehen, seekrank werden ...

»Früher gehörte zum Inventar der Rettungsboote auch ein Kartenspiel. Wir lassen es neuerdings weg, damit die Schiffbrüchigen nicht mehr um das Trinkwasser und den Notproviant skaten.«

Das stimmt mich optimistisch, denn ich bin ein schlechter Spieler.

»Falls jemand Heimweh bekommt und außenbords springen will oder sich bei Sturm nicht ordentlich festhält, sollte er sich bitte vorher überlegen, daß ein Fang- und Verarbeitungsschiff – angenommen, es fährt mit zwölf Knoten – schon rund 300 Meter entfernt ist, bevor er unten ankommt, wieder auftaucht, Luft holen und um Hilfe rufen kann.«

Gott sei Dank, ich werde unter Deck arbeiten.

»Gegen die Seekrankheit gibt es ein bewährtes Mittel: trokkenes Brot, immerzu trockenes Brot kauen! Sonst kotzt man sich nur die grüne Galle aus dem Leib und macht nicht einmal den Möwen eine Freude.«

Mit einem flauen Gefühl im Magen denke ich daran, daß mir schon auf dem Riesenrad speiübel wird.

Nach dem Vortrag über das Verhalten bei Schiffsuntergängen packen ein Eisenwarenverkäufer und ein Bibliothekar ihre Siebensachen und fahren wieder nach Hause. Wir übrigen erhalten am Ende des Lehrganges den »Sicherheitsqualifikationsnachweis« für künftige Fahrensleute. Schlafen dürfen wir im Rostocker Haus der Hochseefischer. An der Tür steht: »Keine öffentliche Gaststätte! Nur für Betriebsangehörige des Fischkombinates!«

Seeleute sind hier unter sich. In der Gaststätte säuft, qualmt und lärmt man wie in einer Mitropa-Bahnhofskneipe. Nach zehn Minuten tränen die Augen. Meine zwei Tischnachbarn sind um die fünfundzwanzig, bartlos, bleichgesichtig und ziemlich dickbäuchig.

Ich frage, wie lange sie schon zur See fahren.

Fünf Jahre der eine.

Sieben Jahre der andere.

Als Fischmehler der eine.

Als Produktionsarbeiter der andere.

Und wieviel Jahre wollt ihr noch auf dem Schiff bleiben?

»Ich habe meiner Frau gesagt: ›Laß mich noch zwei Jährchen, dann können wir uns einen Dacia kaufen.‹ Seitdem ist sie friedlich«, grient der Fischmehler.

Der andere zuckt mit den Schultern. »Weiß nicht, solange ich es durchhalte.« Er hat an Land als Beifahrer gearbeitet. »Was soll ich machen, wenn ich den Job hier aufgebe? Hab mich daran gewöhnt, im Monat an die 2 000 Eier auf die Hand zu kriegen ...«

Als ich sage, daß es meine erste Seereise wird, tröstet mich der Fischmehler. »Wenn du das erste, zweite oder dritte Mal fährst, stehst du beim Auslaufen noch neugierig an der Reling, aber danach wird es von Reise zu Reise schlimmer, dann hilft nur noch eins: Du mußt dich derart besaufen, daß du erst in der Nordsee wieder aufwachst.«

Ich frage sie, was ich für die 100-Tage-Fahrt mitnehmen muß. (Darüber hatte man uns weder in der Kaderabteilung noch während des Kurzlehrganges informiert.)

Die zwei zählen auf: Teppichknüpfwolle. Ein gutes Dutzend Flaschen Schnaps. Hausschlachtene Wurst. Formalin zum Präparieren von Seespinnen. Ein paar Lederhandschuhe.

»Wozu Lederhandschuhe?« frage ich.

»Damit dich das Kielschwein auf dem Dampfer beim Füttern nicht beißt«, sagt der Fischmehler.

Ich nicke mutig.

Einen Blumentopf mit Grünzeug. Rasierwasser und Spray gegen den Fischgestank. Einen guten Zollstock.

»Wozu einen Zollstock?« frage ich.

»Damit du nachmessen kannst, wenn du die Poller auf Deck mit dem Vorschlaghammer richten mußt«, sagt der Fischmehler.

Ich nicke ehrfurchtsvoll.

Magazine mit nackten Mädchen für die Kammerverschönerung. Buchenholzscheite zum Heilbutträuchern.

»Hausschuhe?« frage ich.

Nein, das sei überflüssig, die würde man sich auf dem Dampfer aus Ochsenfell basteln. Dagegen sei es lebenswichtig, einen Recorder mitzunehmen und mindestens dreißig bespielte Kassetten, denn mit der Musik des Kombinates könne man sogar die gefräßigsten Möwen von Deck jagen. Dann einen dicken Pullover. Kalender oder Metermaß zum Tageabstreichen. Briefmarken.

»Wozu Briefmarken?« frage ich.

»Wenn ihr auf dem Atlantik an einer Postboje vorbeikommt und du Briefe einwerfen willst«, sagt der Fischmehler.

Ich nicke verstehend.

Sie bestellen drei Flaschen Sekt. Schwärmen von den letzten zehn Freizeittagen, da hätte jeder von ihnen in der Rostocker »Storchenbar« fast einen Tausender auf den Kopf gehauen.

Das Wort »Storchenbar« wirkt auf meine Tischnachbarn alarmierend. Sie trinken nicht aus, zahlen, fragen, ob ich mitkäme. Nein, ich bin müde und will schlafen gehen.

Der Fischmehler spottet: »Aus dir Thüringer Löffelschnitzer wird nie ein Hochseefischer!«

Beim Portier bestellen sie telefonisch eine Taxe, finden keine zwanzig Pfennige und legen ein Fünfmarkstück hin. »Stimmt so!«

Im Zimmer oben brennt Licht. Ein junger Kerl in Jeans, Hemd und Sakko liegt auf dem Bett. Er hat die Schuhe zwar aufgebunden, aber nicht ausgezogen. Schläft auf dem Rücken und hält sich mit beiden Händen an den Seitenbrettern der Koje fest.

Hat er Angst aus der Koje zu fallen?

Auf dem Tisch liegen Wurstschalen, Brötchen, Zigarettenkippen, zwei leere Scotch-Whisky-Flaschen, Basarscheine für den Seemanns-Shop und – zwischen alldem verstreut – Fotos von einer jungen Frau mit Baby. Im Garten. Vor dem Einfamilienhaus. Am Fenster. In der Wohnstube …

Nach einer halben Stunde kommt der dritte Zimmergenosse.

Er ist nüchtern. Den Halbtoten auf dem Bett würdigt er mit keinem Blick. Schweigend zieht er sich aus. Eine Seejungfrau. Hammer und Sichel. Leuchtturm. Pralle Brüste. I like Eva. Palmen. Die USA-Flagge. Auf der linken Brustseite eine Narbe.

Ich frage ihn, wo er sich die geholt hat.

Er winkt ab. »Ein Filetiermesser vor zehn Jahren.«

»Wieso ein Filetiermesser?« frage ich.

Ich solle nicht so blöd quatschen, knurrt er. Oder wäre ich etwa (hier höre ich das Wort zum ersten Mal als Schimpfwort) eine Neueinstellung?

»Ja«, sage ich, »bin noch nie gefahren.«

»Dann sieh dich vor, mein Junge«, warnt er. »So ab dem 80. Tag behalte deine Hände immer schön in den Hosentaschen und verschlucke dich lieber an einem Wort, als daß du eins zuviel sagst. Nach 80 Tagen sind die Massen abgefischt. Da ist es an Bord, als hätte das Schiff nicht Fisch, sondern Dynamit geladen ...«

»Und das Filetiermesser?«

»Bekam ich seinerzeit in die Rippen, als ich zu einem Kumpel sage: ›Na, was wird deine Alte jetzt zu Hause machen?‹ Damals waren wir 83 Tage auf See.«

Er legt sich in Turnhose und Unterhemd auf die Koje, stemmt die angezogenen Knie gegen die Seitenwand, so, als könne er jeden Moment herausfallen.

Drei Tage später laufe ich – als Produktionsarbeiter angemustert – mit dem Fang- und Verarbeitungsschiff ROS 703 »Hans Fallada« nach Labrador aus.

Wir machen die Leinen los

Die Wehen hatten schon probeweise eingesetzt. Der Schiffskörper vibrierte von der Anstrengung der Maschine.

Aber noch liegt die »Hans Fallada« fest vertäut an der Pier

im Rostocker Hafenbecken. Noch kommen Lastkraftwagen mit Lenzpumpen, Plastesäcken, Waschpulver, Putzlappen, Kartonagen und Netzen längsseits, um das Schiff für Monate lebensfähig zu machen. Es wird beladen mit Mehl, Zucker, Eiern, Hefe, Kartoffeln, Kraut, getrockneten Bananen, Sauerkraut (das hätte Barents, der an Skorbut starb, das Leben gerettet), Knoblauchsalz, Rosenkohl, halben Rehen, Früchte-C-Kindersäften, Schokolade, Zigaretten, Meerrettich, gefrostetem Fischfilet (dabei muß ich an den Jäger denken, der zur Treibjagd einen gekauften Hasen im Rucksack mitnimmt), Mandarinen, Quark, Bratheringen, Rollmöpsen ...

Noch pumpt man Wasser in die Reservoirs. Und noch rennen die Schauerleute befehlend auf dem Deck umher; das Schiffsgehirn – Kapitän, 1. Technischer Offizier (Chief genannt) und Steuermann – läßt sie widerspruchslos schalten und walten.

Als der Kai dunkel und menschenleer wird, zittert das Schiff unter den 2 100 Pferdestärken der Hauptmaschine. Und nun ist es kein blinder Alarm, dieses Mal wird das Schiff abgenabelt, die Lebensstränge zum Mutterland werden unterbrochen, das Telefonkabel und die Stromleitung zerschnitten, die Gangway eingeholt.

Die »Hans Fallada« geht zum 45. Mal auf große Fahrt.

Vergessenes kann man jetzt nicht mehr nachholen, spätestens vor Labrador werden es der Koch, der Chief, der Arzt oder der Steuermann merken.

Das Schiffsgehirn arbeitet. Es weist durch den Bordfunk an: »Die noch nicht eingesammelten Seefahrtsbücher sind sofort beim 1. Steuermann abzugeben!« Bis zur Heimkehr in Rostock wird jedes amtlich in mehreren Sprachen bescheinigte Seemanns-Ich im Kapitänspanzerschrank verwahrt. Die Zollbeamten kontrollieren inzwischen Laderäume, Kammern, Stores, Personen und Papiere. Der Bordlautsprecher bittet die Offiziere zum Paßvergleich in die O-Messe, alle übrigen sollen sich sofort in der Mannschaftsmesse versammeln.

In dem engen Labyrinth von Gängen, Treppen und verschiedenen Decks hatte ich meine Kammer erst nach vielem Fragen gefunden. Auch den Weg zur Messe kenne ich nicht, denn während der drei Tage, an denen wir das Schiff mit Proviant und Ausrüstungen beluden, aßen wir im Speisesaal an Land. Suchend steige ich die Treppen zum zweiten Deck hinauf, und hier, wo es sonst nur nach Diesel stank, schnuppere ich jetzt den Duft von Braten. Ich tippe auf Gulasch oder Rostbrätl, gehe dem sympathischen Geruch nach und fühle mich, obwohl immer noch unwissend, wohin all diese Gänge, Treppen und Türen führen, plötzlich heimisch auf dem Schiff. Denn als erstes nach dem Ablegen hat man anscheinend zu kochen, zu backen und zu braten begonnen.

Neben der Kombüse, dem Ursprung des Duftes, finde ich die Mannschaftsmesse. Alle Drehstühle an den Tischen sind schon besetzt, und die restlichen dreißig Mann lehnen an der Wand oder sitzen auf dem Fußboden. Niemand spricht, jeder stiert wie abwesend auf seine Schuhspitzen oder irgendeinen Punkt in der Messe. Sie ist schmucklos, lediglich die Bullaugen sind von bunten Gardinen verdeckt.

Wir warten schweigend wie im Vorraum einer Behörde. Der Zeiger der Schiffsuhr ruckt laut knackend zehnmal weiter. Dann beginnt einer zu erzählen, wie sie – von Halifax kommend – den Zoll ausgetrickst hätten. Endlich wird gelacht in der Messe. Und plötzlich reden fast alle, berichten von Schallplatten und Taschenrechnern, die sie aus Kanada mitgebracht haben, preisen ihre todsicheren Verstecke für Schnaps, Pornos und Transitzigaretten: unter den Transportbändern, hinter den Fischkartons im Frostladeraum, in Plastetüten gewickelt und dann in Farbfässern versenkt, unter der Verschalung in der Toilette ... Obwohl ich die aufgezählten Räume noch nicht kenne, begreife ich die Grundregel: Nie in der eigenen Kammer! Die Matrosen und Arbeiter reden sich bei diesem Thema derart in Rage, daß die Zollbeamten erst laut husten müssen, damit wir merken, daß sie schon an der Tür der Messe stehen.

Die Zöllner – früher fuhren viele von ihnen selbst zur See – grienen gemütlich, für sie sind die heißen Verstecktips längst kalter Kaffee. Dann rufen die Grenzbeamten jeden einzelnen auf.

Die »Hier«- oder »Ja, hier«-Antworten sollen gelangweilt klingen. Müde erhebt man sich, und manche haben, wenn sie an den Zollbeamten vorbeigehen, die Daumen in die Hosentaschen gesteckt. Aber das sieht eckig aus wie bei schlechten Schauspielern.

Einer schauspielert garantiert nicht.

»Wales, Alfred!«

Nichts.

»Wales, Alfred!«

Wieder nichts.

Noch einmal: »Wales!«

Er hebt den Kopf. Aufstehen kann er nicht. Da hieven zwei Kumpels den Wales wie eine Schaufensterpuppe in die Höhe, halten ihn senkrecht, bis die Beamten das Paßbild verglichen haben, und bringen ihn hinaus. Nachdem ich entlassen bin, steige ich eine Treppe höher zum dritten Deck. An der Reling stehend, schaue ich zurück. Rostocks Lichter sind schon so klein wie Zündholzflämmchen.

Rechts und links von der Fahrrinne leuchten Bojen. Sie leiten das Schiff in der Enge der Warnow. Aber sie führen uns nur so lange, wie es unbedingt nötig ist; sobald wir die offene See erreicht haben, dürfen – nein, müssen – wir unseren Weg allein suchen.

Sechzehn Lehrlinge (künftige Matrosen und Fischverarbeiter) fahren wie ich zum ersten Mal. Sie stehen mit drei oder vier »Alten« auf dem Brückendeck. Der Lichtstrahl eines Richtscheinwerfers an Land zerschneidet die Finsternis und schwenkt zu unserem Schiff herüber.

Suchend tastet er über die Aufbauten, verweilt bei Namen und Rufzeichen an Bug und Schornstein, mitleidlos bringt er Rost, Beulen und Schrammen der Bordwände zum Vorschein. Wo mag sich die alte »Fallada« ihre Beulen geholt haben? Ist sie vor Labrador mit Eisbergen zusammengestoßen? Oder haben den Schiffskörper mächtige Schollen umklammert, bis sein Stahlgerippe krachte?

Wie groß werden die Eisberge vor Labrador sein und wie dick die Eisschollen?

Und wie hoch die Wellen des Atlantiks?

Noch spiegelt sich das Feuer des Warnemünder Leuchtturms im Wasser. Es kann einladen oder verabschieden, froh oder traurig machen, warm oder kalt sein. Die meisten auf unserem Schiff schauen dem Leuchtturm beim Auslaufen nicht mehr in seine Leuchtaugen. Sie arbeiten seit vielen Jahren in der schwimmenden stählernen Fischfabrik. Ich dagegen werde nach 100 Tagen wieder aufhören und weiß nicht, ob mir die Einmaligkeit Vorteile oder Nachteile bringen wird. Ich bin neugierig auf die Leute, die mit mir fahren, auf die prophezeiten Strapazen der Arbeit, die Seekrankheit, die Einsamkeit im Eis, ich habe angemustert, um das Unbekannte kennenzulernen und darüber schreiben zu können ... Und ich bin neugierig auf mich.

Der kleinste und schmächtigste Lehrling erzählt die Reisegeschichte seines Großvaters, eines weitgereisten Seemanns. Im marokkanischen Tanger hätte er sein Schiff verlassen, weil er alle Meere, aber die Wüste noch nicht kannte. Bei einem Stoffhändler verdingte er sich als LKW-Fahrer, transportierte Waren durch die Sahara und wäre fast in einem Sandsturm umgekommen. 1918 ging er nach Rußland, neugierig auf die Revolution. Die letzten Nachrichten von ihm kamen aus Turkmenien.

»Wenn ich heute abgerissen von einer Tramptour aus Ungarn oder Bulgarien zurückkomme, schimpft mein Alter, ich sei nicht besser als der Großvater und würde schon sehen, was mir die Rumtreiberei noch einbrächte ...«

Das Licht des Leuchtturms versinkt. Unser Dampfer macht volle Fahrt. Die Wellen brechen sich krachend am Bug und tosen an den Bordwänden entlang. Der Fahrtwind wird kälter und bissiger, mich friert, und ich steige wieder hinunter in den warmen Bauch des Schiffes.

Meine Kammer liegt auf der Backbordseite, es ist die zweite von vorn. Roland, ein Lehrling mit einer schwarzen Löwenmähne, aber noch flaumig ums Kinn, wohnt mit mir in der Kammer. Sie nennt sich wegen der zwei übereinanderstehenden Kojen Zwei-Mann-Kammer, ist aber so klein, daß zwei dort nicht gleichzeitig ihre Sachen verstauen können. Nachdem ich mich mit dem Lehrling geeinigt habe, daß ich oben schlafen werde – ich kann kein Brett vor dem Kopf und keinen Schnarchenden über mir ertragen –, schicke ich ihn auf den Gang und packe in Ruhe meine Wäsche aus. In Hotels schmeiße ich Hemden und Hosen gewöhnlich in das erstbeste leere Schrankfach, aber das hier ist kein Hotelzimmer; die kaum zweimal zwei Meter große Kammer soll für 100 Tage mein Zuhause werden. Links neben der Tür stehen die Kojen, an deren Kopfenden im Bullauge ein Stück Himmel schaukelt.

Rechts von der Tür haben die Werfttischler einen schmalen, bis zur Decke reichenden Spind eingebaut. Ohne Stuhl bin ich zu klein für sein oberstes Fach, doch der Stuhl ist genau wie Tisch, Schrank und Koje am Fußboden festgeschraubt. Unter den Kojen entdecke ich drei ungefähr 25 Zentimeter hohe Schubladen, seemännisch Backskisten genannt. Zieht man die vordere Backskiste heraus, geht die Kammertür – seemännisch Schott genannt – nicht mehr auf, also verstaue ich meine Wäsche in der mittleren. In der dritten liegen vom Vorgänger noch Gummistiefel, Schlachthandschuhe, ein mit Schimmel überwachsenes Glas Pflaumen, Reste von braun-weiß geflecktem Ochsenfell, eine 10-kg-Hantel, schmutzige dickrandige Tassen – seemännisch Mucken genannt –, leere Wodkaflaschen und Gelenkbinden. Ich schmeiße wütend meine Gummistiefel und Fischmesser dazu, mehr ist dort nicht unterzubringen. Dann zwänge ich den Koffer in den Spind und hänge die Landhose und die Landjacke auf. Mottenpulver hätte man mitnehmen sollen.

Unter dem Tisch – seemännisch Back genannt – befinden sich noch zwei Schubladen. Als ich Bücher von Ovid und Mercier, Hemingways »Der alte Mann und das Meer«, die Bibel (ich hoffe sie hier noch einmal in Ruhe lesen zu können), meine Aufzeichnungen über Seefahrt und Fischfang im Nordatlantik und leeres Schreibpapier darin verstaue, klopft einer. Das Schott rammt meinen Kopf, ich will den Lehrling anbrüllen, doch da steht ein junger Kerl vor mir, und über mir schwebt ein Plastekasten mit Tütenmilch. Er steht und grinst, hat große braune Augen, rote Apfelbäckchen machen ihn freundlich, obwohl unter seinem mit Hawaipalmen bemalten T-Shirt ansehnliche Muskelpakete spielen. Etwas verlegen schaut er, wo er seine Kiste Milch abstellen könnte, findet nichts und hält sie weiter vor dem Bauch.

»Hab während der letzten Reise hier gewohnt«, beginnt er das Gespräch. Dann stellt er sich vor: Volker Sturm, genannt »Baby«. Ich hoffe, er wird die dritte Backskiste ausräumen. Nein, sagt er, nur die Hantel wolle er mitnehmen, das andere Gerümpel sei schon von seinem Vorgänger. Dann stellt er mir den Kasten mit den fünfzig Tüten Milch fast auf die Füße. Die möchte er gern in der Backskiste verstauen.

Ich staune, daß sich Seemänner Milchvorräte mit auf die Reise nehmen, und frage, weshalb er die Tetraeder nicht in seiner Kammer unterbringt. »Weil eure Kammer eine der kältesten auf dem Dampfer ist.«

Darunter liegt der Frostraum. Baby hat sich auf der letzten Reise Eisbeine geholt und ist in eine wärmere Kammer gezogen. Allerdings wird die Milch dort schneller sauer, und solange er Milch hat, braucht er keinen Schnaps …

Die Wände der Kammer sind mit nackten Frauen tapeziert. Ich frage Baby, wie ich sie entfernen könne, ohne die Brüste oder Schenkel zu verunstalten.

»Gefallen sie dir nicht?«

Ich schüttle den Kopf: »Es sind nur zu viele!«

Da polkt er sie selbst von den Wänden. Es geht leichter, als ich dachte, denn an Bord verwendet man, um die Nackedeis beim Austauschen nicht zu verletzen, Zahnpasta statt Leim. (Chlorodont klebt am besten.)

Bevor er mit den Papierschönen und dem leeren Kasten verschwindet, will Baby wissen, ob ich unten oder oben schlafe, denn die Kammer sei eine Pilotenkammer.

Ich frage, was eine Pilotenkammer ist, aber Baby sagt nur: »Das wirst du früh genug merken!«

Nachdem ich alle meine Utensilien seefest verstaut habe – zumindest denke ich das –, will ich meine Kammernachbarn auf der Backbordseite begrüßen. Nebenan wohnen der Bootsmann und ein Fischereibiologe, dort klopfe ich nicht, denn als ich den Bootsmann nach dem Auslaufen gefragt hatte, wo hier unten eine Toilette sei, schrie er: »Wenn du noch einmal so blöd quatschst, verpasse ich dir eine Woche Scheißhausdienst!«

Am nächsten Schott steht mit grüner Schrift: Klaus Schöller und Uwe Gessler. (Damit die Arbeiter der zwei Produktionsbrigaden von den Wachhabenden beim Wecken nicht verwechselt werden, sind die Namensschilder unserer Brigademitglieder grün und die von der Brigade II rot geschrieben.) Ich klopfe, bis einer »Herein!« ruft.

Auf der Back der Kammer hat nur noch ein Aquarium Platz, die restliche Fläche beansprucht ein Gestell, auf dem mindestens drei Quadratmeter Teppichstoff befestigt sind. Schöller sitzt davor, blickt kurz auf, mustert mich, beugt sich dann wieder über die Back und knotet flink und geschickt wie eine turkmenische Spezialistin grüne, gelbe, blaue und rote Fäden in den Stoff. Allerdings sieht Schöller – auf dem Schiff ruft man ihn »Widder« – nicht wie ein Teppichknüpfer, sondern wie ein gut trainierter Mittelgewichtsboxer aus. Ich stehe verlassen in der Kammer herum und beobachte die Fische. Auf dem Aquarium liegt eine Glasscheibe – sollte das Schiff manchmal so sehr schaukeln, daß sogar die Fische herausfallen? Mit einer kurzen Kopfbewegung deutet Widder zur Ecke zwischen Schott und Koje. Dort sitzt sein Kammerkumpel auf einem Stuhl und schläft. Er sieht dabei so friedlich aus, so rund und gesund, daß es mich nicht wundern würde, wenn er am Daumen nuckelte.

»Betrunken?« frage ich.

»Ach wo, der ist stocknüchtern«, sagt Widder und brüllt: »He, Jumbo! Aufstehn! Heiraten!«

Der Dicke blinzelt, ohne den Kopf zu heben, sagt maulend: »Ich schlaf doch gar nicht, du Idiot!« und klappt die Augen zu. Widder brüllt noch einmal: »He, Jumbo! Dir will einer Guten Tag sagen.«

Jumbo schaut mich an, murmelt »Tag« und beginnt zu schnarchen.

Auch die zwei Ältesten unserer Brigade wohnen auf der Backbordseite. Sie sind über dreißig, der eine, Henry Wischinsky, knochig und sehnig, immer in Trab und laut schreiend, der andere, Gerd Häfner (die Kumpels nennen ihn Opa), ruhig und dickfellig. Trotzdem schreit Opa sehr oft, das heißt, Opa schreit, wenn Wischinsky schreit. Als ich vor ihrem Schott stehe, schreien beide, und ich klopfe nicht.

Neben Opa und Henry Wischinsky wohnen die drei Fischmehler, die nächste Kammer gehört den zwei einzigen weiblichen Wesen auf dem Dampfer, den Stewardessen. Ich habe sie nur flüchtig angeschaut. Kriemhild, die Offiziersstewardeß, ist korpulent, ihr Alter schwer zu schätzen, vielleicht dreißig. Evi, die jüngere, Mannschaftsstewardeß, hat eine scharfgeschnittene große Nase und einen verführerisch geformten Körper. Ob sie nach 70 Tagen mit einem von uns schläft? Und mit wem? Die meisten an Bord sind jünger als ich …

Die zwei Meister der Produktion – laut Dienstordnung heißen sie »Wachoffizier der Produktion« – wohnen auf der Steuerbordseite. Ich konnte sie beim Aufrüsten zuerst nicht unterscheiden, denn beide sind etwa 25 und tragen rot-weiß gemusterte Hemden und graue Latzhosen. Später sah ich, daß Teichmüller, der Meister unserer Brigade, gepflegte Hände, gelocktes Haar und unter dem derben Arbeitszeug eine schlanke Figur hat. Er spricht in wohlgeformten Sätzen. Schulz, der andere Meister, stottert, wenn er aufgeregt ist, seine Hände ähneln Baggereimern, er soll schon einige Jahre als Produktionsarbeiter gefahren sein.

Inzwischen schwankt der Dampfer merklich, die Schaumspritzer lecken bis zu unserem Bullauge hinauf – ich möchte nicht mehr allein in der Kammer sitzen. Weil meine nachbarliche Begrüßung aber weder bei Widder und Jumbo noch bei Opa und Henry Wischinsky auf Begeisterung stieß, klettere ich hinauf zum Offiziersdeck und klopfe an das Schott von Dombrowski.

Dombrowski ist LOP – Leitender Offizier der Produktion – und hatte mich, während wir das Schiff in Rostock mit Proviant beluden, in seine Kammer holen lassen.

»Du kannst doch mit einer Schreibmaschine umgehen.« Ohne eine Antwort abzuwarten – jeder Schriftsteller kann Schreibmaschine schreiben, das liest man schließlich überall –, kramte er einen Stapel Unterlagen aus der Backskiste unter der Sitzbank – seemännisch Ducht genannt – hervor.

Ich tippte mit einem Finger Lohnlisten, Materialbestellungen und die Jahresendprämie für den Produktionsbereich. Dombrowski verteilte die Prämie diskussionslos in Sekundenschnelle, gewährte fast jedem Arbeiter einhundert Prozent, nur zweien kürzte er die Zusatzvergütung auf siebzig Prozent. (Sie hätten sich bei der letzten Reise Brotwein angesetzt, also gegen die strenge Rationierung von Alkohol auf Fischereifahrzeugen der DDR verstoßen, und, wie der Produktionsleiter sagte, »Orgien mit den verheirateten Stewardessen« gefeiert.) Die eingesparten sechzig Prozent Prämie vergab Dombrowski zu gleichen Teilen an einen Fischmehler, an Opa aus unserer Brigade und an Joachim Michel, einen Arbeiter der zweiten Brigade, den man – ich weiß noch nicht weshalb – auf dem Schiff Odysseus nennt.

Ich schrieb fast zehn Stunden bei Dombrowski, die anderen, die Kartonagen verladen hatten, saßen schon in den Rostocker Kneipen. Bevor mich der »Produktenboß« entließ, sagte er: »Wenn du Langeweile oder Sorgen hast – und du wirst garantiert Sorgen bekommen – dann schau mal hoch zu mir, ein Schnaps steht immer im Spind.« Dombrowski ist fast fünfzig, aber er sieht jünger aus, lächelt geschmeichelt, wenn man es ihm sagt, trägt moderne Hemden, manchmal auch Jeans. Er spricht leise, plappert nicht, überlegt, was er redet.

Heute lärmt es in seiner Kammer. Dicker Zigarettenrauch vernebelt die Gesichter der zehn Mann, die auf der Ducht sitzen. Die meisten von ihnen kenne ich nicht, nur Wales, den Schlosser, der hockt still in einer Ecke und nuckelt am leeren Glas. Schulz im rot-weiß karierten Hemd lächelt freundlich, und Dombrowski schiebt mir, so, als würde ich schon jahrelang auf diesem Dampfer fahren und zur traditionellen Auslauf-Wodkarunde gehören, ein volles Glas über die Back. Die Unterhaltung stockt nicht, der Produktionsleiter erzählt, daß er, vier Tage vor dem Auslaufen von früh bis Mittag Holz und Kohlen aus dem Keller geholt und auf dem Balkon gestapelt hat. Einen guten Monat würde seine Frau – sie ist herzkrank – damit auskommen ...

Schulz stößt mit mir an. Vier leere Lunikoff-Flaschen stehen schon auf der Back.

Während ich bei Dombrowski geschrieben hatte, war Schulz

hereingestiefelt und hatte aufgeregt, also stotternd gemeldet, daß er den von Dombrowski bestellten Lunikoff-Wodka nicht von zu Hause habe mitbringen können. Dann hatte Meister Schulz mich zu überreden versucht, fünf Flaschen Adlershofer in der Stadt zu kaufen. Jedoch müßte ich an der Wache gut aufpassen, es wäre verboten, Schnaps auf den Dampfer zu schmuggeln. Mir war die Mutprobe erspart geblieben, das Schiff war schon am Abend ausgelaufen ...

Schulz schenkt laufend nach, immer randvoll, russische Trinksitten, nur was zum Beißen fehlt. Er freut sich, daß die Reise endlich begonnen hat, jeden Tag in dem Laden der Schwiegereltern – Kolonialwaren stände noch dran! – wie ein Affe an den Regalen herumklettern, die Marmeladengläser blankputzen, und dafür nicht mal genug Lunikoff bekommen, das sei die schlimmste Art von Ausbeutung. »Bloß« – er beginnt zu stottern – »meine Frau ist im achten Monat. Aber beim zweiten Kind soll's ja halb so schlimm sein ...«

Wir trinken darauf, daß seine Theorie stimmt.

»Wäre ich wegen ihr zu Hause geblieben, müßte ich im März auf einem anderen Dampfer anfangen, und ich fahre schon eine Ewigkeit mit Dombrowski zusammen.«

Teichmüller, mein Meister, sitzt nicht in der Runde. Wenn die Rede auf ihn kommt, winkt Schulz ab. Und der Fischmehler sagt abfällig: »Ein Studierter!«

Dombrowski meint: »Falls der Teichmüller auf dieser Reise mit seiner Brigade wieder weniger Fisch als Schulz verarbeitet, kann er sich ein neues Schiff suchen.«

Nach diesem Satz jubelt die Runde, und Dombrowski muß – weil er von der Arbeit gesprochen hat – eine neue Flasche ausgeben. Das ist Sitte.

Als auch diese Flasche zur Neige geht, stimmt Wales »La Paloma« an, aber keiner singt mit. Die weiße Taube fliegt nicht. Der Fischmehler probiert es mit »Rolling home«, doch wir fahren erst in 100 Tagen wieder nach Hause ...

»Ich hole James Watt«, sagt der Fischmehler.

Zwei Minuten später steckt einer seinen Kopf zum Schott herein. Und was für einen Kopf: Er besteht fast nur aus Bart. Feuerrot und dicht wie eine Krause Glucke.

»James, wir brauchen Musik«, sagt Dombrowski. Der Rotbart – Elektromeister auf dem Schiff – setzt sich, trinkt ein Glas Wodka auf ex und stimmt das Lied vom faulenden Wasser in den Kesseln vor Madagaskar an.

Und die Wodkarunde stimmt lautstark ein.

Dann singt der Elektromeister ein Solo auf platt, die Moritat von »Herrn Pasturn sien Kauh«. Ich frage ihn, ob er aus Mecklenburg stammt. »Nein, ich bin aus Leipzig«, sagt James Watt.

Der Rundgesang lockt immer mehr Leute an, man rückt zusammen, holt neue Gläser.

Die Gemütlichkeit wird unterbrochen, als ein bartstoppliger Mann im Schott steht und der Raum plötzlich nach Arbeit, nach Diesel und Schweiß riecht. Der vielleicht Fünfzigjährige hat ein ölverschmiertes Netzhemd an, dazu eine grüne Turnhose, die ihm unterhalb des Bauches baumelt, denn um die Hüften ist er so rund, als hätte er einen Rettungsring verschluckt. Verlegen entschuldigt er sich, er suche den Funker, müsse sofort ein Telegramm aufgeben, er würde das Futter für den Wellensittich nicht finden, wahrscheinlich hätte seine Frau vergessen, es einzupacken.

Die Runde überredet ihn, noch einmal zu suchen, bevor er ein Telegramm aufgibt. Schulz drückt ihn auf die Ducht, aber keiner schenkt Wodka ein. Dombrowski holt ein Glas Juice. Schulz, den ich fragend anschaue, sagt, daß der 3. Maschinist Werner Just – mit Spitznamen »Moor« genannt – auf dem Dampfer noch nie einen Schluck Schnaps getrunken hat.

Als Moor bemerkt, daß er und sein Vogel im Mittelpunkt der Wodkarunde stehen, wird er geschwätzig, beteuert, daß er es nicht länger als vier Wochen an Land aushalten könnte. Da würden sich die Nachbarsweiber die Mäuler zerreißen, ob er seiner Frau auch Blumen zum Geburtstag schenkt, aber als Mann mit Blumen in der Hand durch die Stadt, das sei schlimmer als nackt Spießruten laufen. Also bestellt er die Blumen schon Monate vorher auf dem Dampfer und wartet dann zu Hause, im Sessel sitzend, bis der Fleurop-Boy klingelt und seiner Frau die Geburtstagsblumen überreicht.

In der vorletzten Freizeit gab es Krach wegen des Eheringes, er trägt ihn nie, und als die Hochzeit des Ältesten bevorstand, kündigte ihm die Frau an: »Wenn du auf dem Standesamt ohne Ring erscheinst, lasse ich mich scheiden!« Da ging Moor in den Keller, bastelte in seiner Werkstatt, riß sich an einem Nagel den Ringfinger auf und mußte mit dickem Verband, bedauert von den Verwandten, und ohne Ring zum Standesamt gehen.

Als sich die Nachbarn aufregten, daß er den Garten nicht jäte, legte Moor im Garten Betonplatten. Nun wächst kein Gras und kein Unkraut mehr. Nur zwei Kirschbäume hat der Seemann gepflanzt, die Ernte besorgen während seiner Abwesenheit die Stare.

Das Schlimmste, lamentiert der Maschinist, sei ihm jedoch in diesem Urlaub passiert. Weil er nie weiß, was er den lieben langen Tag anstellen soll, legt er sich ein Kissen auf das Fensterbrett und beobachtet am Vormittag die Leute auf der Straße. Nachmittags geht er einkaufen und kommt immer mit einem prallgefüllten Netz zurück. In der dritten Woche meldete sich der ABV bei Moor. Der wachsame Rentner, der ständig auf der anderen Straßenseite aus dem Fenster schaute, hatte den Hüter des Gesetzes geholt, weil ihm sein Gegenüber, der nicht arbeitete und trotzdem jeden Tag für mindestens 50 Mark einkaufte, verdächtig vorkam.

Während Moors Geschichten haben wir auf den Geburtstag seiner Frau, auf die Hochzeit seines Ältesten und auf das Gedeihen der Kirschbäume getrunken. Nun stoßen wir noch auf Moor, das verdächtige Element, an. Danach stellt Dombrowski die restlichen vollen Flaschen in den Spind. Für heute würde es reichen. Die Runde mault, und Wales versucht die leeren Flaschen artistisch durch das Bullauge über Deck und Reling ins Wasser zu schmeißen, doch schon die erste zersplittert an der Rehling. Ein Wachhabender von der Brücke, der draußen vorbeigeht, knurrt bedrohlich, und Dombrowski bugsiert uns einzeln aus der Kammer …

Ich will den Niedergang zum dritten Deck hinuntersteigen, aber wahrscheinlich schaukelt der Dampfer in entgegengesetzter Richtung zu meinem Körper, denn jedesmal, wenn ich meinen Fuß auf eine Stufe stelle, versinkt sie, und mich hebt es in die Höhe.

Ein Matrose kommt von unten. Ich erinnere mich, daß an steilen Engstellen die Autos, die sich die Steigung hinaufmühen, Vorfahrt haben, und mache ihm Platz. Doch hier gilt wohl die umgekehrte Regel, denn er fragt mich lächelnd: »Was machst du besoffene Landratte auf dem Dampfer?«

»Ich bin Produktionsarbeiter«, sage ich.

»Dann streng dich an«, sagt der auf dem zweiten Deck Wohnende, »daß du gut hinunterkommst zum Portugiesendeck und die Koje findest, du Stinker.«

Ich finde meine Kammer und frage Baby, der sich Milch holt, weshalb mich der Matrose »Stinker« und unser drittes Deck »Portugiesendeck« genannt hat.

»Weil jeder, der wochenlang Fische schlachtet, auch nach Fisch stinkt, und weil westdeutsche Reeder für diese mistige Arbeit im untersten Deck meist nur Portugiesen oder andere Gastarbeiter anheuern«, sagt Baby.

Über Coffeetime-Gespräche

Die Kaffeezeit-Gespräche ändern sich mit der Dauer der Reise.

Während der Fahrt zum Fangplatz spricht man von den Erlebnissen in der zurückliegenden Freizeit, von den Leuten der Stammbesatzung, die diesmal nicht mitgefahren sind, von den Eigenheiten der Offiziere an Bord ... und von den Frauen.

Später, wenn der Fisch tonnenweise ins Netz geht, die Arbeiter fast ersticken unter der Masse des zu schlachtenden Kabeljaus und bei der Coffeetime Luft holen wie in der Halbzeit eines Fußballspiels, erzählen sie vom Landgang in Kuba, von den Wäldern zu Hause ... und von den Frauen.

Nach 60 Tagen der Reise, wenn die Steuerleute den Fisch suchen und nichts mehr finden, wenn die Langeweile beginnt und die Coffeetime zur lebensnotwendigen Medizin wird, hat man als Gesprächsstoff meist nur noch Witze ... und die Frauen. (Allerdings nie die eigenen, über sie spricht man in der großen Kaffeerunde nicht.)

Wenn jeder auch die Witze auswendig kennt, beginnt bei der Coffeetime alles noch einmal von vorn.

Die Coffeetime ist eine wichtige Medizin gegen die Monotonie des Hochsee-Alltags. Beim Kaffeegespräch kann man sich ablenken, bekommt neue Informationen, fühlt sich nicht allein, sondern zugehörig zu seiner Truppe. Zur Kaffeezeit versammelt man sich regelmäßig und ohne Aufforderung. Sie wird brigadeweise, streng getrennt nach Produktions-, Decks- und Maschinenabteilungen und immer in den gleichen Kammern zelebriert ...

Coffeetime 1
Moor erzählt von seiner Bekanntschaft mit der Liebe auf Grönland

Was ein richtiger Frauenkenner ist, der läßt für ein Eskimomädchen jede Französin sausen, und wenn der Käptn nicht so ein Moralstiesel gewesen wäre, hätte sich der eine oder andere unserer Mannschaft vielleicht eine Grönländerin aus Godthåb mit nach Hause genommen.

Die Grönländerinnen sind so anhänglich und so liebevoll. Wie sie einen anschauen mit zärtlichen, großen Augen!

Also, wir fuhren nach Godthåb, was Gute Hoffnung heißt, nein, wir fuhren nicht, wir wurden reingeschleppt, denn das Netz hatte sich in der Schraube verwurstelt, und Taucher sollten uns wieder klarreißen. So was dauert höchstens vier Stunden – nichts mit Landgang, dachte ich mir. Trotzdem hielt der Doktor vor dem Einlaufen einen Kurzvortrag (mit Lichtbildern) über die verschiedenen Stadien der Syphilis. Er war neu auf dem Dampfer und ein sehr ordentlicher Mensch. Wenn man beispielsweise mit einem vereiterten Finger zu ihm kam, belehrte er einen stundenlang über die Bordhygiene im allgemeinen und das Händewaschen im besonderen. Von seinen Medizinkollegen hatte er wohl auch gehört, daß Grönländerinnen sehr liebebedürftig sind und außerdem für jedes von einem Ausländer gemachte Kind eine Prämie wegen guter Bevölkerungspolitik erhalten sollen …

Also, die Taucher fummelten an der Schraube, und wir schielten sehnsüchtig zum Land. Vorsichtshalber hatte der Kapitän zwei Matrosen zur Wache an die Luke gestellt, damit keine fremden Wesen, vor allem keine weiblichen, den Dampfer entern könnten. Als wir kaum zwei Stunden in der Bucht lagen, tuckerte ein Kahn, gefährlich tief im Wasser liegend und mit Grönländerinnen beladen, zu uns herüber. Vier Mädchen nahmen die zwei Wachmatrosen an die Hand – so wie das Mütter mit ihren Kindern tun, und lächelten sie aus braunen, warmen Augen an (solche sehnsuchtsvollen Augen, sag ich, sieht man sonst nirgends in der Welt). Dann stiegen sie mit ihren zwei Gefangenen zum Wohndeck hoch, so sicher, als würden sie auf dem Dampfer zu Hause sein. Die Mädchen lachten, gurrten, zierten sich nicht, sie verlangten nichts, nur Liebe – Sonne, wie sie dazu sagten, wollten sie haben. Mir strich eine kleine Zierliche über den gelichteten Schädel, daß ich vor Aufregung nicht wußte, wohin in der Schnelle; ich wollte mit ihr in die Netzlast, stolperte aber wie eine Neueinstellung über die Seile, schlug lang hin.

Die Grönländerin half mir hoch, und so sah mich der Kapitän. Er schrie: »Just, scheren sie sich verdammt noch mal in ihre Maschine, die Taucher sind fertig.«

Ich habe immer solch ein Pech, kein Glück bei den Frauen, es war zum Heulen ... Die Kleine bekam Angst vor dem Krach im Maschinenraum, ich zerrte und zerrte, doch sie stieg nicht hinunter, machte sich los und umarmte den Kälteassi. Kaum war ich jedoch in der Maschine, schepperte die Alarmglocke. »Feuer im Schiff!«

Ich dachte, ich spinne, doch da bestellte die Brücke schon Wasser.

»Und 'n bißchen dalli!« fauchte der Alte. Ich schmiß die Löschpumpe an, dann kletterte ich hoch. Über dem Dampfer hingen Rauchwolken wie über dem Ätna.

Die Matrosen – manche nur in Unterhosen – rannten mit der Feuerspritze zum Achterdeck, und die Eskimomädchen flüchteten in ihren Kahn und fuhren zum rettenden Ufer, wo die Godthåber Feuerwehr bereitstand. Ich raste also wie alle anderen – ja, damals bin ich trotz meines Bauches wie ein Hase gelaufen – zum Achterdeck. Und dort sah ich den Beschiß: Der Kapitän hatte Putzwolle und Rauchbomben anzünden lassen.

Dann befahl er: »Volle Kraft voraus«, und unser qualmendes Schiff dampfte aus dem Hafen. Einige Lords brüllten, man müsse den Kapitän dafür nackt auf einem Eisberg aussetzen, aber die meisten Leute von uns waren noch frohgestimmt und glückselig, als wir auf dem Fangplatz ankamen. Einen anderen Rostocker Fischereidampfer, auf dem der Kapitän zu jung war, um standhaft zu bleiben, hielten die grönländischen Mädchen in Godthåb zwei Tage und zwei Nächte lang besetzt.

Unser Rendezvous dagegen hatte nur ein Nachspiel. Am nächsten Morgen vermißten wir den Doktor. Er war bei dem Feueralarm halb nackt in den Kahn der Grönländerinnen gesprungen. Ein Lotsenboot brachte das verlorene Schaf zu uns zurück. Er hat danach auf dem Dampfer nie mehr einen Vortrag gehalten, weder über die verschiedenen Stadien der Syphilis noch über Bordhygiene im allgemeinen und das Händewaschen im besonderen.

Zwischenbericht 1
Die Fischdampfer

Auch wenn ich ROS 703 »Hans Fallada« in diesem Buch manchmal »Dampfer« nenne, ist das Schiff natürlich kein Dampfer, denn es wird nicht von einer schnaufenden Dampfmaschine, sondern von dröhnenden Dieselmotoren angetrieben. Aber immer noch (inzwischen existieren FischDAMPFER in der DDR lediglich als Museumsmodelle) sagen die Hochseefischer mit liebevollem Unterton »unser Dampfer« und »wir dampfen«. »Motorschiff« ist nur eine technische Bezeichnung, »Dampfer« dagegen ein Synonym für etwas Lebendiges und Vertrautes. (Zusatzerklärung für Autobesitzer: Man könnte es mit dem Unterschied zwischen »Zweitaktfahrzeug Trabant 601 Standard« und »Trabi« vergleichen.)

Mit Dampfmaschinen, Eisenbahnen und künstlicher Eiserzeugung begann im vorigen Jahrhundert eine neue Epoche der Hochseefischerei. Zweitausend Jahre hatten die Fischer ihren Fang nur eingesalzen oder auf Klippen und Holzgestellen zu Stock- und Klippfischen getrocknet. Als der Bedarf nach frischen Seefischen immer größer wurde, holten die deutschen Fischfangschiffe – schwerfällige, dickbäuchige Segler – vor Norwegen Eis und konnten damit ihren Dorsch und Rotbarsch fast drei Wochen haltbar lagern. 1835 wurde das erste Kunsteis hergestellt, bald gab es in allen großen Fischereihäfen Eisfabriken, und ständig tropfende Fischkühlwaggons ratterten, von Dampflokomotiven gezogen, ins Landesinnere.

1882 dampfte die englische »Prince Consort« mit einer Ladung Fische in die Wesermündung zum Geestemünder Markt, wodurch die deutschen Reeder sehr beunruhigt wurden. Drei Jahre danach stach auch der erste deutsche 146-BRT-Fischdampfer, die auf der Bremerhavener Werft gebaute 33 Meter lange, sechs Meter breite und von einer 270 PS starken Dampfmaschine angetriebene »Sagitta« (Pfeil) in See. Sie sank 1901 – wie viele deutsche Fischdampfer – spurlos vor Island. Damals zählte die deutsche Fischereiflottille 130 Dampfer und 428 Segler. Bis 1914 vergrößerte sie sich auf 263 Fischdampfer. Davon waren nach dem ersten Weltkrieg noch 82 übrig ...

In den dreißiger Jahren wurden die ersten Fangschiffe mit Echolot ausgerüstet und Frachtdampfer zu schwimmenden Fischfabriken umgebaut. Die Firma C. Andersen (unterstützt durch den Zigarettenfabrikanten Reemtsma) erhielt vom »Reichswirtschaftsführer« den Auftrag, in Deutschland eine Kühlkette zum Vertrieb gefrosteter Lebensmittel, eine »Eisvorratswirtschaft«, aufzubauen. (Einen ähnlichen Auftrag zur Haltbarmachung von Proviant hatte Napoleon vor seinem Rußlandfeldzug vergeben – da erfand ihm 1810 der Koch François Appert die Dosenkonserve.) Andersen und Reemtsma organisierten bis zum Kriegsbeginn eine gut funktionierende Kühlkette für Lebensmittel und ließen, um Fischfilet auf Vorrat produzieren zu können, 1938 den 127 Meter langen Frachter »Ilmar« (5 500 BRT) zu einem Verarbeitungsmutterschiff umbauen. Im Herbst 1940 lief es mit Geleitschutz und einer Armada von Fangschiffen nach Hammerfest aus. Täglich produzierten achtzig deutsche und vierzig norwegische Arbeiter auf dem Fabrikschiff bis zu sechzig Tonnen Filet. Als es englische Kriegsschiffe am 4. März 1941 bei den Lofoten beschossen, sank es mit 22 000 Zentner Fischfilet an Bord.

Nach dem Krieg entwickelte die englische Firma »Fresh Frozen Food Ltd.« eine neue Generation von Fang- und Verarbeitungsschiffen. Bis dahin zogen die Fischer die vollen Netze backbord oder steuerbord mit der Hand oder der Winde über die Seitenwände. Deshalb mußten die Seitenwände auf den Fischdampfern niedrig bleiben, und es war nicht möglich, die Verarbeitung unter Deck einzurichten. Die Engländer versuchten als erste, das Netz achtern über eine Schleppe einzuholen, und benutzten dazu das Minenräumboot »Fair free«. Die Heckaufschleppe bewährte sich, die Seitenaufbauten konnten erhöht und auch Fischdampfer mit mehreren Decks gebaut werden. Die Sowjetunion übernahm die Idee der Heckfänger von den Engländern und bestellte 1955 bei der Kieler Howaldtwerft vierundzwanzig Fang- und Verarbeitungsschiffe, die berühmte »Puschkin«-Serie. Wir bauten nach dem gleichen Prinzip die »Brecht«-Schiffe: Filetverarbeitung, Frostanlagen, Fischmehlproduktion, Tranerzeugung und moderne Fanggeräte alles auf einem Schiff.

Die »Hans Fallada« ist einer unserer ältesten Heckfänger, sie hat drei Wohndecks, eine Länge von 86 Metern, ist 14 Meter breit, liegt vier Meter tief im Wasser und gehört mit ihren 3 000 Bruttoregistertonnen nicht mehr zu den größten Schiffen des Rostocker Fischkombinates. (Die »Junge Welt« beispielsweise – kein Fänger, nur ein Transporter und Verarbeiter – ist 141 Meter lang, 21 Meter breit, hat über 10 000 BRT und einen Tiefgang von 7,80 Metern.)

Unheldischer Kampf gegen die Seekrankheit

Seekrankheit ist keine Krankheit, sondern ein vorübergehender Zustand, der bei besonders hohem Wellengang vereinzelt auftreten kann. So hatten es uns die Lehrgangs-Lektoren in Rostock erklärt. In der zweiten Nacht, wir schaukeln bei Windstärke 7 über die Nordsee, schlafe ich sehr schlecht wegen der ungewohnten Geräusche auf dem Dampfer – Stampfen der Maschine, Schlangenzischen des Lüfters über dem Schott, Klappern der nicht verschlossenen Schränke und Türen. Und als ich am Morgen müde und zerschlagen den Kopf in der Koje drehe und nach dem Wetter schaue, rast der graue Himmel in atemberaubendem Zeitraffertempo am Bullauge vorbei.

Fährt unser Dampfer dem Himmel entgegen? Es kracht ohrenbetäubend, die Mucken in der Backskiste scheppern, und das Schiff schüttelt sich wie ein nasser Hund. Ich schließe die Augen, glaube zu träumen, doch als ich sie wieder aufmache, jagen die Wolkenfetzen in umgekehrter Richtung am Bullauge vorbei. Dann stürzen draußen die Niagarafälle in die Tiefe, Schaum wütet am Fenster, und schließlich rast graugrünes Wasser vor dem Bullauge in die Höhe. Nach Schrecksekunden – oder sind es nur Hundertstelsekunden? –, in denen alles zu verharren scheint, wechselt auch das vorbeischießende Wasser die Richtung, dann wieder der Schaum, der Himmel ...

Ich kann nicht mehr hinschauen, ich drehe mich weg, um das Schauspiel, das vor dem Bullauge aufgeführt wird, nicht sehen zu müssen. Doch wahrscheinlich geschieht das alles nicht nur draußen, sondern auch hier in der Kammer, denn ein unsichtbarer Riese aus den Märchenängsten meiner Kindheit steht neben der Koje, reißt meine Füße mit Urgewalt in die Höhe und zieht meinen Kopf in die Tiefe.

Als die Beine so steil nach oben ragen, daß ich glaube, aus der Koje zu fallen, und mich ängstlich an den Seitenbrettern festklammere, hält der Riese inne, holt Luft. Dann drückt er das Fußende in die Tiefe und stemmt das Kopfende der Koje so hoch, daß ich Angst habe, an die Kammerdecke zu stoßen. Doch auch sie bewegt sich nach oben.

Das Auf und Ab wiederholt sich in einer Minute zweimal, und jedesmal kracht und zittert das Schiff wie bei einem kleinen Weltuntergang.

Allmählich begreife ich, daß sich unser Dampfer unter gewaltigen Wasserbergen, die donnernd auf ihm zusammenstürzen, schüttelt und wir bestimmt zehn Meter hohe Wellen hinauf- und hinuntergeschaukelt werden. Nachdem mein Kleinhirn diese furchtbare Tatsache verarbeitet hat, wird mir kotzübel. Ich beginne zu schlucken und wische mir die schweißnassen Hände am Bettuch ab.

Die mit Sprelacart verkleideten Wände der Kammer knarren wie alte Bäume, die zu fallen beginnen. Über der Decke der Kammer poltern Fässer, die nicht fest verzurrt wurden, und irgendwo im Vorschiff klirrt eine schwere Eisenkette im Schaukeltakt gegen die Bordwand. Meine Schreiblampe rutscht, soweit es die Schnur erlaubt, auf dem Tisch hin und her, die aufgehängten Bilder baumeln wie das Pendel einer Standuhr.

Alles bewegt sich in dieser verdammten Behausung. »Pilotenkammer« hatte Baby unsere Kammer genannt. Aber Piloten können das Auf und Ab von Sturzflug und Steigen regulieren, sie bewegen nur den Steuerknüppel, um wieder ruhig zu fliegen. Im Steuerhaus eines Schiffes hingegen kann der Kapitän noch so eifrig am Ruder kurbeln, das Schiff schießt in die Höhe und stürzt in die Tiefe, wie das Meer es will. Die Amplitude der Schaukelbewegung ist dabei am Vordersteven oder Hintersteven drei- bis viermal so groß wie in den mittschiffs liegenden Kammern. Unsere Pilotenkammer ist die zweite von vorn.

Ich will vorsichtshalber aus der Koje klettern, doch in dem Augenblick, da ich mich nach unten hangele, versinkt das

Schiff im Wellental, fällt wohl schneller als ich, das Gesetz der Schwerkraft funktioniert nicht mehr, ich hänge hilflos in der Luft, und erst als das Schiff wieder nach oben rast, staucht es mich auf den Fußboden.

Ich sitze zwischen meinen Unterhemden, Büchern, Papieren und den herausgeschleuderten Schubladen. Beim Versuch, sie wieder hineinzuschieben und mit Papier festzuklemmen, kracht mir die Spindtür gegen den Kopf. Auch sie öffnet und schließt sich im Rhythmus der Himmel- und Höllenfahrt. Im gleichen Rhythmus bewegt sich mein Mageninhalt.

Ich schlucke und schlucke …

Ähnlich erging es mir, als ich zwölfjährig Vaters Pfeife mit seinem Nachkriegskraut (im Garten angebauten Tabak gemischt mit Buchenblättern) stopfte und sie bis zum bitteren Ende rauchte. Auch damals bekam ich weiche Knie und versuchte mühsam, mein Innenleben innen zu behalten.

Doch während ich vor 26 Jahren nur Angst hatte, von Vater erwischt zu werden, habe ich nun im gleichen Trancezustand Bange, mein Herz könnte streiken, der Kreislauf versagen … Dabei hatte man mich vor der Ausreise in der Rostocker Betriebspoliklinik untersucht, zwar festgestellt, daß ich verschnörkelte Farblinien nicht entziffern kann – deshalb darf ich nur unter Deck arbeiten –, aber bestätigt, daß ich gesund und – was das wichtigste war – *seetauglich sei* … Zuerst koordinierte eine Schwester innerhalb von dreißig Minuten mit Hilfe von Spritzen, Stempeln und Unterschriften meine seit über drei Jahrzehnten in allen möglichen Ausweisen und Papieren bestätigten Impfungen zu einem international gültigen Serumpaß. Dann wies sie mir den Weg aller Reihenuntersuchungen. Urin in ein Gläschen. Blutabzapfen. Brett auf den Kopf – Längenmessung. Die Waage. Ich zog den Bauch ein, trotzdem hatte ich Übergewicht. (Entsprechend den Statistiken gehöre ich damit zum Durchschnitt der DDR-Hochseefischer; wobei diejenigen, die vorwiegend in polaren Regionen fahren, mehr

Speck auf dem Buckel haben als die Hochseefischer der südlichen Zonen.) Dann einen Stock höher zum Zahnarzt, er ist gefürchtet – mit Karies darf keiner zur See fahren. Zum Abschluß der Reihenuntersuchung geriet ich in die Hände einer verbiestert aussehenden Schwester und eines älteren Doktors, der nicht sonderlich interessiert meinen Korpus beklopfte und behorchte. Wie aus der Pistole geschossen antwortete ich, daß drei mal drei neun ist, und versuchte, der Anordnung des Arztes folgend, meine Zeigefinger millimetergenau, ohne zu zittern, zusammenzubringen. Daraus schlußfolgerte der Doktor, daß mein psychischer Zustand einwandfrei ist. Rücken gerade? Ja. Plattfüße? Nein. Geschlechtskrank? Nein.

Massenabfertigung. Ich hatte mehr Gründlichkeit erwartet.

Die Alten unserer Brigade scheinen sich auch an diesem Morgen sauwohl zu fühlen, zumindest die, die ich auf meinem Leidensweg, zur Toilette treffe. Baby pfeift sich eins und grinst, weil ich breitbeinig, als hätte ich mir den Wolf gelaufen, den Gang entlangstake. Dabei versuche ich nur, die Bewegung des Dampfers auszubalancieren, um nicht ständig wie ein Mehlsack an die rechte oder linke Wand zu fallen.

Im Toilettenraum auf unserem Mannschaftsdeck stehen vier voneinander getrennte Klobecken. Vor jedem dieser Verschläge pendeln zwei Türflügel, die man von außen aufstoßen und von innen nicht verschließen kann. Als ich endlich sitze, halte ich mit einer Hand krampfhaft die Tür zu, mit der anderen stütze ich mich an der hölzernen Seitenwand, um nicht vom wellengeschaukelten Thron zu fallen. Konzentration auf das Wesentlichste ist dabei unmöglich. Außerdem brist es so stark, daß die See durch das Speigatt hereinschwabbt und ich mit angezogenen Beinen auf der Brille hocken muß. Widder hat Toilettendienst. Er sagt, ich solle mich gefälligst ausmären, er wolle die Toilette ausspritzen. Doch, ihm geht es nicht schnell genug, da hält er den Schlauch mit eiskaltem salzigem Meerwasser über den Bretterverschlag in mein Kabuff ...

Von der Toilette schwanke ich zum Waschraum und stütze mich dort haltsuchend auf das Becken. Im Spiegel schaukelt mir ein leichenblasses Gesicht entgegen. Ich möchte mich waschen, doch die Hähne sind mit einem tückischen Patent versehen. Aus ihnen sprudelt nur dann Wasser, wenn man tüchtig auf den Kopf des Hahnes drückt. Läßt man los, versiegt der Strom. Eine Hand brauche ich, um mich festzuhalten, die zweite, um den Wasserhebel zu betätigen, mir fehlt eine dritte für den eigentlichen Sinn des Unternehmens. Baby, der daneben steht, sieht meine Not und drückt den Hahn, bis ich mich gewaschen habe. Beim Zähneputzen beginnt die Akrobatik von neuem, doch damit höre ich sofort auf, denn mein Mageninhalt reagiert sehr allergisch auf die Bürste im Mund. Baby sagt: »Gegen Seekrankheit hilft nur Arbeit. Wenn du dich durchhängen läßt, geht es nie vorüber.«

Meister Teichmüller muß das gleiche denken, er schickt die acht Lehrlinge und mich mit Besen bewaffnet in den Laderaum. Die schwere Lukentür steht offen, und wir turnen an einer Eisenleiter von der Art, wie sie an manchen Fabrikschornsteinen eingemauert sind, hinunter. Aber während diese Leitern von Sicherheitsgerüsten umgeben sind, hat unsere nur glitschige, schmale Sprossen. Außerdem schwankt der Schornstein nicht um 45 Grad.

Im Laderaum steigt mir ein widerlicher, süßer Geruch in die Nase. Ähnlich stinkt es, wenn man an einer Abdeckerei vorbeigeht. Der Meister läßt uns die Holzgitter vom Fußboden hochheben und die darunterliegenden Reste der letzten Reise – die von der Landgang »vergessen« wurden – aufsammeln. Verfaulte Kartoffeln, verschimmelte Kohlblätter, verweste Fische. Hier gibt es keine Bullaugen und keine Frischluft, der Laderaum liegt unter der Wasserlinie. Nach einer Viertelstunde klettert der erste Lehrling mit affenartiger Geschwindigkeit die Leiter hinauf. Kurz darauf der zweite. Doch der schafft es nicht bis zur rettenden Luke und bekleckert die

Sprossen. Wir übrigen halten uns an den Besen oder den Stützbalken fest. Roland flucht, daß er keinen »ordentlichen Beruf« erlernt hat. »In der Berufsschule haben die Pauker uns, von weißen Kitteln, Knöpfchendrücken und modernen Maschinen an Bord erzählt. Vom Laderaumfegen war nie die Rede!«

Die erste Konfrontation der angelernten idealisierten Wirklichkeit mit der Praxis verdauen seekranke Köpfe und Mägen wahrscheinlich noch schlechter.

Als Teichmüller nach zwei Stunden herunterkommt – wir haben den gröbsten Dreck zusammengefegt und in Fischmehlsäcke gestopft –, sind wir von Gestank und Geschaukel so apathisch, daß keiner aufsteht. Er sieht unsere bleichen Gesichter und ruft: »Feierabend. Wascht euch. Und dann macht Mittag!«

Essen!

Schon der Gedanke daran schüttelt mich.

In der Messe sieht es heute aus, als müßten kleckernde Krippenkinder gefüttert werden. Die Stewardeß hat auf jeden Platz ein nasses Tuch gelegt, damit die Teller bei der hohen See nicht wie Diskusscheiben über den Tisch rutschen. Ich frage den Kochsmaat, ob es auch Schonkost gibt, er mault: »Mach die Augen auf, ich habe alles angeschrieben.«

Auf einem Zettel an der Pantry steht: »Gemüßesuppe. Entenbraden und Klöse oder Stäk mit Champinniones und eine Bannane.«

Ich hole mir eine »Gemüßesuppe«.

Was haben die Seekranken früher gegessen, als der Speiseplan weniger magenfreundlich war? Auf dem Wal- und Robbenfangschiff »Hoffnung«, das 1720 von Hamburg aus mit 35 Mann an Bord für 24 Monate nach Grönland auslief, gab es: Montags geschälte Gerste und gesalzenes Ochsenfleisch. Dienstags gelbe Erbsen und Speck. Mittwochs grüne Erbsen und gesalzenes Ochsenfleisch. Donnerstags graue Erbsen und gesalzenes Ochsenfleisch. Freitags Sauerkohl und gesalzenes Schweinefleisch. Sonnabends weiße Bohnen und Pudding.

Sonntags graue Erbsen und Ochsenfleisch. Das Schiff hatte fünfzehn Fässer hartes Brot, sechzehn Säcke weiches Brot, achtundzwanzig Säcke Erbsen, acht Tonnen gesalzenes Fleisch, dreizehn Viertel Butter, tausend Pfund Käse, fünfhundert Pfund Speck, neunhundert Pfund Stockfisch, achtundzwanzig Fässer Bier und zweieinhalb Anker Branntwein an Bord.

Was wir heute in der Proviantlast gestapelt hatten, kann man sich ausrechnen, wenn man die Tagesration jedes Besatzungsmitgliedes mal 81 nimmt und dann noch mit 120 Tagen multipliziert. Fleisch 300 g, Wurst 100 g, Eier 30 g, Butter 70, Öl 5, Schmalz 10, Speck 10, Margarine 15, Vollmilchpulver 25, Käse 60, Roggenmischbrot 200, Vollkornbrot 300, Weizenmehl 125, Weizengrieß 10, Gerstengrieß 5, Haferflocken 10, Reis 10, Nudeln und Makkaroni 30, Hülsenfrüchte 30, Sojamehl 5, Puddingpulver 10, Gemüse frisch 330, Gemüse konserviert 200, Kartoffeln 1 000, Obst frisch 120, Obst konserviert 80, Weißzucker 60, Marmelade 25, Hefeextrakt 5, Tomatenmark 5, Fruchtsirup 15, Tee 1,5, Bohnenkaffee 10 Gramm.

Das sind täglich 5 500 Kilokalorien.

Die detaillierte Aufschlüsselung der Speiserolle ist kein besonders deutlicher Auswuchs von Bürokratie, sondern ernährungswissenschaftlich äußerst wichtig, denn dadurch wird garantiert, daß jedes Besatzungsmitglied täglich 171 g Eiweiß (halb tierisch, halb pflanzlich), 200 g Fett und 715 g Kohlehydrate erhält. Der westdeutsche Wissenschaftler Jochen Bühring untersuchte in seiner Doktorarbeit die Ernährung auf Hochseefischereifahrzeugen der Bundesrepublik. Er bedauert darin, daß die westdeutschen Reeder den Proviant vor allem nach dem Prinzip der geringen Kosten einkaufen lassen. Deshalb auch »wird eine so detaillierte Vorschrift, wie sie in der DDR besteht, aus technischen und sozialen Gründen nicht möglich sein. Auch ist es wohl nicht durchzusetzen, den Kohlehydratanteil zugunsten der Fettanteile zu vergrößern, wie es ernährungsphysiologisch wünschenswert ist«.

Mir dreht sich trotz sozialer Überlegenheit und moderner Ernährungsphysiologie nach den ersten Löffeln der Magen um, denn auch die Suppe schwappt im Takt aller Bewegungen des Dampfers auf dem Teller hin und her. Ständig muß ich den Teller an der einen oder anderen Seite kippen, damit die Suppe nicht über den Rand kleckert. Ich schütte sie in die Schiffskuh – den Abfalleimer –, hole mir einen trockenen Brotkanten, gehe ich meine Kammer und kaue, bis die Kiefer schmerzen.

Das tut gut.

Odysseus holt mich aus der Koje. »Hinlegen ist nur für Liebespaare gut.« Er tröstet mich, ihm sei es auf seiner ersten Reise nicht besser ergangen.

Vor der Seefahrerei hatte Achim Michel als Walzwerker gearbeitet. Eines Abends sagte er den Kumpels in der Stammtisch-Skatrunde, daß er noch zu jung sei, jeden Tag in der gleichen Kneipe das gleiche Bier zu trinken. Er wolle endlich die Welt sehen. Da hatte ihn einer aus der Runde mitleidig »unser kleiner Odysseus« genannt. Für die erste Reise nahm sich der Walzwerker das Homerische Epos mit, seitdem ruft man ihn auch auf dem Dampfer »Odysseus«.

Beim Auslaufen war er rund und gesund. Mutter und Großmutter hatten ihm in zwanzig Jahren stolze 92 Kilogramm angefüttert. Nach 80 Tagen Fischerei blieben davon noch 72 Kilogramm übrig. Die Mutter heulte, als sie ihren Sohn wiedersah, und der Oma wurde telegrafiert, daß der Enkel erst eine Woche später von See zurückkäme. »So wie du aussiehst, mein Junge, kannst du dich nicht bei der alten Frau sehen lassen, das überlebt sie nicht«, sagte seine Mutter und fing an, ihm dicke Butternudeln zu kochen und fette Enten zu braten …

Als ich mich endlich aus der Koje gequält habe, sagt Odysseus, bei Opa sei Coffeetime, ich solle meine größte Muck und Kaffee mitbringen.

Auch Opas Kammer ist nur zweimal zwei Meter groß, und

ich bin auf das Wunder gespannt, wie dort mehr als zwei Mann gleichzeitig Kaffee trinken sollen. Oben im Doppelstockbett liegt Henry Wischinsky, er liest in einem Reichsbahnfahrplan von 1970 und stellt sich danach Fahrpläne für seine Modelleisenbahn zusammen. Auf Opas Koje sitzen außer ihm noch Widder und Baby. Jumbo hockt auf dem Stuhl an der Back und blinzelt schläfrig in die Runde. Die vier Lehrlinge der Brigade sitzen bleichgesichtig auf dem Fußboden, lehnen mit dem Rücken an der Wand. Odysseus kauert sich vor das Schott, und für mich rückt Baby so weit zur Seite, daß ich mit einer Hinterhälfte auf Opas Koje sitze und mit der anderen in der Luft hänge.

Henry hat als einziger Arbeiter unserer Brigade einen auf dem Dampfer lebensnotwendigen Freudenspender – sprich: elektrischen Wasserkochtopf – erkämpft. (»In den Kombinatsschreibstuben an Land hat jeder Sesselforzer solchen Topp«, schimpft Widder.) Deshalb versammelt man sich zur Kaffeezeit in der Kammer von Henry und Opa. Wir halten unsere dickwandigen Mucken – ein drittel Liter Fassungsvermögen! – in den Händen und schauen schweigend auf den Wassertopf, horchen, ob er zu blubbern beginnt. Doch nur Henry oder Opa dürfen den Deckel anheben und das kochende Wasser verteilen, denn die letzten bekommen das wenigste oder manchmal gar nichts und müssen auf die nächsten drei Liter warten. Zuerst gießt Opa die Mucken von Henry und seine eigene randvoll, dann erhalten Baby, Widder, Odysseus und Jumbo ihren Anteil, schließlich bekomme ich eine reichlich halbvolle Muck, und den Rest Wasser verteilt er an die Lehrlinge. Nun duftet die Kammer wie ein Kaffeehaus, Baby spendiert eine Schachtel Kekse, jeder rührt und pustet, ist kaffeegeil, möchte als erster trinken, verbrüht sich den Mund und flucht. Erst wenn alle genüßlich, ohne zu blasen und zu schimpfen, ihren Türkischen schlürfen, beginnt die Unterhaltung.

Der Platz auf der Kojenkante ist alles andere als bequem. Ich halte mich mit einer Hand am Bettpfosten fest, mit der anderen mühe ich mich, die Tasse so zu balancieren, daß ich keinen Kaffee verschütte. Von Seekrankheit spricht keiner, niemand macht sich – wie ich fürchtete – aus den bleichen Gesichtern der Lehrlinge und meiner Jammergestalt einen Jux. Das beruhigt, aber hilft nicht, denn vor den Bullaugen jagen sich Himmel und Wasser immer noch in ihrem bisher unentschiedenen Wettlauf. Wolkenfetzen, Schaum und Wasser – mehr ist nicht zu erkennen.

Widder erzählt von den sechzehn Fenstern seines Hauses, das er sich in Thüringen baut. Aus jedem Fenster kann man die Berge sehen mit ihren Fichtenwäldern und Wiesen. Ein Zimmer hat zwei Fenster, und mindestens vier Zimmer des Hauses will er vermieten, in jedem drei Urlauber, das seien zwölf Mann und einhundert Mark am Tag. »Dann brauche ich nicht mehr zu fahren. Dann könnt ihr mich besuchen und Bier trinken, so viel ihr wollt.« Widder sagt es mit tiefer Befriedigung. Er kann hier immer aufhören, wenn er möchte, denn sein Haus mit den vielen Fenstern ist fast fertig.

Halten auch die Alten die Arbeit in der schwimmenden Fischfabrik nur aus, wenn sie sich einreden, daß sie damit jederzeit Schluß machen können? Ich wäre nicht aufgestiegen, wenn man mir gesagt hätte: Wir nehmen dich nur, wenn du dich für acht oder zehn Jahre verpflichtest! Und Baby, Jumbo, Widder, Odysseus?

Widder hat seinen Kaffee als erster ausgetrunken, stößt Odysseus an, damit der sich hochhievt und das Schott freigibt, sagt: »Muß knüpfen, für jedes Zimmer des Hauses einen Teppich«, und geht.

»Die letzte Reise war eine gute Knüpfreise«, sagt Baby.

Odysseus erklärt mir, daß es in jener Ecke, in der sie damals fischten, nichts zu fangen gab.

»Und weshalb seid ihr trotzdem dort geblieben?«

»Weil wir für dieses Gebiet eine ausländische Fanglizenz gekauft hatten.«

»Und weshalb hat das Kombinat für solch ein schlechtes Fanggebiet eine Lizenz gekauft?«

»Weil es sonst im nächsten Jahr bei der Verteilung von besseren Fischgründen nicht berücksichtigt worden wäre. Fischfang ist heute hohe Politik, mein Lieber.« »Du redest ja fast schon wie unser neunmalkluger studierter Meister«, sagt Opa.

Teichmüller, der Meister, sitzt nicht bei uns in der Kaffeerunde. Nur als die Alten über die Offiziere an Bord sprechen redet man auch von ihm.

Henry Wischinsky, der bisher schwieg und seine Fahrpläne studierte, sagt: »Wenn Teichmüller während der Arbeit die Pfoten aus den Taschen nimmt und aufhört, sich am Sack zu kraulen, freß ich 'nen lebendigen Rotbarsch.«

Der Meister hat anscheinend einen schweren Stand bei den Leuten. Ich jedoch kann nicht meckern, denn er ließ Gnade vor Brauch ergehen, als er mich in den Trantank schicken wollte. Eigentlich müssen die Neueingestellten auf der Überfahrt den Trantank mit Blechbüchsen und Scheuerlappen von den Resten säubern, die nicht abgesaugt werden konnten.

Ein oder zwei Tage im Trantank!

Teichmüller sah, daß ich leichenblaß und wiederkäuend wie eine Kuh vor der Öffnung des Tanks stand, aus der widerliche ranzige Dämpfe stiegen.

»Laß«, sagte er, »ich schick Jumbo rein.«

Von Produktionsleiter Dombrowski redet man in der Kaffeerunde wie von einem Kumpel. Baby sagt, daß Dombrowski ihn – obwohl er sich auf der vorigen Reise die Rüge und das Alkoholverbot eingehandelt hatte – nach dieser Fahrt zum Meisterlehrgang vorschlagen will.

»Wenn du nicht wieder bis zum Umfallen säufst«, grient Opa.

Über Moor tratscht man am längsten, jeder weiß eine Geschichte von dem 3. Maschinisten. Daß er bei seiner ersten Fahrt auf der »Fallada« mittags sechs Eisbeine aufgegessen hätte, sich ein siebentes vor dem Verdauungsschlaf auf die Kammer bringen ließ, wovon er allerdings nur noch das Magere aß. Daß er die Terrine Suppe, die für alle sechs am Tisch gedacht war, ansetzte und ohne Löffel ausschlürfte. Daß er sich, weil ihm der Arzt Diät verordnet hat, nachts wie ein Dieb zum Kühlschrank schleicht. Daß er wegen seiner Freßsucht und des extrem hohen Blutdrucks keinen Seetauglichkeitsstempel mehr bekommt, wenn er sich auf dieser Reise nicht am Riemen reißt und an Gewicht und Blutdruck verliert ...

Jumbo schläft schon, und Odysseus nimmt ihm die leere Muck aus der Hand. Auch ich möchte schlafen, mein Zustand hat sich verschlimmert, vielleicht war der Türkische nicht das richtige für die gereizten Magennerven. Ich schlucke apathisch und höre nur noch mit halbem Ohr, was die Alten von Karl Wilhelm, unserem 1. Steuermann, erzählen, der vor fünf Jahren noch selbst Kapitän gewesen war. Einer der erfolgreichsten Fänger des Kombinats. Einer, der lieber einen Eisberg gerammt hätte, als daß er den Kurs wechselte oder vorzeitig hieven ließ, wenn er dicke Fischschwärme auf der Anzeige sah ...

Baby merkt, wie ich kämpfe, und tröstet, ihm wäre es viel dreckiger ergangen. »Fünf Tage bin ich wie ein Hund auf allen vieren zum Speigatt gekrochen und habe mir bellend den Magen aus dem Leib gekotzt.« Das ist wenigstens etwas, das lohnt, denke ich. Fünf Tage lang auf allen vieren – aber ich mit meinen mickrigen Zuständen, nicht mal kotzen können, nichts Heldenhaftes, nichts, was man später an Land stolz berichten kann; nur Kopf- und Herzschmerzen, Angstgefühle, Schweißausbrüche und ständiger Fahrstuhlbetrieb in der Speiseröhre.

Nach Statistiken der Mediziner waren 31 Prozent der Hochseefischer nie seekrank, und nur ein Prozent erwischte es so schlimm, daß sie schon auf der ersten Reise von entgegenkommenden Schiffen wieder mit nach Hause genommen werden mußten.

Ich möchte dieses eine Prozent nicht erhöhen, trotzdem bange ich, denn mich interessieren plötzlich die Geschichten der Kaffeerunde nicht mehr. Ich schüttele mich vor Abscheu, als mir Opa einen Schnaps anbietet. Bin nicht mehr neugierig, wie wir 79 Männer und zwei Frauen die 100 Seetage bei harter Arbeit miteinander auskommen werden. Möchte nicht mehr wissen, wie viele und was für Fische wir fangen werden. (Fische sind etwas zum Essen, und alles, was man essen kann – außer hartem Brot –, ist für mich ekelerregend.)

Mich interessieren weder Kanada noch Grönland.

Ich sitze, halte mich an der schwankenden Kojenwand fest, schlucke und frage mich: Weshalb fahren sie bloß? Weshalb bleiben sie nicht zu Hause? Gemütlich in der warmen Stube? Wie alle normalen Menschen. Müssen doch verrückt sein. In diesen schaukelnden Eisenkästen über das Meer. Nur wegen ein paar Makrelen.

Nun ist mir die Seekrankheit wohl vom Magen in den Kopf gestiegen. Um Schlimmeres zu verhindern, scheuche ich Odysseus von seinem Platz am Schott hoch. Er fragt: »Ist es soweit?« Ich nicke – und gehe zum Schiffsdoktor.

Im Hospital empfinde ich die Berg- und Talfahrt nicht so entsetzlich, denn der Raum liegt im Mittelteil des Schiffes und schwankt weniger heftig. Trotzdem ist für Kranke eine Schlingerkoje eingebaut, die die Bewegungen des Schiffes ausgleicht. Die Medizingeräte, die gewöhnlich in verschiedenen Abteilungen und Kliniken untergebracht sind, befinden sich hier alle in einem Raum: die Bohrmaschine des Dentisten neben dem Skalpellbesteck des Chirurgen, der Arzneiglasschrank und die Waage des Apothekers neben dem Hometrainer des Physiotherapeuten, die Bestrahlungslampen des Radiologen neben den Stethoskopen eines Allgemeinmediziners. Ein Schiffsarzt muß Dentist, Chirurg, Apotheker usw. sein.

Unser Doktor ist wie Produktionsleiter Dombrowski und Steuermann Wilhelm schon um die fünfzig und gehört damit zu den »Rentnern« des Dampfers. Er hatte sich der Mannschaft zu Beginn der Reise als medizinisch-technischer Assistent Hermann Wendt vorgestellt. Seit zwölf Jahren fährt er zur See, und als erstes machte er uns mit seiner Behandlungsmaxime bekannt:

»Auf einem Fischdampfer werden alle Hände zum Fangen und Verarbeiten der Fische gebraucht ...« (Zwischenruf von E-Meister James Watt: »Die Köpfe nicht?«) »... Kranksein kann man sich an Land erlauben, hier nicht! Wenn Sie zu Hause wegen einer lumpigen Angina vierzehn Tage von der Arbeit befreit werden, müssen wir das hier in allerhöchstens drei Tagen erledigen ...«

Ich hoffe, dieser Grundsatz gilt auch für die Seekrankheit.

Aber: Seekrankheit ist ja keine Krankheit. Also entschuldige ich mich bei Wendt, daß ich ihn deshalb belästige, doch der Doktor winkt ab – nicht mit einer heftigen, energischen Handbewegung, wie das der Bootsmann, Widder oder andere »harte Seemänner« vielleicht getan hätten, sondern mit einer fahrigen, unsicheren Geste, so, als müsse er sich entschuldigen. Ich hatte ihm bei der Begrüßung die Hand gereicht, aber er zog seinen Arm nervös zurück. Ob ich nicht wüßte, daß man sich auf dem Dampfer beim Guten-Tag-Sagen keine Hand gibt?

Nein, das weiß ich nicht. Vielleicht wegen der Hygiene, wegen Epidemien, denke ich.

Wendt – er ist sorgfältig gekämmt und trägt zum weißen Kittel blitzblanke weiße Schuhe – hört sich meine Herztöne an und mißt den Blutdruck. Beides scheint ihm nicht zu gefallen, er sagt, Kinetosin würde nicht ausreichen, er müsse mir Vitamin B spritzen. Während er spritzt, wird der Doktor ruhig, er sticht sicher und schnell. Als ich noch auf der Behandlungspritsche liege, klopft es, Moor kommt herein, bleibt schnaufend an der Schwelle stehen, will wieder kehrtmachen, doch Wendt sagt: »Komm rein, Werner!« Der 3. Maschinist, wie immer bartstopplig und schwitzend; weicht dem Blick des Arztes aus und schaut verlegen auf den Fußboden. Ähnliche Anzeichen von Ängstlichkeit mancher Seeleute vor Medizinern hatte ich schon in der Rostocker Poliklinik beobachtet, denn Ärzte sind für die Fahrensleute nicht nur schlechthin medizinisches Personal, sie praktizieren auch als Schicksalsgötter. Wenn die Seeleute mit freiem Oberkörper oder einem zusammengekniffenen Auge vor den Weißkitteln stehen, nutzen ihnen weder Kapitänspatente, Matrosenfacharbeiterbriefe, Arbeitskräftemangel, eine Crew, die auf sie schwört, oder viele Jahre Fahrenszeit. Erkennen sie auf den Farbtafeln die rotblau gepunktete 49 oder das rosagestrichelte E nicht, überhören sie bei der Prüfung mit den modernsten audiometrischen Geräten einige Frequenzen, gibt es keinen neuen Stempel im Seefahrtsbuch. Dann läuft das Schiff ohne sie aus. Manchmal für immer. Und was dann? Sie können nur Schiffe steuern und Netze aussetzen!

Moor kennt die Prozedur beim Blutdruckmessen, ohne Aufforderung setzt er sich auf den Hocker neben Wendts Schreibtisch, legt sich die Gummimanschette um den Arm, Wendt braucht nur noch aufzupumpen. Als der Doktor dann zählt und die Luft wieder abläßt, hält Moor den Atem an, als könne er damit den Blutdruck vermindern.

Wortlos notiert Wendt die Werte, und wortlos geht Moor.

Fünf Tage lang hole ich mir jeden Mittag beim Doktor meine Spritze. Am sechsten kann ich trotz schweren Seegangs wieder zum Bullauge hinausschauen und freue mich, daß die Möwen, auf den Wellen sitzend, eine Rummelrunde Achterbahn nach der anderen fahren. Ich habe Heißhunger auf Rouladen und Klöße, Kaffee und Wodka ... Odysseus spendiert eine Heimatflasche Korn auf die Genesung. »Die Seekrankheit einer Landratte geht meist schnell vorüber«, philosophiert er. »Aber wenn du dir wie manche von uns an Land einen Knacks weggeholt hast und willst ihn hier auf See kurieren, das dauert, sag ich dir, so was steckt tiefer.

Die Probleme, von denen du glaubst, du hättest sie endlich zu Hause gelassen, die schwimmen dir hinterher ...«

Nein, darüber will ich jetzt, gerade erst von einer Seekrankheit geheilt, nicht nachdenken.

Coffeetime 2
Dombrowski erzählt von einem Staatsbesuch im Fischkombinat

Staatsbesuch hatte sich angemeldet. Auf Weisung der Kombinatsleitung begannen wir sofort, die Straßen zu fegen, Stiefmütterchen zu pflanzen, Bordsteinkanten zu streichen, Plakate zu malen, Fähnchenschwenken zu üben und Sprechchöre einzustudieren. Soweit so gut. Zwei Tage vor dem Staatsbesuch jedoch hatte ein Mitglied der Kombinatsleitung die schreckliche Ahnung: Was machen wir, wenn der Staatsbesuch auch unsere Schiffe sehen will? Denn die Schiffe trugen wie immer die Zeichen schweren Kampfes mit den Naturgewalten: Rost statt Farbe. Da ordnete der Kombinatsdirektor an. Erstens: Die schon entladenen Schiffe werden zu Erkundungsfahrten in die Ostsee geschickt! Zweitens, Das Schiff, das für die Ordensverleihung beim Staatsbesuch vorgesehen ist, wird sofort gestrichen! Doch obwohl die Maler einfach über den Rost pinselten und sogar die Betriebskampfgruppe und sowjetische Soldaten zu den Verschönerungsarbeiten eingesetzt waren, würde der Anstrich nicht rechtzeitig beendet sein können. Da machte ein Verantwortlicher den Vorschlag: »Wir streichen den Dampfer nur von der Landseite, von der See aus sieht der Staatsbesuch den Rost doch nicht!«

Vier Tage nach dem Staatsbesuch lief der Dampfer zur großen Fahrt aus. Als einige Matrosen maulten, »auf Karnevalskähnen fahren wir nicht«, versicherte ihnen der Reparaturdirektor, daß die Farbe spätestens in einer Woche wieder abgeplatzt sei.

Zwischenbericht 2
Aus medizinischen Gutachten

Seitdem auf unseren Hochseefischdampfern Ärzte mitfahren (das war lange bevor Gleiches auf westdeutschen Schiffen geschah), kämpfen sie in ihren Reiseberichten und theoretischen Arbeiten sehr couragiert für die Verbesserung der Arbeits- und Lebensbedingungen an Bord.

Durch sorgfältige Untersuchungen stellten sie unter anderem fest, daß siebzehn Prozent der seeuntauglichen Hochseefischer wegen Nervenleiden und sechzehn Prozent wegen chronischer Leiden am Stütz- und Bewegungsapparat (genauer diagnostiziert, wegen Überbelastung) aufhören mußten zu fahren.

Durch Röntgenuntersuchungen wurden beim größten Teil der Hochseefischer schon im Alter zwischen zwanzig und dreißig Jahren degenerative Veränderungen der Wirbelsäule festgestellt, so daß »viele Hochseefischer weit vor dem Erreichen des Rentenalters aus ihrem erlernten Beruf ausscheiden müssen, da die zunehmenden Verschleißerscheinungen an ihrer Wirbelsäule sie einfach dazu zwingen«. (Dissertation von M. Jacobi.)

Inzwischen hat man im Fischkombinat alle Seitentrawler, auf denen beim Netzeinholen über die Seitenwände die Wirbelsäule der Fischer extrem beansprucht wurde, durch Heckfänger, die das Hieven erleichtern, ersetzt.

Ärzte und Arbeitshygieniker analysierten Lärm, Beleuchtung, Kälte und Belastung in den Produktionsabteilungen der

Fang- und Verarbeitungsschiffe. Georg Grahlmann beispielsweise kam zu der Schlußfolgerung, »daß eine Beschäftigung in der Fischverarbeitung eine hohe Gefährdung der Gesundheit und Leistungsfähigkeit des arbeitenden Menschen darstellt«.

Auf den alten Fang- und Verarbeitungsschiffen wie der »Hans Fallada« konnte man nur einige technologische Details und Lebensbedingungen verändern. Bei den neuen Supertrawlern jedoch berücksichtigten Konstrukteure und Schiffsbauer viele Hinweise der Mediziner. Zum Beispiel wurden die Kammern mit Klimaanlagen versehen, der Transport der Frostschalen wurde mechanisiert ...

Sehr genau ermittelten die Ärzte auch den Verbrauch von Kaffee, Zigaretten und Alkohol auf Fischdampfern in der Polarzone. Von der Maschinengang genehmigt sich jeder durchschnittlich am Tag dreißig bis vierzig Zigaretten und trinkt etwa fünfundzwanzig Gramm Kaffee. Damit halten die Maschinisten die Spitze auf dem Dampfer. Die Produktionsarbeiter liegen an letzter Stelle. Beim Verbrauch von Schnaps führt der Wirtschaftsbereich. Auch hier letzte Stelle für die Produktionsarbeiter. Achten die Leute in der Produktion bewußt auf ihre Gesundheit? Nein, sie haben während des Fisch-Verarbeitens kaum Zeit zum Rauchen, Kaffeekochen und Schnapstrinken.

Die häufigsten Erkrankungsursachen auf den Rostocker Fischereidampfern waren Verletzungen der Haut und des Zellgewebes (zwanzig Prozent) und – Überbelastungen des Stütz- und Bewegungsapparates (vierzehn Prozent).

Ein besonderes Phänomen der Hochseefischerei in den polaren Zonen – die Anheliose – untersuchte ebenfalls Georg Grahlmann. Die »Polarfischer« reagieren bei psychomotorischen Leistungstests um 13,7 Sekunden langsamer als die Fischereikollegen, die in den gemäßigten Zonen arbeiten. Sie haben auch höhere Fehlerquoten bei Gehör- und Sehprobenprüfungen. Ihr Stoffwechsel ist langsamer, und der Grundumsatz verringert sich, ähnlich – aber nicht so stark – dem der winterschlafenden Tiere. Es kommt zu psychischen Störungen und einem Nachlassen der Konzentrationsfähigkeit. Ursache dafür ist die in diesen Breiten fehlende Sonnenstrahlung. Selbst die Matrosen an Deck sehen in dem »Nebelheim« vor Labrador die Sonne nur drei oder vier Mal im Monat. Ähnliche Symptome der Anheliose wurden auch bei Kumpels, die jahrelang im Schacht arbeiteten, nachgewiesen.

Coffeetime 3
James Watt erzählt von einem Bestmann

Im letzten Urlaub mußte ich meiner Frau den Gefallen tun und mit ins Konzert gehen. Und während der Masur das Orchester leitete, mußte ich plötzlich wieder an Manne denken. Wenn der an der Slip stand und den Windenfahrer beim Netzeinholen dirigierte, da hatte der mindestens ebensoviel Gefühl in den Händen. Wahrscheinlich war der Manne sogar noch besser, der erzählte dem Kumpel an der Winde zwischendurch mit einer Hand noch schweinische Witze und dem Kapitän signalisierte er mit der anderen Hand, wieviel Korb Fisch im Beutel waren. Der Manne war seit seinem sechzehnten Lebensjahr gefahren, hatte von der Pike auf gelernt. Netze flicken und alle Seemannsknoten, aber nichts anderes ... Vor einigen Monaten gaben ihm die Mediziner die Seetauglichkeit nicht mehr und wahrscheinlich hatte er noch andere Sorgen. Am Morgen fand man ihn tot im Haus der Hochseefischer – er hatte sich aufgehängt, der Manne ...

Bevor wir Labrador erreichen, möchte ich die drei Wohndecks und das Steuerhaus auf dem Schiff, die Maschinenräume, den Wirrwarr von Kammern, Bunkern und Stores – manche davon sind nicht größer als ein Wohnzimmerschrank – erkunden, mich mit den Matrosen und Steuerleuten bekannt machen, sie über die Fische und das Fischefangen ausfragen, denn Odysseus hat mir prophezeit: »Sobald wir die ersten Zentner Kabeljau an Bord haben, läufst du nur noch zwischen Kammer, Verarbeitung und Waschraum hin und her und zur Messe 'rauf und runter – keinen Schritt mehr, da brauchst du dein bißchen Kraft für den Fisch.«

Auf dem Fangdeck liegen schon die Netze bereit, die Schlosser lassen die Filetier- und Enthäutermaschinen mit Fischen aus der Proviantlast probelaufen, und Moors Diesel stampft volle Kraft voraus. Die See hat sich beruhigt, wir schaffen etwa zwölf Seemeilen in der Stunde. Täglich nähern wir uns dem Fanggebiet um 540 Kilometer.

Ich schlafe mit allen anderen Produktionsarbeitern, den drei Fischmehlern, den zwei Stewardessen, Kochgehilfen, Bootsmann und Fischereibiologen, Elektroassi, dem Deckschlosser und einigen Matrosen im dritten Deck, dessen Bullaugen der Wasserlinie am nächsten sind. Außer Toiletten, Wasch- und Duschräumen finde ich hier unten nach und nach – meist sind sie abgeschlossen – noch Kammern, in denen Gummistiefel, Schürzen, Handschuhe, Arbeitshosen und -jakken liegen, einen Raum, in dem, gespenstisch anzusehen, Atomschutzanzüge auf Kleiderbügeln hängen, eine Kammer, in der ungeahnte Mengen Waschpulver gestapelt sind und Hunderte von Besenstielen an der Wand stehen, die Werkstätten für die Schlosser und den Bootsmann, einen Raum mit Altpapier und einen, in dem neue Handtücher, Bettwäsche, und ordentlich gebügelte DDR-Fahnen verwahrt sind. Daneben der

Raum mit überdimensionalen Waschmaschinen und Heißlufttrockenaggregaten, dann die engste Kammer, das Fotolabor, und schließlich den Transitshop, vor dem täglich zur halbstündigen Ausgabezeit eine Schlange steht.

Unter unserem Verarbeitungsdeck – dort, wo das Kielschwein leben soll – ist das fensterlose, schon unter der Wasserlinie liegende Reich der Fischmehler und der Maschinisten, dort arbeitet das Herz des Schiffes, die Antriebsmaschine, die Kältemaschine, die Anlage zur Herstellung von Fischeiweißkonzentrat, dort unten befinden sich die Laderäume für den Fisch, den Proviant, die Kartonagen ...

Das Deck über uns heißt Fangdeck, hier werden die Matrosen auf den vor Wind und Wetter nicht geschützten achtern gelegenen Holzplanken die leeren Netze aussetzen und die hoffentlich vollen an Bord hieven. Als zweitwichtigste Beschäftigung wird auf diesem Deck rund um die Uhr gekocht, gebacken, gebraten und gegessen. (Und wenn in der Messe nicht gegessen wird, kann man dort Filme sehen oder Versammlungen abhalten.) Auf diesem Deck wohnen außer einigen Matrosen alle mittleren Offiziere, der Chefkoch, der Politoffizier, der Chief und der Schiffsarzt.

Zum Brückenhaus und Funkraum muß man noch einen Niedergang höher steigen. Die Suite des Kapitäns liegt direkt neben der Brücke (notfalls könnte er im Schlafanzug und Hauslatschen, ohne über den Gang gehen zu müssen, in der Kommandozentrale erscheinen), und auch der 1. Funkoffizier schläft neben seinen Apparaturen. Außer den beiden wohnen auf dem Brückendeck die drei Steuerleute und der Produktionsleiter Dombrowski.

Vom Schiffsgehirn führt eine schmale Treppe zum unbewohnten Peildeck, auf dem Antennen und der Radarschirm angebracht sind und in dessen Mitte ein schuppengroßes Brükkenhaus steht, wie man es sonst auf einem Elbdampfer findet: die Trawlbrücke. Von dieser Miniaturbrücke dirigieren Kapitän oder Steuermann das Schiff beim Einholen des Fangnetzes, denn im großen Steuerhaus kann man nur sehen, was vor dem Schiff und rechts und links von ihm passiert; was hinten geschieht, dort, wo das Netz über die Heckslip aus dem Meer gezogen wird, ist nicht auszumachen. Also steigen die Steuerleute beim Hieven auf die Trawlbrücke.

Ich bin zum ersten Mal während der Atomalarmübung auf das Peildeck geklettert. Alarmproben gehören zu den Pflichtveranstaltungen der Überfahrt, allerdings nicht zu den beliebtesten, vor allem, wenn die Glocke während der Schlafenszeit schrillt. Bei »Feuer im Schiff«, »Mann über Bord«, »Ammoniakausbruch« (unser gesamtes Frostsystem wird mit Ammoniak betrieben), »Leck im Schiff« oder »Atomschlag« (man kann die einzelnen Übungen auch miteinander kombinieren) hat jedes Besatzungsmitglied seine vorher schriftlich festgelegte Aufgabe. Ich muß mich bei Alarm meistens an der Rettungsinsel Nr. 5 einfinden, nur bei »Leck im Schiff« soll ich vorher die Bullaugen in der Kapitänskammer und der Kammer des 1. Steuermannes schließen, und beim Atomalarm gehöre ich zum Entaktivierungskommando. Nach der ersten Probe für »Leck im Schiff« wurde ich wegen meiner Langsamkeit kritisiert, ich hatte, bevor ich zum Kapitän und zum 1. Steuermann in die Kammer ging, um dort alles dicht zu machen, angeklopft und eine Weile gewartet, ob einer »Herein« ruft.

Den Atomalarm überhöre ich sogar, denn der Kammerlautsprecher, der die Vorankündigung gibt, funktioniert nicht, ich reagiere nicht auf die Glocke im Gang, schlafe weiter und werde erst putzmunter, als eine Gestalt in Gummianzug und Schutzmaske das Schott aufreißt und unverständliche Sprachfetzen gurgelt. Ich mache durch Zeichen klar, daß ich nichts verstehe, und er setzt die Maske ab. Es ist Schulz, der Meister, mein Truppführer bei Atomalarm. Ich will mich mit dem Lautsprecher entschuldigen, doch er winkt ab, hievt mich aus der

Koje, schubst mich in den Bootsmann-Store, wo nur noch mein Atomschutzanzug hängt. Die verdammten Schlaufen und Knöpfe. Verwandlung in ein Fabelwesen. Dann die Schutzmaske. Wie immer glaube ich, ersticken zu müssen. Mit Eimer und Besen in der Hand hinauf auf das Peildeck. Dort liegt der Atomstaub entsprechend der Alarmlegende schon zentimeterdick. Wir scheuern das blanke Holz und erretten dadurch – so lobt der Kapitän bei der Auswertung – das Schiff und die Besatzung mit Wasser und Schrubber aus höchster Gefahr.

Vor dem nächsten Alarm werde ich zum 2. Steuermann beordert. Der vertraut mir unter dem Siegel der Verschwiegenheit an, daß in fünf Minuten der Dampfer in Flammen aufgeht. Ich würde dabei schwer verletzt und müsse bewußtlos im hinteren Duschraum liegen. Als ich wissen will: »Nackt oder angezogen?«, schreit er: »Fragen Sie nicht so blöd!«

Die Glocke schrillt in kurzen und langen Intervallen. »Feuer auf dem Schiff!« Ich setze mich in den hinteren Duschraum und feixe mir eins.

Als mich nach zehn Minuten noch keiner gerettet hat, werde ich mißtrauisch. Sollte es gar kein Probealarm sein? Nein, da hätte der 2. Steuermann mich nicht vorher instruiert.

Nach zwölf Minuten überlege ich ernstlich, ob das Schiff vielleicht schon sinkt und alle in den Rettungsinseln sitzen. Ich bilde mir ein, daß sich der Dampfer sehr stark nach steuerbord neigt, und renne, entgegen der gestrengen Anweisung, bewußtlos zu sein, aus dem Duschraum. Vor dem Niedergang steht Widder mit drei Mann und einer Tragbahre. Sie schreien mich an: »Du Idiot, Scherzer, wo steckst du bloß? Du solltest doch bewußtlos im vorderen Waschraum liegen, hat uns der Zweite gesägt!«

»Im hinteren Raum, im Duschraum, Widder!« verteidige ich mich kleinlaut.

»Egal, hau dich endlich hin!«

Sie schnallen mich auf die Trage und schleppen meine 75 Kilo den schmalen Niedergang hoch. Mir ist zum Lachen zumute, doch ich beherrsche mich, sonst würden sie mich wirklich arztreif prügeln.

Der Doktor im Hospital dankt für den Bewußtlosen.

Auf dem Fangdeck mühen sich inzwischen die Feuerwehrseemänner unter Moors Leitung, den Motor für die Wasserspritze anzuschmeißen. Doch obwohl der 3. Maschinist ihn mit Flüchen wie »verdammter Rohrkrepierer«, »impotenter Waldesel« und »vertrocknete Milchziege« anschreit, gibt der Motor nur blubbernde Geräusche von sich. Und die Spritze spritzt nicht. Und das Schiff verbrennt, obwohl ringsum nichts so reichlich vorhanden ist wie Wasser. Wohin könnte man vor dem Feuer fliehen, wenn die Rettungsinseln brennen und aus jedem Winkel des Schiffs Flammen schlagen? Wahrscheinlich fürchten Seeleute das Feuer mehr als Stürme und Sturzfluten.

Nach dem Alarm wird Moor vom Chief gerügt, und zwei Tage lang rennt der 3. Maschinist mit Büßermiene herum. Moor nimmt seine ehrenamtlichen Pflichten ernst, und Moor hat auf dem Schiff viele Ehrenämter. Er ist Leiter des Fotozirkels, Leiter des Brandschutzes, Leiter des Reservistenkollektivs.

Mich hat man mit keiner Funktion bedacht. Nach meinem Anmustern als »ungelernter Produktionsarbeiter« und dem Einzug in das unterste Deck hätte ich nichts dagegen, durch eine Funktion wieder ein bißchen »gehoben« zu werden. Denn noch fällt es mir manchmal schwer, nach dem Essen oder nach Gesprächen bei Dombrowski hinunterzusteigen zum »Portugiesendeck«, und bisweilen ertappe ich mich bei dem Wunsch, auch in den komfortableren Kammern des mittleren oder höchsten Decks zu wohnen.

Auf dem Meer riecht es, wie Dombrowski sagt, obwohl wir noch vier Tage von Labrador entfernt sind, schon nach Fisch. Während der Arbeitszeit schützen wir Motoren und Schalter im Schlachthaus mit Folie vor Spritzwasser und spannen die

Weichplaste rollenweise an die Decke, damit wir den Fischküt während der Heimreise leichter abkratzen können.

In der Freizeit versuche ich, endlich das Brückenhaus zu besichtigen, und steige den Niedergang zum Schiffsgehirn hoch. Oben angekommen, warte ich, bis der Kapitän in der nach Kaffee duftenden Kammer des Funkoffiziers verschwindet, und hoffe, daß der Kaffee für einen Halbe-Stunde-Plausch reicht, denn wenn der Alte nicht auf der Brücke ist, sondern Karl Wilhelm, der 1. Steuermann, werde ich mir das Schiffsheiligtum wohl ungehinderter anschauen können.

Ich klopfe an das Schott, doch niemand sagt »Herein«. Vorsichtig öffne ich und sage höflich »Guten Tag«. Auf den ersten Blick ähnelt die Brücke dem Cockpit eines Flugzeuges. Rundum von Steuerbord bis Backbord ermöglichen große Fenster die Sicht auf das Vorschiff und auf die See in Fahrtrichtung. Der 3. Steuermann lümmelt im Drehstuhl und hat die Beine auf das Fensterbrett gelegt. Am Ruder steht ein Matrosen-Lehrling. Zwischen Radarschirm, Fischlupe und elektronischen Geräten sitzt Karl Wilhelm, der 1. NO - der 1. Nautische Offizier. Aber niemand auf dem Dampfer spricht ihn dienstordnungsgemäß an, alle sagen »Steuermann« zu ihm. Wenn die Alten über ihn reden, nennen sie ihn den »Stier von Labrador«. Die Gesichtshaut des Mannes, der die Fünfzig schon überschritten hat, scheint gegerbt. Karl Wilhelm hat schon als Kind auf dem Fischkutter seines Vaters gearbeitet und fährt seitdem zur See. Ich möchte ihn nach der Fischerei vor dem Krieg fragen und nach dem Wiederanfang 1945. Im Januar 1946 hatte die sowjetische Militäradministration befohlen: Innerhalb von vierzehn Tagen ist mit dem Fischfang auf der Ostsee zu beginnen! Plansoll für 1946 rund 25 000 Tonnen Fisch. (Vor dem Krieg hatte man mit doppelt so viel Kuttern in diesem Gebiet nur 12 000 Tonnen gefangen.) Bei Planerfüllung sollten die Fischer für einen Zentner Fisch 10 Pfund Mehl, 20 Pfund Kartoffeln, 100 g Zucker und 100 g Spiritus erhalten. Für über den Plan gelieferte Mengen wurden doppelte Rationen in Aussicht gestellt.

Vielleicht war Wilhelm auch dabei, als sich die Rostocker Fischer, die ihre Netze seit Menschengedenken nur in der Ostsee ausgesetzt hatten, zum ersten Mal in den Atlantik wagten und nach Grönland fuhren ...?

Aber Karl Wilhelm mustert mich nur kurz aus den Augenwinkeln, dann blickt er wieder auf das Meer.

Auch der 3. Steuermann sagt nichts.

Nur der Matrosenlehrling bellt: »Is was?«

»Nein«, sage ich, »möchte mich hier oben umgucken.«

Da schaut der Lehrling den 3. Steuermann an. Der hievt sein rechtes Bein vom Fenster, dreht sich zu Karl Wilhelm. Aber Wilhelm schweigt. Also legt der 3. Steuermann sein rechtes Bein wieder auf das Fensterbrett und nickt dem Rudergänger zu. Und der Matrosenlehrling sagt sehr laut: »Hier oben hast du Stinker überhaupt nichts zu suchen, kannst dir höchstens 'ne Extraarbeit beim Steuermann abholen!«

Die Steuermänner grienen, der Lehrling drückt stolz seine Brust heraus.

Ich überlege, ob ich etwas erwidere, doch man erzählt, daß Karl Wilhelm ein strenger, auf seine Autorität bedachter Kapitän gewesen sei. Einen Matrosen, der nach Wilhelms Kommando das Ruder ziemlich oft zwischen Backbord und Steuerbord hin- und herdrehen mußte und fragte: »Käptn, können Sie nicht ein bißchen besser geradeausfahren?«, schickte Wilhelm bei Windstärke 8 und 15 Grad Kälte für drei Stunden auf das Peildeck zur Eisbergwache. (Obwohl in dieser Gegend noch nie Eisberge gesichtet worden waren.) Nachdem der Matrose sich halberfroren zurückgemeldet hatte, murmelte Wilhelm: »Das hier ist kein Kaffeeklatschhaus, sondern ein Steuerhaus, da redet nur einer und die übrigen halten die Klappe.«

Als sich der Stier von Labrador nach mir umdreht, verschwinde ich wortlos von der Brücke.

Dombrowskis Kammer steht offen. Ich sage dem Produktionsleiter, daß ich Kaffeedurst habe, was auf dem Dampfer im Klartext bedeutet: Ich möchte ein bißchen klönen. Dombrowski hat Zeit und setzt Wasser auf, schließt das Schott. Ich frage ihn nach Karl Wilhelm.

»Karl Wilhelm ist ein geborener Fischer, den hat der Klapperstorch mit dem Echolot im Ozean aufgespürt, mit einem Netz herausgezogen und – damit er nicht schreit – mit einem Kabeljau gefüttert«, sagt Dombrowski. Und als Beweis erzählt er, wie Wilhelm Pilze sucht.

»In der Nähe des Seebades W., wo der Umsiedler Karl Wilhelm ansässig wurde, gibt es einige versteckte Wiesen – nur die Einheimischen kennen sie –, auf denen die Champignons wie in einer Pilzzüchterei wachsen. Karl Wilhelm nahm einen Beutel (den konnte er bei Mißerfolgen in der Hosentasche verschwinden lassen) und machte sich auf die Suche nach den Champignons. Das tat er drei- oder viermal und spuckte immer wütend aus, wenn die Einheimischen mit vollen Körben nach Hause kamen. Beim fünften Versuch wartete er am Dorfausgang, bis einer der Einheimischen mit dem Auto zur Pilzjagd startete ... und fuhr ihm hinterher. So fand er die Pilzwiese und erntete einen Kofferraum voll Champignons. Jedesmal, wenn er jetzt in die Pilze kutschiert, steigt er schon einen Kilometer vor den fündigen Wiesen aus, schaut sich mißtrauisch um, ob ihm keiner gefolgt ist, und schleicht sich auf Umwegen zu seinem Pilzfleck ...«

Vor Grönland war es anders. »Da setzte der Karl Wilhelm seine Netze zwei, drei Tage brav neben den anderen Rostokker Schiffen aus, doch sobald der Wind von Süd nach Nord drehte, verschwand Wilhelm und fuhr gen Norden. Die Kapitäne griffen sich an den Kopf, der Wilhelm müsse doch blöd geworden sein, dampfe nach Norden und hier stände der Fisch. Doch er stand nicht mehr lange, die Kollegen holten immer weniger Fisch aus dem Wasser. Da meldete sich Wilhelm wieder, er habe volle Netze, und gab seine Koordinaten durch. Die Flottille dampfte nach Norden, doch als sie ankam, war Wilhelm schon nach Westen gefahren, weil der Wind nach Westen abdrehte. Und es schien, als schwimme der Fisch Wilhelms Dampfer hinterher.«

Der Kerl riecht den Fisch, sagten die jungen Rostocker Kapitäne damals. Sie waren nicht wie Karl Wilhelm an der pommerschen Ostseeküste, sondern in Thüringen oder Sachsen aufgewachsen und hatten Bergmann oder Tischler gelernt. Oft kam einer von ihnen mit halbleerem Laderaum zurück ...

Es war die Zeit, da die westdeutschen Fischer die Rostocker mit ihren grüngestrichenen Trawlern »grüne Pest« schimpften. Fast alle Kapitäne aus Cuxhaven, Bremerhaven und Hamburg gehörten zu alten Fischerfamilien. Die Großväter hatten den Vätern anvertraut, wo der Fisch vor Norwegen und Grönland weidet und wo der Meeresboden ungefährlich ist. Und die Väter sagten es den Söhnen, die Söhne den Enkeln, die Enkel den Urenkeln. Und die Urenkel hüteten die Geheimnisse, denn vor Norwegen und Grönland fischten nun auch volkseigene Dampfer aus Rostock.

Die Cuxhavener und Hamburger Kapitäne wollten ihren Spaß haben an den »Grünlingen aus der Zone«. Und sie hatten nicht nur einen Spaß.

Da fischten neben einem Rostocker, der tagelang keinen Schwanz gefangen hatte, zwei Cuxhavener, die sich gegenseitig nach jedem Hol zu sechshundert oder achthundert Zentnern gratulierten. Schließlich fuhr der Rostocker in das Kielwasser des Cuxhaveners, horchte, wie lange dessen Winde beim Netzaussetzen jaulte, schlußfolgerte daraus die Tiefe, in der er schleppte, ließ genauso viel Leine von der Windentrommel und holte 500 Korb Rotbarsch hoch. Das klappte noch zweimal, dann fierte der Cuxhavener 200 Meter Seil weg, hielt die Winde kurz an und wickelte die 200 Meter wieder auf. Die Rostocker hatten genau, aber eben nicht sehr genau hingehört, sie fierten 400 Meter und fuhren hoffnungsvoll hinter dem Cuxhavener Dampfer, der den Kurs wechselte. Nach einer halben Stunde saß ihr Netz in den Klippen, sie mußten das Stahlseil kappen und für rund 10 000 Mark Netz und Geschirr auf dem Meeresboden zurücklassen. Der Cuxhavener Kapitän schrie durch das Megaphon: »Mensch, ich dachte schon, ihr habt einen Walfisch im Netz.« Und er kugelte sich vor Lachen.

Natürlich gab es auch Fahrensleute aus der BRD, die sich zu den Rostockern wie zu ihresgleichen verhielten, und es gab Kollegen, die beteuerten: »Wir sind doch alle deutsche Fischersleute.« Einer dieser Kapitäne, die behaupteten, auf dem Meer gäbe es keine Grenzen, war der Alte der westdeutschen »Hanseat«. Als er zusammen mit unserer »Brandenburg« vor Grönland fischte, informierte er den »Kollegen aus Rostock« bereitwillig über Netztiefe, Schleppzeit und Fangergebnisse. Und bei einem Maschinenschaden der »Hanseat« schickte die »Brandenburg« einen Schlosser und Material hinüber und ließ den Schaden reparieren. Der westdeutsche Kapitän bedankte sich mit einer großen Buddel Kognak. Als der »Brandenburg« das Netz in die Schraube geriet, sagte der Westdeutsche: »Brauchst nicht erst deine Rostocker Kollegen zu rufen, ich schlepp dich schnell nach Godthåb rein. Ein Freund hilft dem anderen!« Der Kapitän der »Brandenburg« war heilfroh und bedankte sich mit einer Buddel Wodka. Nach dem Einlaufen in Rostock präsentierte die Kombinatsleitung dem erbleichenden Kapitän der »Brandenburg« eine Rechnung über mehr als 100 000 Westmark. Sie stammte von der Reederei der »Hanseat«. Der Wir-sind-doch-alle-deutsche-Fischersleute-Kapitän hatte aus der Abschlepp-Freundeshilfe eine »Rettung aus Seenot« gemacht. Und die ist teuer. Und wir mußten bezahlen.

Wir zahlten und lernten.

Sowjetische Forschungsschiffe hatten beispielsweise die

Georgsbank – ein Gebiet, in dem vorher kaum gefischt worden war – Quadratmeile für Quadratmeile erkundet und präzise Meeresgrundkarten angefertigt. Die Rostocker Wissenschaftler entwickelten inzwischen eine verbesserte Fangtechnologie für Heringe, und mit den Fischereikarten aus Riga und der Fangtechnik aus Rostock holten DDR-Schiffe und sowjetische Fischdampfer vor der USA-Küste schließlich Fischmengen aus dem Ozean, die selbst die Alten an Wunder glauben ließen.

Wunder machen neugierig. Und als die westdeutschen Reeder spitzbekamen, weshalb die DDR und die UdSSR nicht mehr mühsam nach Nordsee-Heringen suchen mußten, kam eines Tages eine Armada der modernsten Cuxhavener Fischdampfer nach den Georgsbänken. Sie wollten sich von den Nachfahren der »grünen Pest« abgucken, wie man mit sowjetischen Fischereikarten und Rostocker Fangtechnologie Fischwunder vor New York erleben kann.

Und sie erlebten nicht nur ein Wunder.

Einige von ihnen hatten in Umkehrung der Geschichte, immer im Kielwasser der Rostocker fischend, sogar »Walfische im Netz«.

Der Klassenkampf ging auch an Land in kapitalistischen Häfen weiter. Einer, der dabei eine Niederlage erlitt, war Karl Wilhelm. Vier seiner Leute hauten ab. Danach fuhr der langgediente Kapitän nur noch als Steuermann.

Ohne anzuklopfen, stürmt Edgar, der Funker, in die Kammer; Dombrowski kommt nicht dazu, ihm einen Kaffee anzubieten, denn der Funker schmeißt nur wortlos die Wetterkarte und die Fangergebnisse der DDR-Schiffe in den letzten vierundzwanzig Stunden auf die Back und verschwindet wieder.

Windstille ist bei Labrador, dazu Nebel und Minus fünfzehn Grad. Die »Brecht« und die »Bredel« fangen in dieser Ecke täglich rund 400 Zentner Kabeljau.

»Das ist nicht viel«, sagt Dombrowski.

Er war schon oft vor Labrador. Es sei nichts Außergewöhnliches, dort zu fischen. Nur sehr kalt und fast immer Eis und Nebel. Und der Kampf um den kanadischen Fisch wird von Jahr zu Jahr härter. Denn heute ist der Fischkrieg nicht mehr so »lustig« wie seinerzeit, als sich die Rostocker und Cuxhavener Fischer gegenseitig »Walfische in das Netz trieben«.

Denn inzwischen haben beispielsweise die USA ihre Seegrenzen erweitert und ihre Fanggründe vor der Georgsbank für Fischer aus der DDR gesperrt.

Inzwischen wurden die DDR-Kapitäne ohne Vorwarnung mit Blitztelegrammen aus den Gewässern vor der sowjetischen Küste zurückgerufen, weil die UdSSR ihre Fischereizone vergrößerte.

Inzwischen haben wir mit der UdSSR einen Vertrag abgeschlossen und können wieder vor Nowaja Semlja fischen.

Inzwischen haben wir die Ostsee halbiert und unseren Teil für Fischer anderer Länder gesperrt.

Inzwischen wurden westdeutsche Fischkutter von polnischen Küstenbooten aufgebracht, weil sie die neuen Fischereizonen vor Gdansk und Leba nicht akzeptierten.

Und inzwischen dürfen wir auch vor Labrador fischen, jedoch nur mit teuer bezahlten Lizenzen, die Fangzeit, Fangzone und Fangmenge festlegen.

Damit beendet Dombrowski seine Aufzählung.

Auch wenn ich nicht weiß, wieviel kanadische Dollars uns jeder Tag vor Labrador kosten wird, beginne ich zu begreifen, daß wir die teuer erkaufte Chance, vor Kanada die Netze aussetzen zu dürfen, so gut wie möglich nutzen müssen: viel fangen und schnell verarbeiten.

Während Dombrowski und ich die Coffeetime mit Wodka verlängern, klopft es an das Schott. Ich will Gläser und Buddel in den Spind stellen, schließlich hat der Produktionsleiter noch Dienst, aber er drückt mich wieder auf den Stuhl, sagt entschiedener als sonst, daß er nicht öffentlich Wasser predigt und heimlich Schnaps säuft und es nicht nötig hat, sich oder sonst etwas zu verstecken.

Am Schott steht Jumbo mit unschuldigem Kinderlachen. Hinter ihm, aber fast einen Kopf größer, schaut Kluge, ein Arbeiter aus der zweiten Brigade, unsicher und verlegen in die Runde. Beide haben in der vergangenen Nacht einen »Tödlichen« gemacht. Am Morgen schaffte es der Meister nicht, die zwei aus der Koje zu holen. Und nun steht Jumbo am Schott, lacht immer noch sein stilles Vollmondlachen und wischt sich ständig die Hände an der Hose ab, wahrscheinlich schwitzt er. »Wir möchten uns entschuldigen, Chef, war wohl bißchen zuviel gestern abend ... auch kein gutes Beispiel für die Lehrlinge ... wird nicht mehr vorkommen, Chef.«

Dombrowski fragt, ob sie Sorgen hätten oder ob es nur wie immer beim Auslaufen sei.

»Wie immer, Chef, wenn endlich Fisch da ist, rühren wir keinen Tropfen mehr an!«

Na, na, sie sollten nicht übertreiben, sagt Dombrowski und schenkt jedem ein Glas gegen den Kater ein.

Wir trinken, bis der Kapitän durch den Bordfunk bekanntgibt, daß die Fotoamateure sich bereithalten sollen, ein besonders kapitaler Eisberg sei in Sicht, und das Schiff werde extra für die Fotofreunde den Kurs wechseln. Ich renne und hole meinen Apparat. Auf der Backbordseite stehen schon an die zwanzig Knipser, auch der Kapitän ist unter ihnen. Wir fahren so dicht an den weißen Riesen heran, daß wir keine Teleobjektive brauchen. Er ist schon löchrig, die Sonne flammt in den ihr zugewandten Eishöhlen, als ob ein Gletschergeist darin sitzt und seine goldenen Schätze zählt. Die Zeit hat tiefe Falten in das Antlitz des schwimmenden Berges gefressen, doch immer noch sieht der fast zwanzig Meter über das Wasser hinausragende Eiskopf (wie mächtig ist der unsichtbare Körper?) so respekteinflößend aus, daß ich andächtig, wie bei einem Achttausender im Himalaja, zu ihm aufschaue und das Fotografieren vergesse.

An den nächsten Tagen kann ich es nachholen, wir treffen noch viele der kleinen Geschwister des Eisbergs. Manchmal driften sie gemeinsam und ziehen wie eine Schafherde über das ruhige Meer. Aber immer dauern unsere Begegnungen nur kurze Augenblicke. Die Eisberge schwimmen hinunter nach Süden, und wir fahren hinauf nach Nordwesten.

Siegfried Dombrowski, LOP – Leitender Offizier der Produktion, genannt »Produktenboß«

Dombrowski ist immer unterwegs.

Was sucht er?

Einmal sagte er mir: »Erst auf dem Dampfer bin ich seßhaft geworden, aber mit einem Dampfer kommt man nirgends endgültig an; da bewegt man sich immer.«

Aufgewachsen in Gleiwitz. Vom Vater, dem »der Führer Arbeit und Aufseherposten in einem Hüttenwerk gegeben hatte«, zu einem fanatischen Hitlerjungen erzogen. Aber die Mutter verbrannte die Pimpfenuniform und warf den HJ-Dolch in die Jauchegrube. Damals war der Vater schon an der Ostfront. Eines Nachts kam er unangemeldet nach Hause. Als der Junge den Vater sah, begann er vor Angst zu zittern, denn das Haar des Vaters war schlohweiß. In jener Nacht schlief Siegfried nicht, er lauschte an der Stubentür. Manchmal glaubte er, daß der Vater weinte, und einmal hörte er, wie der Vater sagte: »Wir sind keine Menschen mehr.« Der Vater ging in der Frühe, ohne sich zu verabschieden. Der Junge hat ihn nie wiedergesehen, denn am Tag darauf brachte der Postbote einen zwei Wochen vorher an der Front abgeschickten Brief, daß der Vater vermißt sei.

Als Siegfried Dombrowski dreizehn Jahre alt war, trieb die SS Menschenskelette durch Gleiwitz. Da stahl der Junge Brot für die Russen. 1944 – die Rote Armee hatte Gleiwitz befreit – wurden die meisten Deutschen in der nun wieder polnischen Stadt Gliwice interniert. Dombrowski konnte sich rechtzeitig verstecken. Zusammen mit einem polnischen, einem russischen und einem deutschen Jungen baute er sich vor der Stadt einen Erdbunker. Dort hauste er fast zwei Jahre, klaute Hühner und plünderte Bauerngehöfte. Manchmal konnte er der Mutter und der Schwester Brot in das Lager schmuggeln. Dabei erwischte man ihn.

Zusammen mit anderen Umsiedlern wurde er nach Ostdeutschland transportiert. Wenn der Zug über Brücken fuhr, schmissen sie die Leichen der an Typhus Gestorbenen aus dem Viehwaggon.

Eine Lehrstelle bekam er in Mecklenburg nicht, es gab nur drei Möglichkeiten für den ehemaligen Höhlenbewohner: Wismut, Knecht oder Kasernierte Volkspolizei. Er ging zu den Kasernierten. »Ich wollte regelmäßig zu essen haben und ein ordentliches Zuhause.«

Damals verlobte er sich mit einem Mädchen, das bei einem Fleischer als Magd arbeitete. Um ab und an eine Wurst oder eine Speckseite für die vielen Geschwister zu Hause zu bekommen, mußte sie sich auf der Tenne mit dem Fleischer ins Heu legen. Als seine Verlobte ein Kind bekam, stellte sich heraus, daß Dombrowski die gleiche Blutgruppe hatte wie der Fleischer. Aber der Fleischer hatte auch Blutwürste für die Richter. Da mußte Dombrowski zahlen.

Er trank zehn Tage lang, dann nahm ihn ein Vorgesetzter mit ins Theater, damit er auf andere Gedanken käme. Im Theater saß eine junge Lehrerin neben ihm. Sechs Wochen später heiratete er sie. Und Dombrowski begann bei der Armee, Buchhalter zu erlernen.

»Ich wollte eine Familie gründen.«

Nach der KVP-Zeit arbeitete er zuerst im Kühlhaus des Fischkombinats. Als der Leiter dort eingesperrt wurde – die Polizei hatte Schweineköpfe in Heringsfässern gefunden – erhielt Dombrowski diesen Posten.

Zu der Zeit hätte er endgültig seßhaft werden können, einen Garten anlegen, vielleicht ein Häuschen, ein bißchen Karriere, denn er war kein Begriffsstutziger und auch in der Partei. Aber er nutzte die Chance eines schnellen, unbefriedigenden Aufstiegs an Land nicht. Damals suchte man Produktionsmeister für die ersten Fang- und Verarbeitungsschiffe der DDR. Und Dombrowski schmiß alles hin. Ohne sich Bedenkzeit auszubitten. Seitdem ist er wieder unterwegs. Erst als Meister. Später als Produktionsleiter.

Neben dem Spiegel in seiner Kammer hat sich Genosse Dombrowski das Gebet des Friedrich Christoph Oetinger (1702–1782) aufgehängt:

»Gib mir die Gelassenheit, Dinge hinzunehmen, die ich nicht ändern kann; gib mir den Mut, Dinge zu ändern, die ich ändern kann, und gib mir die Weisheit, das eine vom anderen zu unterscheiden.«

Coffeetime 4
Schiffsarzt Hermann Wendt erzählt vom »großen Schweiger«

Er war dürr, als hätte er die Schwindsucht, am Hals einen starken Kropfansatz und dazu Basedowaugen, die ihm beim Schleppen der Fischmehlsäcke aus den Höhlen herauszuquellen schienen. Deshalb riefen ihn einige »Unke«. Aber die meisten der Besatzung nannten den Fischmehler den »großen Schweiger«.

Manchmal sprach er tagelang kein Wort, so daß es den Kollegen unheimlich wurde, ihm beim Essen gegenüberzusitzen, und der Bootsmann schließlich eine Extraback für den Fischmehler in die hinterste Ecke der Mannschaftsmesse stellte. Dort saß er allein, kaute langsam und schwieg.

Wenn der große Schweiger länger als eine Woche sprachlos blieb, befürchtete ich gefährliche psychische Staus und sagte dem Bootsmann, er solle ihn durch eine Wasserkur wieder zum Leben erwecken. Der Bootsmann wartete, bis der Fischmehler unter der Dusche stand und sich einseifte. In diesem Moment drehte er das warme Wasser für den Duschraum ab und ließ Kaltwasser in die Leitung laufen. Der Fischmehler brüllte so laut, daß es sogar die ohrenschutzbehüteten Maschinisten hörten. Nach der Hälfte der Reise half auch diese Pferdekur nicht mehr, der Fischmehler wurde immer schweigsamer und dann geschah das Unglück: Er übersah einen Schwelbrand im feuchten Fischmehl. Zwar brannte das Schiff nicht, aber die Fischmehlanlage war hinüber.

Ich ließ den großen Schweiger, der hemmungslos heulte, ins Hospital legen, gab ihm eine Beruhigungsspritze und inspizierte dann seine Kammer. In der Backskiste fand ich einen Brief seiner Tochter; nach der Fotografie über der Koje zu urteilen – dem einzigen Bild, das dort hing –, mußte sie elf oder zwölf Jahre alt sein. Sie schrieb, daß er sie im Urlaub nicht mehr besuchen solle. Nach der Scheidung von der Mama sei er jetzt nicht mehr ihr Papa. Er brauche auch keine Päckchen mit Schokolade, Matchboxautos und Blasenkaugummi zu schicken.

Die Schlosser flickten die Anlage zusammen, aber ein Ventil konnten sie nicht reparieren. Der Kapitän hatte die Fangleitung an Land noch nicht informiert, denn er wußte, was das für den Fischmehler bedeuten würde: bestenfalls aktenkundigen strengen Verweis oder schlimmstenfalls teilweisen Schadenersatz und einstweiliges Fahrverbot.

Wegen des Ersatzteiles mußte der Kapitän allerdings eine Werft anlaufen oder ein neues Ventil mit dem Hubschrauber bringen lassen, und dazu brauchte er den Segen und die Finanzen des Kombinats. Noch ehe der Kapitän die Meldung durchgab, kam der Funker und sagte, daß er bei allen umliegenden Fischereifahrzeugen nach dem Ventil gefragt hätte. Ein Franzose, nur zwanzig Seemeilen entfernt, würde eins abgeben.

Der Kapitän setzte sich selbst ans Sprechfunkgerät und wollte vom Franzosen wissen, was er verlangte.

200 Mark!

Da meinte der Kapitän, nun müsse er doch Meldung machen. Aber bevor er Rostock informierte, kamen die zwei Meister auf die Brücke und händigten ihm 78 Mark in West aus. Das wäre alles, was die Produktionsarbeiter sich für eventuellen Landgang vorsorglich mitgenommen hätten. Der Bootsmann legte seine fünf Mark dazu, dann sammelten die Maschinisten, die Matrosen und zum Schluß die Offiziere. Alles zusammengerechnet ergab 183 Mark. Der Kapitän setzte sich wieder an das Sprechfunkgerät und feilschte wie ein orientalischer Basarverkäufer. Für 150 Mark und sechs Kästen Bier wurde man handelseinig.

Zwei Tage nach dem Unglück lief die Fischmehlanlage wieder. Und zum Abendessen trug der große Schweiger seine Extraback aus der Messe und setzte sich neben den Bootsmann.

Neue Rituale vor dem ersten Hol

Nach elf Tagen und zwölf Stunden erreichen wir die Koordinaten 53,01 Nord und 52,30 West, das vorgeschriebene Fanggebiet bei Labrador. Die »Bertolt Brecht« und die »Willi Bredel« fischen schon hier, und sofort nach unserer Ankunft findet ein kleiner Schriftstellerkongreß statt. Fallada hält die Einleitungsrede, er betont, daß während der Überfahrt alles normal gelaufen sei, nur wäre er nicht mehr der Schnellste, das Alter, das Alter ... Brecht und Bredel dagegen fallen sich gegenseitig ins Wort; Brecht schildert in mehreren dramatischen Szenen, wie die reißende Kurrleine einen Matrosen zu Boden geschleudert und den Brustkorb eingedrückt hätte, so daß er von einem kanadischen Rettungshubschrauber nach Saint-John's geflogen werden mußte. Und verkündet dann die Moral von der Geschicht': Trau auch einem Stahlseil nicht! – Bredel warnt Fallada vor den kapitalistischen kanadischen Fischereibehörden, die würden wie Schießhunde aufpassen, daß jeder die Fangbeschränkungen und Lizenzauflagen genau einhält. Brecht schimpft auf das »Scheißwetter«, und dann überbieten sich beide, um dem Fallada handwerkliche Tips für ein erfolgreiches Schaffen zu geben. Bredel schlägt vor, mit dem Netz 300 Meter tief zu gehen, und Brecht quatscht dazwischen, das sei Unsinn, und murmelt unverständliche Zahlen. »Nimm doch die Zigarre aus dem Maul, du Hund, wenn du mit dem Fallada sprichst«, schimpft Bredel. Da brüllt Brecht: »Ich hab' bei 380 die dicksten Beutel hochgelümmelt!«

Sie streiten sich um 300 oder 380, bis Fallada seine Sprechfunktaste drückt. Da ist Ruhe im Äther, denn Fallada hat Wichtigeres zu sagen:

»Also, Bredel, dir bring ich paar Ersatzteile für deine Pumpe mit und für Brecht die bestellten drei Ballen Putzlappen. Und ...« Hier macht Fallada eine Kunstpause. Bredel poltert als erster los: »Na, spuck' es endlich aus, hast du Post mit?« Da nickt Fallada mit seinem Vordersteven. Bredel ist beruhigt, nur Brecht mault noch: »Könntest paar Kästen Hafenbräu mit 'rüberschicken, trocken krieg' ich unsere Zeitungen nicht 'runter und schon gar nicht alte Zeitungen. Fische und Zeitungen sind nur frisch gut ...«

Aber auch als Fallada das Schlauchboot lediglich mit Postsäcken beladen aussetzt, ist man zufrieden. Bredel und Brecht stürzen sich gierig auf jede Zeile von zu Hause ...

Außer unseren drei Schiffen sind noch zwei Polen, ein Däne, ein Bulgare und vier Westdeutsche auf dem Fangplatz.

Ruhig, manchmal nur 100 Meter voneinander entfernt, schleppen die Drei- und Viertausendtonner. Da darf keiner zappelig werden. Auf den Schiffen regt sich nichts, sie sind geisterhaft menschenleer. Ich hatte gedacht, die Matrosen und Fischverarbeiter würden an der Reling stehen und uns Neuankömmlinge winkend begrüßen. Doch nirgendwo rührt sich eine Hand. Trotzdem fühle ich mich nicht mehr einsam, wie auf der Fahrt über den Atlantik. Hier könnte man winken, hier könnte man notfalls um Hilfe rufen …

Auf dem Fangplatz wirbeln Schneeflocken. Über den Schiffen verdichten sie sich, als wollten sie den Stahlkolossen eine dicke Schneemütze aufsetzen. Doch die Flocken fallen nicht bis auf das Deck, und die wenigsten setzen sich auf das Wasser. Zentimeter davor gleiten sie zur Seite, steigen wieder empor. Es sind Möwen. Vielleicht Zehntausende. Schreiend verlangen sie ihren Anteil.

Vergeblich suche ich im Gestöber die zehn oder zwanzig Möwen, die uns über den Atlantik gefolgt sind, sich bei Sturm in die Wellentäler geduckt hatten, als wollten sie ein imaginäres Radarsystem unterfliegen, die sich, wenn sie entkräftet waren, auf den A-Mast hockten, die nicht kreischend um die Abfälle stritten, die schweigend gegen Hagel und Schneestürme ankämpften. Um sie hatte ich gebangt. Die vollgefressenen, lärmenden, den Schnabel weit aufreißenden, dabei kaum 50 Kilometer vom sicheren Land entfernten Möwen mag ich nicht. Sie umkreisen das Schiff und warten, daß wir Fische für sie hochholen; sie wollen serviert bekommen.

Aber noch fangen wir nicht. Anderes Getier hat sich der Mensch gezähmt, es steht schlachtbereit in seinen Ställen. Den Fisch des Meeres muß er noch jagen, denn die Hochseefischerei ist wie die Hatz auf Hirsche und Wildschweine kaum über das bloße Erbeuten hinausgekommen.

Und nach wie vor gehört trotz großer Fangschiffe, moderner Fischortung und wissenschaftlicher Voraussage auch

Glück dazu, den Fisch in der Tiefe des Meeres zu finden, ihn in das Netz schwimmen zu lassen und an Bord zu hieven, »Fischerie ist Lotterie«. Schon in der biblischen Geschichte beklagten die Jünger, die von Beruf Fischer waren, daß sie die ganze Nacht die Netze ausgesetzt, aber nichts gefangen hätten. Und weil es nicht jedermann wie ihrem Herrn möglich war, mit zwei Fischen an die fünftausend Hungrige satt zu kriegen, opferten die Fischer den verschiedenen Göttern und Gottesdienern für gute Fänge Fische und Gold, geschlachtetes Federvieh und Perlen, Gebete und Schnaps. Am sorgfältigsten beachtete man diese kultischen Handlungen jahrhundertelang beim Aussetzen von neuen Netzen und beim ersten Hol einer Reise. Beispielsweise nahm man die größten gefangenen Fische und hauchte den Kaltblütern warmen Atem in die Kiemen oder tröpfelte ihnen Menschenblut in das Maul. Dann warf man die mit Atem und Blut manipulierten Exemplare in das Meer zurück und hoffte, daß sie ihren Artgenossen erzählen würden, wie gut es ihnen an Bord ergangen sei und daß der übrige Teil des Schwarmes sich von allein in das Netz drängele. Man schmiß Köpfe, Gräten und Innereien der geschlachteten Fische wieder ins Meer, weil sich darin die Schattenseelen der Fische befinden sollten und sie sich auf diese Weise regenerieren könnten, dachte also auch bei kultischen Ritualen sehr ökonomisch, denn keiner der Fischer kam auf die Idee, die Seele stecke im Fleisch und man müsse das Filet wieder über Bord werfen.

Auch bei den Opfergaben für neue Netze wurde im Laufe der Jahrhunderte immer mehr gegeizt. Während man vor 300 Jahren beim ersten Aussetzen noch Goldstücke oder Schmuck für den Gott des Meeres ins Netz legte, versuchte man später, ihn nur noch mit einer Buddel Schnaps besoffen zu machen. 1957, auf dem 1. Internationalen Kongreß für Fischfanggeräte, berichtete ein Vietnamese, daß bei der Herstellung von Netzen aus einheimischen Naturfasern ständig ein hoher Betrag in der Abrechnungsliste unter der Rubrik »Opfer für die Göttin des Meeres« aufgeführt worden sei, bei Nylonnetzen dagegen würde dieser Betrag inzwischen eingespart.

Außer auf die Einhaltung der Opferrituale hatte man beim Fischfang streng darauf zu achten, daß sich keine Krähen, Frauen, Raben, Advokaten, Eulen, Geistliche und andere Unglücksbringer an Bord befanden, daß man die Wassergeister nicht mit Lärmen, Fluchen, Streiten oder gar Verunreinigungen des Meeres erzürnte, daß keine Frau die Netze berührte, daß genügend Hufeisen, Kreuze oder Heiligenbilder im Steuerhaus an der Wand hingen, daß man nie einen Fang lauthals bekrähte, daß man vor dem Fischfang sexuell enthaltsam war ...

Die DDR-Hochseefischer haben neue Rituale entwickelt.

Sie versammeln sich vor dem Fang.

An der Bordwandzeitung stehen noch die Termine der kultischen Fischereivorbereitung, die wir in den Tagen der Überfahrt absolviert haben.

Es sind nicht wenige.

Zuerst versammeln wir achtzehn Genossen uns in der Mannschaftsmesse zur Sitzung der Parteiorganisation.

Der Politoffizier, der gleichzeitig Parteisekretär ist, eröffnet: »Liebe Genossen. Überall an Land bereiten sich die Werktätigen auf den 30. Jahrestag der Republik vor. Auch wir haben die Ziele unserer 45. Fangreise politisch-ideologisch darauf abgestimmt. Wir werden allen Fisch, der gefangen ist, qualitätsgerecht verarbeiten ...«

Nach diesem programmatischen Teil verteilt der Sekretär an jeden Genossen einen ordentlich mit Schreibmaschine getippten Parteiauftrag. Ich habe während der Reise folgendes zu erledigen: »Genosse Scherzer erhält den Parteiauftrag, sich beim Parteilehrjahr weiterzubilden und in seiner Abteilung aktiv zu agitieren.«

Am nächsten Tag versammeln wir uns in der Mannschaftsmesse zur Sitzung der Abteilung Produktion.

Der Leitende Offizier der Produktion, Genosse Siegfried Dombrowski, eröffnet: »Liebe Kollegen, unsere 45. Fangreise steht im Zeichen des Wettbewerbs der Republik zu ihrem 30. Jubiläum. Deshalb haben wir unser Wettbewerbsprogramm darauf abgestimmt. Punkt 1: Wir verpflichten uns, allen gefangenen Fisch entsprechend den Qualitätsmerkmalen zu verarbeiten und ...«

Was er nun vorliest, kenne ich, denn das hatte ich bei ihm aus den Wettbewerbsprogrammen der 43. und 44. Fangreise abschreiben müssen.

Am Tag darauf versammeln wir uns in der Mannschaftsmesse zur Sitzung der Gesellschaft für Deutsch-Sowjetische Freundschaft. Vorsitzender der Schiffsgrundeinheit ist Decksi, der Deckschlosser (übrigens der einzige aus der Mannschaft, der einer Organisation auf dem Schiff vorsteht, sonst tun das – wohl wegen der vorhandenen Zeit dafür und der geringeren Fluktuation – nur Offiziere). Als Decksi seine erste Reise machte, lief der Dampfer auch Murmansk an. Und weil es dort fürchterlich kalt war, trank Decksi mit einigen Russen so viel Wodka, daß ihn die Miliz später aus dem Straßengraben auflas und vorsorglich einsperrte. Der Kapitän mußte den wodkaunerfahrenen Decksi persönlich bei den Polizeibehörden von Murmansk auslösen. Und nun ist er DSF-Vorsitzender.

Decksi eröffnet die Versammlung: »Liebe Freunde. Ich denke, wir verlesen zuerst unser Wettbewerbsprogramm zur Vorbereitung des 30. Jahrestages. Wir wollen den Titel ›Schiff der DSF‹ verteidigen, indem wir unsere erste Aufgabe darin sehen, den gefangenen Fisch qualitätsgerecht ...«

Am nächsten Tag versammeln wir uns in einem Raum des Verarbeitungstraktes zur Sitzung der Produktionsbrigade 1. Teichmüller, der Meister, eröffnet: »Jeder von uns hat seinen PSP, den Persönlich-schöpferischen Plan, konkretisiert, um damit einen Beitrag zum 30. Jahrestag zu leisten. Wir werden alle gefangenen Fische schnell und qualitätsgerecht verarbeiten ...«

»Und die Leber, was wird aus der Leber, wenn wir den Kabeljau ausnehmen?« Jumbo lallt ein bißchen, und seine Sprache ist nicht kindlich gemütlich, sondern trotzig, fast aufrührerisch.

Teichmüller sagt: »Jumbo, halt die Klappe, sonst schmeiß ich dich raus ... Bei der Qualität kommt es darauf an, jeden Fisch ...«

Jumbo: »Aber wir können doch nicht die Leber einfach wegschmeißen ...«

Teichmüller: »... müssen wir auch beim Packen der Filets äußerst sorgfältig ...«

Jumbo: »Die Russen machen Konserven daraus, und wir wollen die Leber wegschmeißen. Weißt du überhaupt, was so ein Zentner Leber für Geld bringt?« Er schreit.

Und auch Teichmüller schreit: »Wir haben keinen Kessel mit, um die Leber zu kochen, also geht sie ins Fischmehl. Schluß damit!«

Aber Jumbo gibt nicht auf. »Wir könnten sie im Räucherfaß kochen.«

Teichmüller: »Wenn du nicht endlich still bist, kriegst du den ersten Verweis der Reise ...« Und an uns gerichtet: »Jeder hat sich seinen PSP zum 30. Jahrestag ausgearbeitet. Alle kennen ihn.« Kopfnicken. Obwohl ihn die Neuaufgestiegenen nicht kennen. Nur ich, denn ich hatte alle Persönlich-schöpferischen Pläne von der vergangenen Fangreise mit anderen Namen noch einmal für diese Reise abgetippt.

Jumbo startet einen neuen Versuch. »Ich werde trotzdem Lebergraxe kochen, das bringt während der Reise einige tausend Mark und ...«

Teichmüller unterbricht. »Nichts wirst du. Filets auf dem Band umdrehen wirst du, bevor sie in die Enthäuter kommen ...«

»Nee, das mache ich nie. Dazu bin ich viel zu langsam, das kann ich nicht ...«

Teichmüller bricht die Versammlung ab und gibt nur noch jedem ein PSP. Nein, nicht *den* PSP (den Persönlich-schöpferischen Plan), sondern *das* (das Persönliche Schutz-Päckchen), die Ammoniakschutzmaske. Sie schützt bei einer Havarie im Frostsystem vor ausströmendem Ammoniak. Aus den Abkürzungen könnte man eine Verbindung herstellen; etwa so: *Der* PSP und *das* PSP sind das gleiche. Denn – und nun als Losung: Die Persönlich-schöpferischen Pläne sind das Persönliche Schutz-Päckchen für jeden Vorgesetzten gegenüber seinem Vorgesetzten!

Jumbo sitzt inzwischen auf einem Kartonagenstapel und schläft. Er hat vorerst aufgehört, für die Verwertung der Kabeljauleber zu kämpfen.

Am nächsten Tag versammeln sich die Jugendfreunde in der Mannschaftsmesse zur Sitzung der FDJ-Mitglieder.

Bernd Teichmüller, der FDJ-Sekretär, eröffnet: »Liebe Jugendfreunde. Bald werden wir den ersten Fisch dieser Reise fangen. Unser Kampfziel zum 30. Jahrestag heißt: Jeden gefangenen Fisch der menschlichen Ernährung zuführen!«

Am darauffolgenden Tag versammeln sich die wehrfähigen Männer des Schiffes in der Mannschaftsmesse zur Reservistensitzung. Moor, Leiter des Reservistenkollektivs, hatte an die Wandzeitung geschrieben: »... laut Verfassung der DDR ist jeder verpflichtet, an dieser Versammlung teilzunehmen ...« Auch er kann wie alle übrigen Organisationsvorsitzenden eine hundertprozentige Teilnahme an die Landzentrale melden. Genügend Wasser drumherum fördert allemal das Bewußtsein.

Moor eröffnet seine Reservistenversammlung, zu der sogar der Kapitän – als »ungedienter Reservist!« – erscheint:

»Liebe Genossen Reservisten! Ich begrüße euch zur ersten Zusammenkunft dieser Reise. Wir Reservisten der NVA haben hier große Aufgaben vor uns, um den Wettbewerb zum 30. Jahrestag siegreich zu beenden und alle gefangenen Fische...«

An den nächsten Tagen versammeln sich außerdem: Hygienekommission, Schule der sozialistischen Arbeit, junge und alte Neuerer, Kommission zur Durchführung von Sport an Bord, der Schiffsrat, die Küchenkommission, die Kommission zur Sammlung von Altstoffen, der Fotozirkel, die Kommission zur Kulturarbeit an Bord, die Teilnehmer an der Offiziersschulung, am Erste-Hilfe-Kurs, am Parteilehrjahr, die verschiedensten Brigaden der einzelnen Abteilungen, die Wandzeitungskommission, die Kommission zur Anleitung derjenigen Besatzungsmitglieder, die berechtigt sind, den Filmvorführapparat zu bedienen, der Zirkel Junger Sozialisten.

Die beiden Frauen allerdings haben keine DFD-Gruppe gebildet.

Und im Transitshop werden noch keine Konsummarken ausgegeben. Und der CDU fehlt der dritte Mann, sonst hätte sich auch die Blockpartei versammelt...

Während ich an der Bordwandzeitung die realisierten Termine der Versammlung vor dem Fischereibeginn rekapituliere, fällt mir auf, daß die Gewerkschaftsmitglieder sich noch nicht versammelt haben! Hoffentlich hat dieses Ritualversäumnis keine schlimmen Folgen, denn nun ist nichts mehr nachzuholen. Wir suchen den Fisch schon, wir pirschen uns heran, wahrscheinlich im Zick-Zack-Kurs, denn ich schaukele beim Lesen nach rechts und links und dann nach vorn und zurück und wieder rechts zur Seite und links zur Seite, vor, zurück...

Wir suchen den Kabeljau. Der Kampf hat begonnen.

Fischer und Wissenschaftler entwickelten viele Hilfsmittel für diesen Kampf. Akustische Signale – fünfzehn Sekunden lang mit 1000 Hertz gesendet – drücken im Pelagel schwimmende Fischschwärme auf den Grund hinunter. Mit klappernden Hölzern imitieren die Südeuropäer springende Fische, um die Welse anzulocken. Starke Lichtquellen lenken Fischschwärme in die Netze oder zu überdimensionalen Pumpen, die beispielsweise Strömlinge wie Schlamm aus dem Meer auf die Schiffe saugen. In Ozeanien bauen die Einheimischen Rasseln aus Kokosnußschalen und locken mit diesem Geräusch die Haie. Einige Hochseefischer, auch die Rostokker, befestigten Anoden und Katoden am Netz und betäubten die Fische mit starken Elektroschocks.

Wir verwenden als einzige Hilfe die Fischlupe. Sie soll anzeigen, ob Fischschwärme unter dem Schiff schwimmen. Und der Kapitän und Wilhelm, der 1. Steuermann, sind beide, obwohl einer jetzt Freiwache hätte, im Brückenhaus, stieren auf die Anzeige der Fischlupe, des Echolotes.

Sind Fische da unten? Und wie viele? Tausende oder Millionen?

Wir fahren jetzt langsamer. Die Gischt der Bugwelle schäumt nicht mehr so hoch am Vordersteven. Es ist sehr kalt auf Deck, vielleicht minus zehn Grad. Die Heckslip und das Fangdeck, wo die Matrosen das Netz – zum wievielten Male schon? – geraderücken, sind vereist. Dann scheinen sie den Fisch gefunden zu haben. Die Maschine stoppt, und dafür bewegen sich nun die Matrosen. Balanceakt auf dem spiegelglatten Deck. Der Bestmann dirigiert den Windenfahrer. Das Netz klatscht ins Wasser. Die Möwen stürzen darauf und hakken mit ihren Schnäbeln nach den leeren Maschen. Es sinkt sehr schnell. Die Kurrleinen spannen sich. Die Winde jault.

Ich renne hinunter, um den anderen zu sagen:

Sie haben ausgesetzt!

Meine Nachricht bleibt unbeachtet.

Aber es knüpft keiner mehr.

Alle sitzen in Opas Kammer und warten. Trinken Kaffee. Niemand redet vom Fisch.

Als erster steht Widder auf. Holt sein schmales Filetiermesser und das breite Köpfmesser aus der Backskiste. Läßt sich von Opa einen Stahl geben und schärft wie ein Besessener die Klingen. Das steckt an. Jeder wetzt seine Messer. Liebevoll wie ein Tatar vor der Schlacht oder wütend, wie ein Fleischergeselle, der Überstunden machen muß.

Wir Neueingestellten verrenken uns die Hände, um das Messer blitzschnell am Stahl entlangzuführen. Damit wir uns nicht noch die Daumen abschneiden, wetzen die »Alten« unsere Messer.

Danach setzt Opa ausnahmsweise Wasser für eine zweite Kaffeerunde an. Teichmüller kommt. Hockt sich auf den Fußboden. Er hat eine saubere Arbeitslatzhose aus derbem Leinenstoff an.

»Ob es viel Kabeljau gibt?« frage ich.

Keiner reagiert darauf.

Hier interessiert sich keiner für Fisch, hier wird weder an den Fisch gedacht, noch über den Fisch gesprochen. Das ist alter Brauch. Nachdem die zweite Muck ausgetrunken ist, kramt Opa sein soeben geschärftes Messer wieder aus der Backskiste heraus, prüft die gefährlich scharfe Schneide mit dem Daumen und sagt: »Ich geh zu den Schlossern, mein Messer schleifen lassen!« Das tun alle. Wir stehen Schlange vor der Schlosserwerkstatt. Am Schleifstein sprühen die Funken …

Ab und zu kommen Matrosen in ihrem orangefarbenen Ölzeug den Niedergang vom Arbeitsdeck herunter in die Verarbeitungsräume. Ich frage, ob sie bald hieven. Doch sie, die sonst recht geschwätzig sind, gehen vorbei, als seien wir Produktionsarbeiter eine andere Kategorie Mensch. Endlich macht einer der geschäftig Umherlaufenden den Mund auf. Aber er sagt nur: »Das werdet *ihr* schon früh genug erfahren, wenn wir was gefangen haben.«

Ich gehe vorsichtshalber auf das Deck, um diesen Augenblick nicht zu verpassen. Der Windenfahrer steht unter einem

Dach, das ihn halbwegs gegen Sturm und Schnee schützen soll. Die Lehrlingsmatrosen neugierig drumherum. Er gibt gute Ratschläge: »Wenn mehr als 1000 Korb, also tausend Zentner, im Netz sind, kriegst du es selten an Bord. Da fährst du den Dampfer dunkel, weil die Winde allen Strom auffrißt. Oder dir haut's die Kurrleine um die Ohren. Da hilft nur eins: Du mußt den Steert aufschneiden und einige hundert Zentner des Fischsegens wieder rauslassen...«

Mensch, der quasselt vom Wieder-Herauslassen und weiß noch nicht einmal, ob schon ein Schwanz drin ist, denke ich.

Auf der Brücke müßten sie es wissen, die Elektronik läßt sie bis in das Netz hinunterschauen, aber die Elektronik verrät nicht, ob Schlamm, Steine oder Fische im Netz sind.

Wilhelm will Kaffee trinken. Der Kapitän, groß und stämmig und pausbäckig wie ein Milch- und Butterverkäufer, zeigt auf die Büchse im Fenster. Ein Heftpflasterschildchen klebt daran. Und darauf steht: KAPITÄN. Er sagt: »Nehmt davon!« Der Rudergänger wird nach Wasser geschickt.

Wilhelm und der Kapitän stieren auf die elektronische Fischlupe.

»Anzeigen wie Hund!«

Vom Hieven spricht keiner.

Sonst hat der Kapitän eine knollige, rote Nase. Jetzt, während er auf die Fischlupe schaut, hat sie sich verwandelt. Sie ist spitz und weiß geworden. Und Wilhelm wickelt nervös seine Haare um den rechten Zeigefinger.

Plötzlich dreht sich der »Alte« mit seinem Sessel, bis er rücklings zur Fischanzeige sitzt, so, als interessiere ihn das alles überhaupt nicht mehr.

»Hab ich euch schon den Witz von der Kaschube Anna erzählt? Also, was die Kaschube Anna ist, die war Bäuerin in Ostpreußen – bei dir da oben, Karl –, die trifft eines Tages die Meta. ›Stell dir vor, Meta‹, sagt sie, ›neulich in der Früh, mei Mann war auf die Weide, so gegen halb fünf, kommt der Karl, dieser Lorbaß von nebenan, vorbei und fragt mir: He, Anna, is dei Mann wohl zu Hause? Nee, sage ich, der ist auf die Weide, ich will ihn grad sein Frühstück rausbringen. So, sagt der Karl und kommt zur Tür 'rein. Dann latscht er mit seine dreckige Stiefel durch meine gute Stube, trägt mir in das Schlafzimmer und beglückt mir. Am nächsten Morgen, ich will mei Mann das Frühstück bringen, steht dieser Lorbaß doch wieder vor der Tür und fragt: Anna, is dei Mann wohl zu Hause? Nee, sag ich, der ist auf die Weide. Da trägt mir der Lorbaß wieder durch die gute Stube ins Schlafzimmer und beglückt mir. Nu frag ich dir, Meta: Was wollte dieser Lorbaß früh um halb fünfe bloß von mei Mann?‹«

Als der Kapitän drei Minuten gelacht hat, stutzt er, daß die anderen schon aufgehört haben.

Da erzählt der Kapitän fünf Witze als Zugabe.

Dann geht er zum Diagrammzeichner, der die Minuten seit dem Aussetzen des Netzes notiert hat. »Verdammt, die Zeit läuft heute überhaupt nicht, macht noch einen Kaffee.«

Wir schleppen das fischschluckende Netzmaul schon eine Stunde auf dem Grund des Atlantiks hinter uns her. Es ist vierzehn Meter breit und neun Meter weit aufgerissen; die Fläche eines Zweifamilienhauses. Es bewegt sich in einer Minute rund 140 Meter. Die Chance, aus dem immer enger werdenden Netzschlund zu entfliehen, haben lediglich die Fische, die sich dem einheitlichen Zug des Schwarmes widersetzen, umdrehen, zurückschwimmen und den gesamten Zug zur Kursänderung bewegen können; bleiben sie allein, werden auch sie vom Drängen der Nachfolgenden ins Netzende gedrückt. Dort gibt es kein Entrinnen mehr.

Odysseus hat die erste Lukenwache, das heißt, er muß sofort nach dem Hieven die Arbeiter seiner Brigade wecken oder aus dem Kinoraum holen und sie in die Verarbeitung schicken. Doch Odysseus füttert noch seelenruhig seine Guppis und Schwertfische.

»Mensch, wenn die oben plötzlich hieven und du als Wachposten verpaßt es«, sage ich.

Odysseus lächelt. »Sobald die Winde anspringt, flackert das Licht meiner Stehlampe, und das Motorengeräusch ändert sich. Das höre ich sogar im Schlaf ...«

Er scheint recht zu haben. Die Matrosen wechseln noch die Schicht. Die das Netz ausgesetzt haben, werden es selbst nicht wieder hochholen.

Ich muß an Hemingways alten Mann denken. Er hat drei Tage und drei Nächte allein mit seinem Fisch gekämpft ...

Inzwischen läßt der Fischmehler den Zerreißwolf probelaufen. Vor den Bullaugen beginnt es zu dämmern. Man wird also nicht viel sehen, wenn sie den ersten Fisch endlich hochholen.

Doch auf dem Fangdeck blendet mich gleißendes Licht. Auch das Meer wird illuminiert. Während der Fischerei gibt es keine Nacht.

»Ist es bald soweit?« frage ich den Windenfahrer, der, dickvermummt, von einem Bein auf das andere trampelt.

»Weiß nicht«, sagt er und pustet den Atem wie Dampfwolken aus dem Mund.

Auch Odysseus hat als »Lukenwächter« nichts Neues auf der Brücke erfahren. »Sie schleppen noch.«

In unserer Kammer sitzt inzwischen Haferkorn, der rotbärtige Funker. Er will den Lautsprecher reparieren.

»Jetzt«, sage ich, »jetzt, wo sie gleich hieven?« Der Funker winkt ab. »Habt ihr wenigstens ein Bier?«

Ich habe noch fünf, mein Zimmergenosse noch vier – fast die gesamte Wochenration.

»Gut«, sagt Edgar, »da wollen wir mal.«

Der Lautsprecher, ein vorsintflutlicher Holzkasten, ist mit langen Schrauben an der Wand festgemacht. Während Edgar die Kabel löst und mich ermahnt, gut aufzupassen, welche Farbe an welcher Klemme angebracht war, hocke ich auf der Back und halte das Gehäuse. Der Rotbart trinkt sein erstes

Bier aus, merkt, daß er eine Flachzange vergessen hat, geht noch einmal in die Funkbude. »Laß ja nicht los!« sagt er.

»Beeil dich, ich will sehen, wie sie den ersten Fisch hieven!« murre ich.

»Das dauert noch. Beim ersten Mal traut sich ewig keiner, das Netz hochzuholen. Da wollen sie zeigen, daß sie gute Nerven haben ... Kannst dich drauf verlassen.«

Ich halte, bis der Arm krampft. Nach zehn Minuten kommt Edgar endlich zurück. »Laß los, hab die verdammte Flachzange nicht gefunden, wir machen morgen weiter!« Er setzt sich auf die Koje. Der Lautsprecher baumelt an den restlichen Kabeln.

Plötzlich jedoch ändert sich die Frequenz seiner Schaukelei, erst schlägt er schnell und kurz aus, wie das Pendel einer verrückt gewordenen Uhr, dann – als habe ihm diese Attacke geschadet – bewegt er sich kaum noch, seine Amplitude wird größer und langsamer.

»Jetzt hat der Käptn die Maschine stoppen lassen und beginnt zu hieven«, sagt der Funker, greift zur Flasche und trinkt auf einen »vollen Beutel«.

Ich renne zum Steuerhaus hinauf, doch der Kapitän und Karl Wilhelm sind nicht hier, sie stehen wahrscheinlich schon auf der Trawlbrücke. Die halbe Mannschaft hat sich unterhalb der Trawlbrücke versammelt, denn während des Hievens darf niemand außer den dort arbeitenden Matrosen auf das Fangdeck. Die Orangejacken haben sich zur Schlachtordnung aufgestellt. Hinten an der Slip zwischen den Kurrleinen steht der Bestmann. Backbords und steuerbords, aber in gebührender Entfernung von den sich aufwickelnden Kurrleinen, warten die Matrosen. An der Winsch lauert der Windenfahrer auf neue Kommandos. Und über alldem thronen die Kommandeure: der Kapitän und der 1. Steuermann. Sie gaben den Befehl zum Schlußangriff; nun dirigiert der Bestmann. Er signalisiert, wie schnell der Windenfahrer die Kurrleinen einholen soll, wann die Matrosen zupacken und wann sie zur Seite springen müssen. Ich starre mir fast die Augen aus dem Kopf, um zu erkennen, ob das Netz auftaucht, doch der Möwenschwarm ist so dicht (wahrscheinlich hören sie am Knarren der Winsch, wann für sie serviert wird), daß kaum noch Wasser zu sehen ist.

Auch die Gesichter der Kommandeure auf der Brücke verraten nicht, wann der Beutel oben sein wird. Man unterhält sich und schaut höchst selten aufs Meer. Aber die Kapitänsnase erscheint mir nun noch weißer und noch spitzer, und Wilhelm wickelt Haarsträhnen um seine Finger, als werde er dafür bezahlt. Und dann tauchen die Schwimmkörper, die das Netz offenhalten, auf, der Bestmann dirigiert adagio, krachend poltern die Bomber, die Netzbeschwerer, die Slip hinauf, das Vornetz wird an Bord gezerrt, dort sind keine Fische drin, die befinden sich – falls wir welche gefangen haben – im Steert, im Netzende.

Halten die Möwen schon ihr Nachtmal? Sie kreischen und stürzen sich wie toll auf das Wasser. Auch der Bestmann scheint den Beutel schon zu sehen, er schaut zur Trawlbrücke hinauf, macht denen oben ein Zeichen, und danach verlassen sie seelenruhig die Brücke und gehen zurück ins Steuerhaus. Der Bestmann läßt die Winde stoppen, das Vornetz wird mit einem Tau zusammengezogen. Und dann endlich – die Winsch jault wieder auf – erkenne auch ich den Beutel auf dem Wasser, es zappelt nichts drin, aber er schwimmt oben, und er blitzt silbern im Scheinwerferlicht, und die Möwen feiern ihre Freßorgie. Als der Steert die Slip hinaufgezogen wird, holt der Dampfer stark über, ich muß mich festhalten, der Bestmann jedoch steht wie eine Eins, und nur seine Matrosenlehrlinge rutschen wie Eislaufanfänger über das Deck.

Der Steert liegt auf den Holzplanken. Und nun zappelt es darin, nun ist der Fisch oben, ich will »Hurra« schreien, doch hier schreit niemand. Hier sagt man nur: »Naja, an die achtzig

Zentner Kabeljau ...« und geht hinunter in die Kammer oder in die Verarbeitung.

Die Matrosen ziehen die Steertleine aus dem Netz, öffnen die Luke zu den Bunkern des Verarbeitungsraumes, schütten den Fisch in die Tiefe, legen das Netz zurecht, um es sofort wieder auszusetzen.

... und um noch mehr hochzuholen. Und das nächste Mal wieder mehr und dann noch mehr ...

Jagdleidenschaft oder Fischfieber, sagt Odysseus dazu. Und die Augen des ehemaligen Walzwerkers glänzen dabei.

Coffeetime 5
Meister Teichmüller erzählt von seinem Gespräch auf dem Transportschiff »Kosmonaut Gagarin«

Bei einer Übergabe von Frostfisch wurde ich auf den sowjetischen Transporter »Kosmonaut Gagarin« geschickt und sollte dort die verladenen Fischkartons zählen. Die Freunde begrüßten mich mit dreimal sto Gramm Wodka, und ich machte vorsichtshalber für jede Brook, die aus der Ladeluke unseres Dampfers zur Ladeluke des Transporters herübergeschwenkt wurde, einen dicken Strich.

Als mir die Striche wieder einigermaßen gerade gelangen, wagte ich ein Gespräch auf russisch, denn die sowjetischen Seeleute zeigten immer wieder fragend auf die Köpfe unserer Matrosen: Weshalb sie bei der Hundekälte vor Grönland keine warmen Pudelmützen, sondern nur diese weißen Chemiehelme tragen würden?

Das sei wegen des Arbeitsschutzes, erklärte ich und fügte hinzu: »Auf unserem Schiff arbeiten alle nach der Bassow-Methode.«

»Nach was für einer Methode?« fragten die Freunde.

»Nach der Bassow-Methode, die in der Republik überall

angewandt wird und uns hilft, Unfälle zu verhindern«, sagte ich.

»Und wer war dieser Bassow?« wollten die Freunde wissen.

»Na, einer von euch, dem wir nacheifern«, entgegnete ich verunsichert.

»So, so, einer von uns also«, sagten die Freunde und kratzten sich die Köpfe unter ihren warmen Pudelmützen ...

Zwischenbericht 3
Von der Doryfischerei

Noch vor zehn Jahren fanden auch DDR-Schiffe vor Labrador beim Hieven manchmal bunt gestrichene Planken von Booten der Doryfischer in ihren Netzen. Und manchmal sichteten sie schwimmende Boote, in denen ein verhungerter oder erfrorener Fischer lag.

Jahrhundertelang fuhren Segelmutterschiffe (später auch Fischdampfer), mit spanischen, französischen oder portugiesischen Fischern über den Atlantik. Geladen hatten sie, außer den Fischern und ihren kleinen Dorybooten, 150 bis 500 Tonnen Salz, stinkende Schnecken und Muschelköder, Dörrfleisch, Zwieback, Schwarzbrot, Sauerkraut und Branntwein. Am Fangplatz vor Neufundland wurden die Fischer mit ihren Booten ausgesetzt. Sie ruderten bis zu zehn Seemeilen, um ihre Grundangeln auszulegen. Am Tag darauf mußten sie die fünfzig Angelschnüre – manche davon waren 3 000 Meter lang – wieder einholen, und wenn sie Glück hatten, hing an jedem Haken ein Kabeljau und sie konnten zurückrudern. Kam jedoch Sturm auf oder legte sich der Nebel über das Meer, erreichten viele nicht mehr das Mutterschiff. Manche Doryfischer trieben fünf Tage oder länger auf dem Atlantik, bevor sie erfroren oder verhungerten.

Den französischen Doryfischern schickte die »Société des

Œ uvres de Mer« 1925 das Kirchen- und Lazarettschiff »Saint Yves« vor die kanadische Küste. Auf diesem Schiff, wo gebetet und geheilt werden sollte, fuhr auch Pater Yvon vom Franziskanerorden, der nicht nur für die toten Fischerseelen betete, sondern auch für die Lebenden schrieb: »Man muß also den Mut aufbringen, die Klischees der Literaten und Journalisten beiseite zu lassen und öfter zu reden, zu reden vom Schmutz, der unmenschlichen Pflege, der elenden Entlohnung, der Grausamkeit und Härte der Arbeit, wie sie kaum in einem Zuchthaus zu finden sein dürfte ...«

Die Arbeit sah so aus: Zuerst wurde der gefangene Kabeljau – manchmal 4000 Stück am Tag – auf dem Deck des Mutterschiffes unter freiem Himmel ausgenommen. Ob Schneestürme tobten oder das Thermometer unter minus zehn Grad sank, die Männer schlitzten die Fische auf, schmissen die Eingeweide in das Meer und warfen den Kabeljau in den Fischpark, eine anderthalb Meter hohe und vier Meter breite Bretterkoppel. Mittendrin in den tausend Fischleibern stand ein 15- oder 16jähriger Anlernling, der Kopfabschneider, der Deibler. Zwanzig Stunden lang (er aß in der Bretterkoppel) mußte er mit einer Hand die oft zwanzig Kilogramm schweren Fische anheben und ihnen mit der anderen den Kopf abschneiden.

Einer der Deibler berichtete dem Pater: »... hinter meinem Rücken wurde wieder der Stock geschwungen, der armdicke Griff einer Stechstange, um nur, wie man sagt, nachzuhelfen, falls mir der Armschmalz ausgehen sollte. ›Arbeiten oder krepieren‹, diese Losung ist hier das Gesetz des Handelns. Der fürchterlichste Augenblick, nicht nur für mich, sondern für alle, ist das Aufstehen. Sonst hält einen das Arbeitstempo selbst oder der Branntwein aufrecht. Aber sich weiterschleppen auf seinen Kreuzweg nach einer Ruhepause, die zu kurz war zur Erholung, ja auch nur zur Erneuerung der Leidensfähigkeit, ist entsetzlich ...«

Nachdem der Deibler den Kopf abgeschnitten hatte, lösten

Trancheure das Rückgrat der Fische heraus und preßten die Hälften zu Fladen. Vor dem Einsalzen mußten die Fladen gewaschen werden. Das erledigten die Kinder der Fischer, manche von ihnen waren erst elf oder zwölf Jahre alt.

Der Pater schreibt: »Oft habe ich ihnen mit Tränen in den Augen zugeschaut, wie sie den Kabeljau im eisigen Meerwasser umherschwenken, die Hände infolge von Frostbeulen zum Umfang von Boxerhandschuhen aufgequollen, von Salzwasser verätzt, Finger und Handrücken eine einzige offene, eiternde Wunde ...«

Durch eine Verladeluke wurden die Fische in den Kielraum – er war als einziger Raum auf dem Schiff geputzt und gescheuert – geschüttet, und die Einsalzer schichteten und bestreuten sie mit Salz. Nahmen sie zuviel Salz, vergilbte er und wurde zäh. Nahmen sie zuwenig, verfaulte er.

Dann gab es kein Geld.

Aber das Geld, die Not der Familien zu Hause, trieb die Doryfischer nach Labrador. Sie sagten: Vor Labrador gilt nur der Gewinn, da ist der Mann keinen Kabeljau wert.

Aus Arztberichten von Doktor Desprairies, der mit Pater Yvon auf der »Saint Yves« fuhr: »Im Juni wurden wir zu einem Fischer geholt, der am Ende seiner Kräfte war und an einer schweren Albuminurie litt. Schnellste Einlieferung in ein Spital war nötig. Doch der Kapitän erklärte: ›Kommt nicht in Frage, der Mann taugt ohnedies nichts mehr; falls ich dieser Tage nach Saint Pierre fahre – und er fuhr tatsächlich hin –, werde ich seinen Leichenkadaver im Marineamt abliefern, der Mann ist ja nur noch als Fischköder verwendbar ...‹« – »Auf einem anderen Segler fanden wir einen Mann, der seit fünfzehn Tagen nichts zu sich nahm. Täglich versprach der Kapitän, den Anker zu lichten und den Kranken an Land zu schaffen. Vergeblich klagte dieser: ›Kein Tier würde man so leiden lassen!‹ Wir nahmen ihn an Bord, doch starb er, ehe wir ihn an Land bringen konnten.«

Pater Yvon, der eigentlich nur beten sollte, kam zu diesem Schluß: »Nie hat der Staat etwas für diese Fischer getan. Aus zwei Gründen: Der Labradorfahrer ist kein Wähler, er ist nie an Land, wenn gewählt wird ... Als Nichtwähler ist der Labradorfischer für den Politiker uninteressant. Und dann ... niemand kennt das Leben an Bord eines solchen Schiffes ...«

1934 mußte auch das Kirchen- und Lazarettschiff »Saint Yves« seine Fahrten einstellen. Und die Toten wurden wieder ohne Gebet über Bord geworfen, denn ein Doryfischer vor Labrador war weniger wert als ein Kabeljau.

Der Fisch ist über uns gekommen

Die Matrosen setzen die Netze rund um die Uhr aus, und alles, was sie oben fangen, müssen wir unten schlachten. Wenn sie bei jedem Hol 300 Zentner im Steert hätten, könnten sie uns mit Kabeljau zuschütten. Aber noch fangen sie keine 300 Korb, und wir zweiundzwanzig Produktionsarbeiter (laut Plan müßten wir dreißig sein) schaffen es, daß die zwei Fischbunker nicht überquellen.

Hörnchen, der Längste und Stillste unserer Brigade, bedient die Bunker, und wenn er ein Stahlschott durch Knopfdruck spaltbreit öffnet, drängeln sich die Fische aus dem Bunker wie die Leute im Sommer aus einem überfüllten Omnibus. Hörnchen sortiert kleine Exemplare, Seesterne, Seehasen und anderen Unrat heraus. Die übrigen Fische harkt er auf die Fließbänder, die sie zu den Filetiermaschinen oder in die große Hackwanne fahren. Der Filetiermaschine und unseren Messern entkommen nur sehr kleine Fische, von Parasiten befallene und noch besonders lebendige, die während der Fahrt so wild um sich schlagen, daß sie vom Fließband herunterfallen. Am Schichtende schaufeln wir sie zusammen mit den Abfällen auf das Kütband, das sie in die Fischmehlanlage transportiert. Dort werden sie im Zerreißwolf gemahlen, erhitzt und zu Fischmehl getrocknet.

Drei Filetiermaschinen stehen im Verarbeitungstrakt, doch nur die museumsreifste, ein karussellähnliches Ungetüm, ist zu gebrauchen. Die zwei neuen, die wie Raketen aussehen und vor der Ausfahrt zusätzlich auf dem Dampfer montiert wurden (weil wir nach Voraussagen der Rostocker Fischereibiologen vor Labrador kleine Fische fangen würden), funktionieren nicht, denn wir haben sehr große Kabeljaus im Netz, sogenannte Oschis, Exemplare von fast einem Meter Länge.

An dem Filetierkarussell steht Jumbo. In jeder Sekunde muß er dem sich ratternd im Kreise drehenden Maschinendrachen einen Fisch in eines seiner zwanzig Mäuler stecken. Blitzschnell beißt das Monstrum den Kabeljaukopf ab, spuckt ihn aus, verschluckt den Fischkörper und schneidet ihm das Fleisch von den Gräten. Allerdings hat der zwanzigköpfige Drachen keine Zeit, ordentlich zu verdauen, was er hinunterschlingt. Er speit Filets und Abfälle sofort wieder aus. Und oft hängen noch Schwanz-, Flossen-, Gräten- und Kopfreste an den Filets. Wir, hinter der kleinen Packwanne, in die 120 Filets in der Minute hineinfallen, müssen mit großen Messern nachholen, was die Maschine versäumte, nämlich Köpfe, Gräten, Flossen und Hautfetzen von den Filets abschneiden. Dann packen wir sie in Aluminiumschalen, krachen die Deckel darauf und stellen die Schalen in Regale vor dem Frosttunnel. Hier beginnt Widders Reich. Wie ein Bäcker schiebt er Schale auf Schale in die Tunnelöffnung und schwitzt dabei, als stände er wirklich vor einem Backofen. Doch sobald Widder eine Tunneltür öffnet, peitschen arktische Schneestürme, die dort drin gefangen sind, sein Gesicht. Sie, die normalerweise die Fische frosten sollen, lassen ihm die Schweißperlen auf der Stirn und den Rotz in der Nase erstarren. Durch dieses eisige Nadelöhr muß aller geschlachteter Fisch, und wenn es verstopft ist, weil sich Schalen in den Führungsschienen verkantet haben oder vereiste Fische dazwischen klemmen, muß Widder selbst hinein in den Tunnel. Dann kämpft er seine Winterschlacht, dann muß er das Nadelöhr mit Brechstange und Beil freischlagen, dann schreit Widder wie einer, der sich im Polarsturm verirrt hat. Aufgeben darf er nicht.

Auf der Rückseite des Tunnels klopft Henry Wischinsky die kristallhart gefrorenen Fischplatten aus den Aluminiumschalen, und Baby glasiert sie, das heißt, er taucht sie blitzschnell in ein Wasserbad, damit sie sich mit einer dünnen, schützenden Eisglasur überziehen. Dann wickelt er die Platten in Folie und packt immer drei in einen Karton. Seitdem die ersten Kartons mit »Selbstgefangenem« im Laderaum liegen, hat sich vieles auf dem Schiff verändert. Der bisher immer mit alkoholglasigen Augen herumlaufende dicke Fischmehler ist nun stocknüchtern. Und der Politoffizier schreibt täglich eine Lagemeldung an die Wandzeitung: wieviel Fisch gefangen, wieviel Filets gefrostet, wieviel Köpfware, wieviel Fischmehl ... Und Matrosen, Maschinisten, Produktionsarbeiter stehen nach der Schicht vor der Wandzeitung und diskutieren, ob es eine »Millionenreise« wird. Und als die »Petroleummiezen« im Bordkino ihre prächtigen Brüste zeigen, sitzt keiner aus unserer Brigade in der Messe. Und manche Neueingestellten haben schon schwarze Ränder unter den Augen und dicke Handgelenke. Und nicht ein Produktionsarbeiter holt sich in der ersten Fischereiwoche ein Buch. Und in der Messe wird nun schneller gegessen als während der Überfahrt. Und im Waschraum schneller gewaschen, schneller Zähne geputzt (oder gar nicht) – die kostbaren sechs Stunden zwischen den Schichten braucht man zum Schlafen. Und die verbissensten Teppichknüpfer schaffen kaum noch eine Reihe am Tag ...

Am meisten jedoch hat sich der von uns vordem blitzblank geschrubbte und in Folie »gepackte« Verarbeitungstrakt verändert, denn mit dem Fisch kamen die Kälte, die Nässe, der Lärm und der Gestank. Zuerst rochen wir nur die tranigen

Dämpfe, die aus der Fischmehlanlage aufsteigen. Später vermischten sie sich mit dem widerlich süßen Geruch der Fischeingeweide und dann mit dem penetranten Gestank der Fischreste die in den Ecken und unter den Maschinen liegen und langsam verwesen.

Unaufhörlich läuft Wasser aus allen Schläuchen, um die auf dem Boden herumliegenden Därme, Häute, Köpfe, zerquetschten oder noch halbwegs ganzen Fische wegzuspülen. Doch meist schlingert dieser Küt nur mit den Schaukelbewegungen des Dampfers von Steuerbord nach Backbord. Bei Schichtwechsel schaufeln wir ihn an den Überlaufstellen der Maschinen und Bänder in große Plasttonnen. Und mit den Fingern polken wir die zerquetschten Reste aus den Graitings, den Stahlgittern, auf denen wir stehen. Die Fischreste faulen – der Kälte sei Dank – nur sehr langsam, denn im Schlachtraum steigt das Thermometer kaum über null Grad, und während der Arbeit dampfen wir wie abgehetzte Schlittenpferde aus den Mäulern. Mit bloßen Händen wühlen wir im eisigen Wasser der Wanne, schneiden und packen die Fischfilets, die oft noch meerkalt sind (das Wasser vor Labrador hat zwei Grad minus). Nach den ersten Stunden spürt man die Hände nicht mehr, doch dann platzen sie auf, röten sich und brennen, als würden sie im Feuer geröstet.

Auch der Kopf schmerzt, denn die Filetier- und Enthäutermaschinen lärmen so sehr, daß kaum der brüllende Lautsprecher, der uns mit Schlagermusik bei der Arbeit stimulieren soll, zu hören ist.

In den ersten Stunden, nachdem der Fisch über uns gekommen ist, schaue ich nicht nach rechts und nicht nach links, da sehe ich nur Filets in der Packwanne vor mir und beschneide die unsauberen Hälften, als koste es mein Leben. Noch vor Ende der Schicht ist das Messer stumpf, doch Teichmüller gibt mir sofort ein neues. Messerwechsel ohne eine Minute Pause. Trotz der Kälte läuft mir der Schweiß den Rücken entlang, denn ich will nicht langsamer sein als die anderen, will mich nicht blamieren. Die alte Filetiermaschine reagiert weder auf Schweiß noch auf schmerzende Handgelenke. Sie bleibt ungerührt von unseren Mühen, sie spuckt 120 Filets in der Minute aus, eines unsauberer als das andere. Und wir stehen hinter der Wanne und greifen, schneiden, packen. Je mehr Ausschuß sie produziert, desto schneller müssen wir arbeiten.

Greifen. Schneiden. Packen.

Ich werde zum Teil dieser Maschine.

Greifen. Schneiden. Packen ...

Nicht ich, sondern sie bestimmt das Arbeitstempo.

Schon nach zwei Stunden läuft unsere filetgefüllte Wanne über; wir kommen nicht mehr nach mit dem Greifen, Schneiden, Packen. Teichmüller schickt uns Baby zur Hilfe. Baby greift und schneidet und packt schneller als wir Neuen. Er tut es, ohne aufzuschauen.

Und der sonst immer schläfrige Jumbo saust wie ein Kobold um das Filetierkarussell, stochert verzweifelt mit einem Haken zwischen den Filetiermessern, wenn sich ein Fisch dort verklemmt hat. Dann bleiben Schalen frei. Jumbo kommt nicht nach mit Einlegen, und die Maschine bringt noch keine Maximalleistung. Trotzdem quillt unsere Wanne über.

Und Widder steht vor seinem Frosttunnel und schreit: »Laßt euch nicht durchhängen, ihr lahmen Säcke!«

Und Teichmüller droht: »Wenn ihr bis zur dritten Schicht die Norm nicht bringt, werde ich euch zehn Prozent vom Leistungszuschlag abziehen!«

Und Jumbo rennt fluchend um seine alte Maschine.

Und wir schneiden, schneiden, schneiden.

Ich versuche mir einzureden, das sei nur die Schwierigkeit des Eingewöhnens, und möchte auch gern solch fröhlicher Produktionsarbeiter sein, wie sie in einem Buch über das Fischkombinat beschrieben werden:

»Die Einleger schieben mit flinken und geübten Griffen die

Fische in die Aufnahmetaschen der Filetiermaschine. Noch schlagen die Fische wild mit den Schwänzen, doch die Maschine macht davor keinen Halt. Stück für Stück fallen die Filethappen in die Schalen. Auch hier sind wieder flinke Hände dabei und packen die Schalen voll. Überall ist Leben. Es ist eine Freude, diese frischen Filets zu betrachten ...«

Ich hasse die Filets mit ihren verdammten Kopf-, Schwanz- und Grätenresten schon nach drei Stunden.

Und von wegen: »Noch schlagen die Fische wild mit den Schwänzen ...« Schon wenn ein Schwanz nicht gerade liegt, streikt Jumbos Maschine. Jeder, der in der Produktion gearbeitet hat, weiß, daß der Fisch ein bis zwei Stunden abzappeln muß, bevor er maschinell filetiert werden kann.

In dieser Zeit läßt Meister Schulz, falls kein alter Fisch mehr im Bunker ist, seine Brigade ausruhen. Meister Teichmüller tut das nicht, denn Teichmüller muß mit uns bessere Leistungen bringen als auf der letzten Reise. Und während die Fische noch auf den Bändern und in der Hackwanne springen, ordnet er an: »Wir filetieren sie inzwischen mit der Hand.«

Opa macht es vor. Er packt den größten, gut einen halben Meter langen Kabeljau hinter den Kiemen und legt ihn auf den Schlachtrand der Hackwanne. Der Fisch wehrt sich, doch Opa schlägt ihm mit dem Messerknauf in das Genick, bis er nur noch zuckt.

»Ihr müßt zuerst am Kopfende einstechen, dann nach unten schneiden – aufpassen; daß ihr nicht in den Bauch reinkommt – und das Messer auf der Mittelgräte bis zum Schwanzende entlangziehen, immer flach ziehen ...«

Der nun auf der einen Seite vom Fleisch entblößte Fisch schlägt mit der Schwanzflosse.

»Umdrehen. Und das ganze noch einmal.«

Zwei schneeweiße, saubere, gräten- und flossenlose Filethälften liegen vor ihm. Den zusammenhängenden Rest – Kopf, Mittelgräte, Bauchlappen, Leber, Schwanzflossen und Rückenflossen – schmeißt er auf das Abfallband. Dort zuckt das Skelett immer noch.

Die Alten schauen uns grinsend an.

Ich suche lange, bis ich im Fischgewimmel einen finde, von dem ich glaube, daß er garantiert schon tot ist, und lege ihn vorsichtig auf die Seite. Aber als ich ihm die Messerspitze in das Rückenfleisch steche, schlägt er wild um sich und krümmt den Körper. Erschrocken lasse ich los. Das Messer schneidet nur meinen Daumen. Der Kabeljau liegt unten im Küt.

Ich nehme den kleinsten, der in der Wanne liegt, haue verzweifelt auf sein Genick, damit er stillhält. Trotzdem: Das Messer rutscht in die Bauchhöhle, zerschneidet die Leber, grüner Saft läuft über meine Hand. Ich mühe mich, zwei filetähnliche Fleischstücken abzusäbeln, und halte endlich zwei undefinierbare, durch den Gallensaft unbrauchbar gewordene Stücke in der Hand.

»Schmeiß alles in den Küt«, sagt der Meister.

Da öffnet das Kopf-Grätenskelett das Maul und schnappt nach Luft.

Mir wird schlecht.

Ich sage, daß ich ein Pflaster brauche, gehe zum Sanikasten, öffne das Bullauge und nehme eine Prise feuchter Meerluft.

Die See ist glatt. Wir schleppen schon wieder. Wir fangen. Wir jagen den Fisch. Weshalb lassen wir ihm vor dem Schlachten nicht einmal die Zeit zum anständigen Sterben? Natürlich, je frischer das Fleisch, um so besser. Aber der erlegten Kreatur im Wald blasen sie das Halali, schmücken ihr ehrfurchtsvoll das Geäs mit Tannengrün.

Und die Ökonomie der Zeit?

Hier zählen Tonnen Fisch. Was sonst?

Was zählt in den Hühner- und Schweinefabriken? Eier und Tonnen Fleisch. Mehr nicht.

Aber Tiere haben eine Seele?

Quatsch, Seele!

Aber die Geschichten von den Familien, die ihre Weihnachtsgans Auguste oder ihren Silvesterkarpfen nicht schlachten konnten?

Und die Fischverkäuferin?

Alles Gewohnheit, sage ich, beiße die Zähne zusammen und drücke mir das Blut aus der Wunde.

Fünfundzwanzig Minuten vor Mitternacht kommen Schulz' Leute im Gänsemarsch, unterhosig und gähnend, durch den Verarbeitungstrakt, gehen zum Trockenraum, ziehen Stiefel, Arbeitshosen und Gummischürzen an, schnallen den Gurt mit der Messertasche darunter und lösen uns ab. Odysseus klopft mir auf die Schulter und schreit: »Na, mein Goldhamster, wie geht's? Das überstehst du alles ... Wir hatten mal achtzig Tage hintereinander voll Fisch. Da vergißt du, ob du Männchen oder Weibchen bist.«

Er stiefelt zum alten Filetierkarussel und legt Fische ein. Beidhändig, keine Schale auslassend. Dann fängt er an zu singen.

Ich spüle mir die blut- und kütverschmierten Stiefel und die Gummischürze ab, hänge die nassen Klamotten in den Trokkenraum und gehe in Unterhosen durch die Verarbeitung. Jetzt müssen die anderen greifen, schneiden, packen, greifen, schneiden, packen ...

Um 24 Uhr sitze ich, die Beine ausgestreckt, in meiner Kammer. Duschen müßte ich ... und ich quäle mich hoch.

Nur der Fischmehler steht unter einer der drei Duschen im Vorschiff. Der Raum ist schmal, schräge Stahlwand an der Steuerbordseite. Eisschollen stoßen krachend dagegen, und mir läuft es unter der warmen Dusche kalt den Rücken herunter.

Fünfzehn Minuten nach Mitternacht bin ich sauber, doch obwohl ich geschrubbt habe, als hätte ich die Krätze, fühle ich mich nicht so. Roland ist zum Nachtessen in die Messe gegangen. Ich mag nicht essen und hieve mich in meine Koje. Das

Bullauge lasse ich zu. Zwar schläft die See, aber wehe, wenn sie eher als wir aufwacht, dann guckt sie rein.

Ich bin todmüde, versuche zu schlafen. Doch die Muskeln zittern noch, der Schädel dröhnt und die Fische zappeln.

Einen Korn zur Beruhigung, denke ich. Einen Schluck nur. Der warme Schnaps brennt nicht, er ist süffig wie süßer Wein und erfrischend wie Limonade.

Einen Daumenbreit und noch einen Daumenbreit. Bis zum oberen Rand vom Etikett.

Ich fühle mich stark und munter, doch dann muß ich den Kopf auf die Tischplatte legen.

Vielleicht wird mir wieder besser, wenn ich noch einen Daumenbreit trinke.

Als ich die Flasche absetze, schauen mich unter der Back zwei blaue Augen aus einem Fischgesicht an. Strahlend blaue Augen zwischen grün leuchtenden Schuppen. Der Fisch schlägt verzweifelt mit der Schwanzflosse.

»Gleich, gleich«, sage ich und torkele zur Backskiste, wo mein Filetiermesser liegt.

Da öffnet er das Maul, als wolle er nach Luft schnappen, und spricht laut und verständlich: »Ich gehöre zum großen Volk der grünen Fische. Wenn du mich in das Meer zurückwirfst, erfülle ich dir jeden Wunsch.«

Das Bullauge steht offen.

»Gut«, sage ich, »bring mich sofort wieder nach Hause!«

Da klappt der Fisch die Augenlider herunter und schüttelt mit dem Kopf. »Laut Arbeitsvertrag mußt du deine Kündigung beim Fischkombinat siebzig Tage vorher einreichen. Gesetze sind unumstößlich. Und wir Angehörigen des Volkes der grünen Fische dürfen uns nicht in die Angelegenheiten anderer Länder einmischen.«

»Du Spinner«, fluche ich, »bist also kein Zauberfisch, sondern nur ein gewöhnlicher Diskutierfisch.«

Ich will zum Messer greifen, doch die Hand gehorcht nicht.

Ich bin zu faul, ich will heute nicht mehr schlachten. Keinen einzigen Fisch. Auch den grünen nicht.

Ich trinke.

Da springt der Fisch auf Rolands Koje und spreizt die Seitenflossen. Seine Augen flackern ängstlich, und er fragt: »Hast du keinen anderen Wunsch, ich werde ihn dir sofort erfüllen?«

»Mach, daß alle Fische, die in der Hackwanne, die auf den Fließbändern, die in den Bunkern und die noch im Netz sind, schon geschlachtet und gefrostet sind!« schreie ich.

Da schlägt er drei Mal mit dem grünen Schwanz.

Im selben Moment höre ich, wie einer auf dem Gang ruft. »Feierabend, es ist Feierabend, Leute!«

Ich mühe mich hoch und trage den grünen Fisch zum Bullauge.

Während ich ihn in das Meer werfe, denke ich: ›Er hat wahrhaftig blaue Augen. Seltsam, blaue Augen zu grünen Schuppen ...‹

Er taucht noch einmal auf und ruft: »Du kannst mich immer rufen, wenn du mich brauchst, egal wo dein Schiff gerade schwimmt.«

Ich will wieder zur Flasche greifen, doch mich würgt es, als ich den Korn rieche. Mit Mühe schaffe ich es, in meine Koje hinaufzuklettern.

Ich schlafe schnell und traumlos.

Der Meister weckt mich. »Hey geat – Fisch ist da. Los Scherzer, hiev dich endlich aus der Koje, in fünfzehn Minuten fangen wir wieder an ...« Nach den vier Stunden Schlaf fühle ich mich wie gerädert und auch kaltes Wasser macht mich nicht recht munter. Dann Frühstück. Es gibt Kuchen. Zuckerkuchen und Cremschnitte. Dazu zwei Eier nach Wahl. Gekocht oder gebraten. Eier und Kuchen gibt es nur am Donnerstag, dem Sonntag des Seemannes. Oder an richtigen Sonn- und Feiertagen.

Ich rechne nach. Heute ist ein richtiger Sonntag.

Der Koch fragt: »Möchtest du frischen Kabeljau essen?«

Nein, Kabeljau möchte ich keinen essen. Ich hole mir nur Schokoladensuppe.

Widder dagegen schlingt Kuchen, Spiegeleier mit Speck, Fisch, Leberwurstbrötchen und Tatar in sich hinein. Mit vollem Mund sagt er: »Heute müßt ihr aber ranklotzen, sonst verdienen wir auf der Reise nicht die Alimente.«

Ich nicke.

Frühstücksende.

Kleiderwechsel.

Punkt zwanzig Minuten vor sechs Uhr traben wir durch die Verarbeitung. Wir lösen Schulz' Leute ab.

An meiner Packwanne steht Ewald, ein kleiner, muskulöser Bursche, der eine starke Brille trägt. Er singt: »Is' Feierabend ...«

Der Fisch hat uns wieder. Sechs Stunden lang.

Zwanzig Minuten vor zwölf Uhr kommen Odysseus, Ewald und die anderen gähnend zurück.

Ablösung.

Dusche.

Essen.

Um dreizehn Uhr in die Koje.

Um siebzehn Uhr schreit der Meister: »Hey geat.«

Abendessen.

Umziehen.

Und wieder sechs Stunden greifen, schneiden, packen, greifen ...

Zwanzig Minuten vor Mitternacht klopft mir Ewald auf die Schulter. Der Kreislauf hat sich geschlossen.

Wie lange wird das gehen?

Wie lange kann das gehen?

Nach fünf Schichten werden Roland und ich so schnell, daß unsere Packwanne nicht mehr überläuft. Wenn der Meister wegschaut, schaufeln wir die Filets mit beiden Händen in die

Frostschalen und schneiden nur die auffälligsten Flossen und Hautreste von den Filets. Alles andere lassen wir dran, das kommt mit in die Schalen hinein. Unsere Arbeitsproduktivität steigt dadurch um 200 Prozent.

Roland schaufelt, so scheint mir, ohne sich Gedanken wegen des Ausschusses zu machen: Es erleichtert die Arbeit, also ist es gut; man darf sich nur nicht vom Meister erwischen lassen!

In mir dagegen rührt sich das Gewissen, und ich rechtfertige die Schluderei philosophisch. Weshalb soll ich mich mit schmerzenden Handgelenken über Gebühr schinden, und jedes Filet noch einmal beschneiden? Nur weil die Leute zu Hause zu faul sind, selbst die Gräten und Hautreste vom Fischfilet abzuschnippeln? Warum überhaupt Filets produzieren? Auch bei gut funktionierenden Maschinen wird dabei lediglich ein geringer Teil des Fischfleisches ausgenutzt. Alles andere wirft man in die Fischmehlanlage. Man müßte dafür eintreten, daß jeder wieder seine Fische im Ganzen brät oder kocht, jedes Gramm Fischfleisch für die menschliche Ernährung genutzt und nichts vergeudet wird. Eine Bewegung gegen die idiotischen Wohlstandsbedürfnisse und die verschwenderische Wegwerfgesellschaft gründen.

Ich muß über mich lächeln. Erstaunlich, welche großen Moralbegriffe man bemüht, um die eigene Schluderei zu begründen und die Schmerzen zu vergessen.

Greifen. Schneiden. Packen. Greifen …

Aber auch Philosophie hilft bei richtiger Arbeit nur für kurze Zeit, dann spürt man die Kälte wieder und die aufgesprungenen Hände. Ich fange an zu singen. Laut. Marschlieder und Schlager und Beethovens »Freude schöner Götterfunken«. Aber es hört mich niemand, ich mache die Klappe zu und greife, schneide und packe wortlos …

Teichmüller, der meist hinter einer Maschine steht, wo er zwar uns, aber wir ihn nicht sehen können, schickt Opa an das Filetierkarussell. Jumbo sei zu langsam, mit ihm als Maschinenfahrer käme die Brigade nie auf fünf Tonnen Filet pro Schicht. Und Jumbo muß an die Packwanne. Er schneidet bedächtig, aber gründlich. Kein einziges unsauberes Filet liegt in seiner Schale.

Der Meister schreit: »Schneller, Jumbo, schlaf nicht ein!«

Doch Jumbo ist nicht aus der Ruhe zu bringen. Er schreit zurück: »Kümmere du dich lieber darum, daß die Kabeljauleber nicht ins Fischmehl gefahren wird«, und schneidet langsam und ordentlich weiter. – Von den rund sechzig Filets, die wir in eine Schale packen, dürfen laut Qualitätsnorm höchstens drei einen kleinen Hautfetzen oder Grätenrest aufweisen. Teichmüller findet in Rolands Schale achtundzwanzig, und ich bange ständig, daß er eine Schale von mir kontrolliert.

Seitdem Opa die große Filetiermaschine bedient, kommt Henry Wischinsky in jeder freien Minute aus der Glasiererei zu uns in den Maschinentrakt und schreit mit Donnerstimme: »He, Opa, du und deine Maschine, ihr paßt zusammen wie Großvater und Großmutter, ihr zwei lahmen Rentner.« Er schüttelt sich vor Lachen.

Opa tut, als höre er nichts. Er kann das. Er fuhr früher im Stadtverkehr von Stralsund einen Ikarus.

Sein Schweigen reizt Wischinsky.

Als sich Fische in der Messerführung verklemmt haben und Opa versucht, sie wieder herauszubekommen, brüllt Henry: »Helft dem Opa auf seine Oma, der Zittergreis will mal!«

Baby sagt, als müsse er Wischinsky entschuldigen: »Der ist total abgefischt, der hat den Absprung hier verpaßt.«

Henry Wischinsky fährt seit fünfzehn Jahren als Produktionsarbeiter. Zu Hause hat er sieben Kinder, das älteste ist siebzehn, das jüngste drei Jahre.

Als Opa die Maschine wieder flott hat, schiebt ihn Wischinsky zur Seite, bedeutet mit einem Kopfnicken, er solle aufpassen. Und legt die größten Fische mit einer Hand in die Aufnahmetaschen. Er läßt keine aus. Wie Odysseus.

Vor der nächsten Schicht verordnet uns der Meister eine Kurzversammlung. Das Arbeitstempo der Packer sei noch zu langsam, die Filets zu unsauber beschnitten, die Brigade von Schulz schaffe in der Schicht fast eine halbe Tonne Filet mehr als wir.

Opa, der Maschinenfahrer, müsse schneller einlegen, und wir alle sollten uns an Odysseus ein Beispiel nehmen. »Der arbeitet so gut, daß über ihn ein Artikel im ›Hochseefischer‹ erscheinen wird!«

»Und die verdammte Krücke von Filetiermaschine?« fragt Opa, »weshalb sagst du nichts zu dieser Schiet-Museums-Maschine?«

»Hast du eine andere?« sagt Teichmüller.

Und Jumbo mault: »Außerdem bin ich der Meinung, daß wir die Kabeljauleber sammeln und verarbeiten sollten!«

Teichmüller schluckt und murmelt etwas von »volkswirtschaftlich nicht wichtig, das wissen die oben im Kombinat doch besser als du, Jumbo ...«

Dann jault die Winde. Die Bomber poltern auf das Deck über uns. Fisch prasselt in die Bunker.

Der Kreislauf auf dem Dampfer beginnt von neuem.

Nach einer Woche wird er jäh unterbrochen.

Früh um acht Uhr erhält der Kapitän über – Rügenradio die Nachricht, daß Henry Wischinskys Frau gestorben ist.

Dombrowski muß die Nachricht überbringen. Henry schwankt und stinkt nach Schnaps. Auch Opa lallt. Am Abend zuvor hatte Wischinsky ein Telegramm von seiner Tochter bekommen. »Mutti schwer erkrankt.« Da holte er die letzten zwei Flaschen Wodka aus der Backskiste und trank sie mit Opa, der sonst keinen Tropfen anrührt.

Als sie auf die Gesundheit von Frau Wischinsky anstießen, war sie schon tot.

Die sieben Kinder zu Hause allein.

Auf dem Dampfer ist es still geworden.

Obwohl wir während der letzten Hols Rekordmengen Kabeljau im Netz hatten, obwohl unsere Fangtage, an denen wir hier fischen dürfen, gezählt sind und obwohl wir für jeden Tag vor Labrador – gleich, ob wir das Netz aussetzen oder nicht – Lizenzgebühren bezahlen müssen, hat der Kapitän die Fischerei sofort nach der Todesmeldung abbrechen lassen. (Früher hätte der Kapitän den Wischinsky – damit er nicht über Bord springt – in der Kammer einschließen lassen und dann weitergefischt.)

Wir dampfen mit voller Kraft in Richtung des dreißig Stunden entfernten Saint-John's. Ein Rostocker Trawler, die »Peter Göring«, fährt uns entgegen. Er wird Henry Wischinsky übernehmen und in die kanadische Hafenstadt bringen.

Der Makler in Saint-John's ist über Funk informiert und besorgt ein Flugticket via Amsterdam nach Berlin. Der 1. Funkoffizier schreibt für Henry einen Wegweiser in englischer Sprache. Darin steht: »Ich – der DDR-Hochseefischer H. Wischinsky – möchte mit dem Flugzeug nach Berlin ...«

Notfalls kann er das Papier unterwegs vorzeigen.

Henry sieht grau und übernächtigt aus. Das Gesicht ist hohlwangig, er hat schwarze Schatten um die Augen. Seit fünfzehn Jahren arbeitet er in dem stählernen Fischschlachthaus. Und nun das.

Wenn Wischinsky den Gang entlanggeht, senken die Lords die Köpfe, manche weichen ihm aus, als sei er ein Gespenst.

Er muß seinen Seesack packen. Aber seine Hände zittern, er weiß nicht, womit er beginnen soll.

Hermann Wendt gibt ihm eine Beruhigungsspritze. Danach legt sich Henry auf die Koje. Endlich kann er heulen. Es beutelt ihn. Dombrowski schaut alle Stunden nach ihm, und Opa packt seine Sachen zusammen. Verschnürt den Seesack.

»Wenn ihr in Rostock einlauft, komme ich und hole ihn. Ich komme bestimmt. Muß doch wieder fahren. Ich komme bestimmt ... Muß doch wieder fahren ... Komme ... Und fahre ... Was denn sonst?«

Dombrowski beruhigt ihn: »Ja, Henry, das geht klar, du wirst wieder fahren.«

Und die Kinder?

Keiner spricht davon.

Das jüngste ist drei.

Die »Peter Göring« wird nach dem Dunkelwerden bei uns sein. Draußen kommt Sturm auf. Der Bootsmann macht das Schlauchboot zum Übersetzen klar. »Viel kannst du bei dem Seegang nicht mitnehmen«, sagt er. »Eine Umhängetasche mit den Papieren und persönlichem Kram. Mehr nicht.«

»Aber mein neues Stereo-Tonband nehm ich mit«, trotzt Wischinsky. Das Gerät wiegt fast zehn Pfund. Wir wollen es ihm ausreden. Aber Henry, der für seine Hobbys – elektrische Eisenbahnen und Stereoanlagen – die Hälfte des Lohnes ausgibt, sagt immer wieder: »Mein Tonband nehm ich mit.«

Ich muß an die Abteilungsfeier auf der Überfahrt nach Labrador denken. Wir hatten Toilettenpapier als Girlanden in der Messe gespannt und bunte Glühbirnen dazwischengehängt. Auf der vordersten Back stand der Riesentopf Bowle aus fünf Flaschen Schnaps, zehn Flaschen Wermut, zehn Flaschen Weißwein und fünfzig Flaschen Bier. Der Abend begann, wie es sich für eine Abteilungsfeier gehört, mit einer kurzen Ansprache Dombrowskis. Danach Wissensquiz und Spielrunden: mit Boxhandschuhen an den Händen eine Zigarette anzünden. Aus einem Teller Mehl mit dem Mund einen Pfennig suchen. Äpfel, die in einer Schüssel Wasser schwimmen, aufessen, ohne sie anzufassen. Henry war bei der Feier für die Musik verantwortlich. Er hatte sein neues Stereogerät und seine Bänder mitgebracht. Als der 50-Liter-Bowlentopf noch nicht halb leergetrunken war, legte Henry sein Lieblingsband auf. Stimmungslieder aus der BRD: »Alles Scheiße, deine Elli«, »Die Lage ist beschissen«. Plötzlich sprang er wie ein

Blitz vom Hocker, raste zum Gerät, konnte das schon früher gesungene Soldatenlied vom schönen deutschen Westerwald anhalten, schaute beschwichtigend zum Politoffizier, wollte den schnellen Vorlauf drücken und erwischte den schnellen Rücklauf. Denn kaum saß er, plärrte es aus dem Lautsprecher, daß der deutsche Westerwald doch sehr schön sei. Henry sprintete zum Gerät, schafft es wieder nicht, den alten deutschen Westerwald mit dem schnellen Vorlauf zu überspringen. Er spulte noch einmal zurück. Diesmal etwas länger. Er konnte, völlig erschöpft, sein Glas Bowle ausschlürfen, bevor der schöne deutsche Westerwald zum dritten Mal über uns kam. Henry blickte sich hilflos um, blieb, wie vom Schicksal erschlagen, hocken. Da begann Edgar: »Oh, du schöner deutscher ...«, und dreißig mehr oder weniger musikalisch begabte Fischverarbeiter, die Hitlerdeutschland aus Filmen und Lehrbüchern, aber nicht seine Wirklichkeit kennen, sangen das Lied vom Westerwald. Henry und sein neues Tonbandgerät hatten ihren »großen« Tag ...

Um 19 Uhr ist die »Peter Göring« auf Sichtweite herangekommen. Die Lichter des Trawlers sind vom Fangdeck aus nur für Sekunden zu erkennen, dann stürzen sie hinter Wellenbergen wieder ins Tal. Die größte Lichtschaukel, die man sich denken kann. Nur das Meer schafft es, sie zu bewegen. Mir wird schon vom Hinschauen übel.

Henry und Decksi stehen mit umgeschnallten Schwimmwesten an der Luke im dritten Deck. Henry stiert ins Leere. Das Schlauchboot hängt noch in der Luft. Windstärke sieben. Normalerweise würde bei diesem Seegang keiner übergesetzt.

Opa trägt Henrys Tonbandgerät. Er klopft ihm auf die Schulter. »Wird schon alles gut werden, mein Alter. Komm nur gut 'rüber!« Er schluckt und schluckt, trotzdem kann er sich die Tränen nicht mehr verkneifen. – Dann sind Schlauchboot und Luke auf gleicher Höhe. Der Bootsmann und Decksi zerren Henry in das schwankende Boot. »Mensch, mein Tonband!« Opa hangelt es ihm hinüber. Wischinsky beugt sich so weit über den Rand, daß das Boot fast kentert. Schneller als die Gondel eines Riesenrades schießt es in die Höhe und versinkt Augenblicke später im Wellental. Es ist nicht mehr zu sehen. Nur die sich treffenden Scheinwerferstrahlen der beiden Dampfer markieren die tanzende Nußschale.

Nach einer endlos langen halben Stunde kommen Decksi und der Bootsmann zurück. Sie sind naß und bis zur Wortlosigkeit erschöpft. Die »Peter Göring« verschwindet in Richtung Saint-John's. Wir dampfen zum Fangplatz. Alles zusammengerechnet, kostet die Fischereiunterbrechung das Kombinat rund 100 000 Mark.

48 Stunden nach dem Übersetzen wird Henry Wischinsky in Schönefeld ankommen und von der Berliner Betreuerin des Fischkombinates zum Leipziger Zug gebracht werden. Auf dem Hauptbahnhof der Messestadt wird die Leipziger Betreuerin Wischinsky als letzten aus dem Zug steigen sehen, und er wird zu ihr sagen, daß er nicht nach Hause in die »Todeswohnung« gehen möchte. Sie werden sich in die Mitropa setzen und Kaffee und Kognak trinken. Und die Stützpunktleiterin wird Henry berichten, daß sie die sechs Kleinen mit Hilfe des Rates der Stadt in Heimen und die Große – sie lernt Krankenschwester – bei der Oma untergebracht hat. Sie wird mit Wischinsky zum Begräbnis gehen und durch gute Beziehungen erreichen, daß die Wartefrist für die Urnenbeisetzung auf dem Südfriedhof nicht wie üblich vier Wochen dauert. Sie wird bei Fleurop den Blumengeburtstagsgruß, den Henry von Bord aus über Rügenradio für seine Frau bestellt hatte, in Grabschmuck umwandeln lassen.

Sie wird sich um eine andere Wohnung kümmern und sehr oft mit ihm über die Fragen reden:

Was soll nun werden?

Wieder zur See fahren?

Und die Kinder?

Aber wo soll er als ungelernter Arbeiter an Land so viel verdienen, daß er sich und die sieben durchbringt? Henry wird oft in der Kneipe hocken und dann wie besessen die Wohnung zu renovieren beginnen ...

Während wir zum Fangplatz zurückdampfen, ist es immer noch still auf dem Schiff. Dombrowski sitzt bei mir in der Kammer. Er sagt: »Ich höre auf, das ist meine letzte Reise! Zwölf Jahre zur See sind genug, Geld haben wir. Ich such mir eine Stelle im Kombinat, acht Stunden jeden Tag. Und dann Feierabend. Mit der Frau Blumen im Garten züchten und verreisen ... Ich werde es ihr schreiben.«

Seine Frau, früher Lehrerin, ist seit Jahren invalidisiert, herzkrank.

Der Produktenboß bleibt nicht lange, er geht schnell, als müsse er den Entschluß sofort zu Papier bringen. Ich suche die anderen. Bei Opa sitzen sie diesmal nicht. Er liegt auf der Koje. Die meisten hocken in Jumbos Kammer. Teichmüller fragt, ob wir für einen Kranz spenden würden. Alle nicken. Keiner spricht. Wahrscheinlich denkt jeder: Was passiert jetzt bei mir zu Hause? Aber niemand redet davon.

Ich soll den Text für das Beileidstelegramm schreiben. In der Zwischenzeit schaltet Jumbo den Recorder ein. Zwei Stunden lang Witze. Als die Bänder abgelaufen sind, schweigen wir wieder. Nach einer langen Pause sagt Jumbo. »Scheiße, wieder Kinder ohne Eltern. Der Henry kümmert sich doch garantiert einen Dreck um sie.«

Als ich ihn fragend anschaue, sagt er: »Ich mußte auch mit sechs Jahren ins Kinderheim.« Er setzt sich auf den Stuhl in der Ecke und schläft sofort ein.

Wieder am Fangplatz angekommen, hieven die Matrosen nur noch dicke Beutel. Kein Hol ist unter 300 Korb. Fünf Tage arbeiten wir bis zur Erschöpfung. Danach verschwindet der Kabeljau so urplötzlich, wie er gekommen ist. Wir fischen nur noch Steine und Schlamm. Als auch die Vorratsbunker leer sind, brauchen wir nicht mehr abzulösen, können weiterschlafen. Keiner von uns geht zum Morgenessen. Widder, Baby und die anderen Altgedienten wissen, daß es – sollten beim nächsten Hieven Fische im Netz sein – nicht mehr uns, sondern die Brigade von Schulz erwischt.

Nur ich darf mich nicht noch einmal auf die andere Seite drehen, ich bin zur Lukenwache eingeteilt, und wenn der Steuermann das Netz hochholen läßt, muß ich das am Kreischen der Winde oder an der veränderten Drehzahl der Hauptmaschine hören und sofort die Kumpels wecken. Doch ich kann die Geräusche nicht sicher voneinander unterscheiden und schalte vorsichtshalber noch die Stehlampe an, um am Flackern des Lichtes zu merken, wenn der Strom an die Winde geht. Die Lampe allerdings flackert auch bei jedem starken Überholen des Dampfers, und der Dampfer schaukelt immerzu, denn wir lassen die Wellen von der Seite heranrollen. Würden wir von vorn gegen sie ankämpfen, könnte unser »alter Schuh« das Netz nur so langsam hinterherziehen, daß die Fische kichernd wieder herausschwämmen.

Um das Hieven nicht zu verpassen, denn das würde mir drei Tage Lukenwache zusätzlich einbringen, gehe ich auf die Brücke. Dieses Mal dienstlich, also klopfe ich nicht an. Das Wachbuch liegt auf dem Fensterbrett neben der Kaffeebüchse des Kapitäns. Ich bestätige mit meiner Unterschrift, daß in den Verarbeitungsräumen alles in Ordnung ist.

Karl Wilhelm sitzt vor dem Echolot, stiert auf die Fischanzeige und erzählt von Zander und Aal, die er mit seinem Vater in Riesenmengen damals in der Ostsee fing. Der 2. Steuermann schaut gelangweilt auf die See. Alles wie gewöhnlich. Aber – ich reibe mir die Augen, weil ich glaube, noch zu schlafen – am Ruder steht heute kein Matrosenlehrling, am Ruder steht Odysseus.

»Mensch, du hier?« frage ich verdattert.

Statt einer Antwort hebt er seine linke Hand. Sie ist bis zum Ellenbogen mit Mullbinden umwickelt. Zwar hatte Teichmüller beiläufig erwähnt, daß der geplante Artikel über Odysseus nun nicht mehr im »Hochseefischer« erscheinen könne, denn Odysseus habe, um besonders schnell zu sein, einen verklemmten Fisch aus der Filetiermaschine holen wollen und sie nicht abgestellt. Dabei sei er in die rotierenden Messer gekommen. – Daß es so schlimm war, wußte ich nicht.

Odysseus sieht blaß aus.

»Weshalb liegst du nicht in der Koje?« frage ich.

»Weil das hier ein Fischdampfer ist.«

Nach dem Unfall hatte der Meister Odysseus Kabeljauköpfe auflesen lassen, bis das Blut durch den Verband tropfte. »Und nun stehe ich am Ruder, das kann ich auch mit einem Arm.«

»Weißt du, wann Wilhelm hieven wird?«

»Nee«, sagt Odysseus, »da mußt du ihn schon selber fragen.«

Den Stier von Labrador frage ich nicht, obwohl er heute gesprächiger ist, denn er läßt sich beim Geschichtenerzählen über die Fischerei vor dem Kriege und die Aussiedlung seiner Familie nicht einmal durch mich stören.

Karl Wilhelm wurde am Lebasee im Dorf Lebafelde geboren. Von dort konnte man durch einen Kanal bis zur Ostsee fahren, in der Karl mit seinem Vater fischte. Außerdem hatten sie noch Landwirtschaft.

»Als die Russen einmarschierten, wurden wir nicht wie die deutschen Bauern und Händler sofort ausgewiesen, sondern mußten noch drei Jahre lang Fische fangen.«

Ein sowjetischer Soldat bewachte sie auf ihrem Kutter. Doch wahrscheinlich hatte er mehr Angst und obendrein mehr Hunger als die zwei Wilhelms. Es wäre leicht gewesen, ihn über Bord zu werfen. Andere Fischer aus der Umgebung taten es. Sie luden dann ihre Familien und den Hausrat auf den Kutter und tuckerten nach Bornholm oder Kiel. Aber nicht nur die Leichen von sowjetischen Soldaten wurden damals an Land gespült, auch Kinderwagen, Betten, Truhen …

Karl, seine Eltern und der kleine Bruder fuhren 1948 in einem Viehwagen nach Deutschland. Sie wurden in einem Dorf bei Tangermünde entladen. Die Bauern dort hetzten die Umsiedler mit den Hunden von ihren Höfen. Die neue Polizeigewalt mußte eingreifen, um den Wilhelms wenigstens eine Kammer zu besorgen. Ein Ofen war nicht darin, und einmal am Tag durften sie in der Waschküche des Bauern kochen.

Karl sollte Knecht werden, aber er ging 1950 nach Saßnitz und fragte, ob er auf einem Kutter arbeiten könnte. Auf einem Kutter nicht, sagte man ihm, höchstens in Rostock auf einem Logger. Doch mit solch einem großen Schiff wollte Karl nicht fahren. Entweder einen kleinen Kutter wie zu Hause oder überhaupt nicht, sagte Karl und ging.

Der hungrige Magen siegte über den pommerschen Dickkopf; drei Tage danach klopfte Karl Wilhelm im neugegründeten Rostocker Fischkombinat an die Tür und sagte, er würde in drei Teufels Namen auch auf einem Logger anheuern.

»Das waren verdammt gute Jahre, die fünfziger Jahre, als es im Kombinat noch kein Bürosilo gab und sich unsereiner dort leichter durchfand. Alle regierenden Landratten – vom Kombinatsdirektor über die Partei und von den Gewerkschaftsleuten bis zu den Finanzern – saßen damals zusammen auf einer am Warnowufer vertäuten alten Schute. Und wenn Matrosen oder Kapitäne mit der Arbeit ihrer Verwaltung haderten, kappten sie kurzerhand die Haltetaue. Dann trieb die manövrierunfähige Leitungsschute der offenen See entgegen …

»Und seit den fünfziger Jahren fahren Sie ohne Unterbrechung?« frage ich Karl Wilhelm.

Der Stier von Labrador nickt. Dann, dreht er sich schnell nach mir um, so, als hätte er erst jetzt bemerkt, daß ein »Fremder« auf der Brücke steht. Ich möchte ihm etwas Freundliches sagen, etwas, das den Steuermann oben und uns in der Verarbeitung unten gleichermaßen angeht, und sage das Falscheste, was man auf einem Fischdampfer während der Fischerei sagen kann: »Die Verschnaufpause kommt zur rechten Zeit, Steuermann! Gott sei Dank, einmal kein Fisch ...«

Karl Wilhelm schaut mich an, als wolle ich das Schiff auf einen Eisberg setzen, und schreit: »Menschenskind, Sie sind wohl verrückt geworden, das hier ist doch kein Urlauberschiff ... Ausruhen will er sich! Ausruhen? Wenn Fisch gefangen wird, ruht sich hier keiner aus. Was seid ihr heutzutage bloß für verweichlichte Schwächlinge, ihr ... ihr ... Auf unseren Loggern hätten wir solche wie euch zum Teufel gejagt. Da wurde, ohne das Gummizeug auszuziehen, drei Stunden auf den verschimmelten Matratzen gepennt, drei Stunden, und dann wieder zwanzig Stunden fangen und schlachten. Da wäret ihr eingegangen wie vertrocknete Primeln, ihr ... ihr ...« Er sucht nach Worten, findet wohl keine und winkt verächtlich ab.

Ich will mich leise von der Brücke stehlen, denn es ist fünf vor elf, und wenn sie nach elf Uhr hieven, werden die Leute aus der zweiten Brigade geweckt, wir können noch einmal sechs Stunden schlafen. Als ich schon die Türklinke drücke, drehte sich Karl Wilhelm um, schaut auf die Uhr und sagt: »Na, da woll'n wir mal, nich war? Damit die Herren Fischverarbeiter unten nicht einrosten ...« Er geht zum Brückentelefon, bestellt Strom und befiehlt drei Minuten vor elf: »Hiev up alles.«

Er grinst. Ich muß hinunter, meine Leute aus den Betten schmeißen. Wir ziehen für dreißig Minuten noch einmal die stinkenden, kütsteifen Arbeitsklamotten an. Widder, unser Flucher vom Dienst, schreit: »Diesem Stier, dem Wilhelm, dem müßte man in den Arsch treten.«

Abends kommt Sturm auf. Er peitscht den Atlantik, daß wir nicht mehr aussetzen können. Sogar Wilhelm kapituliert.

In dieser Nacht kann kaum einer auf dem Dampfer schlafen. Alles, was nicht niet- und nagelfest ist, fliegt in der Kammer von einer Ecke in die andere. Papierkorb, Stehlampe, Schubladen und Bierkästen. In der Küche macht sich der Fleischhackklotz selbständig und verursacht ein Scherbengericht. Die schlimmste Katastrophenmeldung erfahre ich erst beim Frühstück: Karl Wilhelm ist verletzt. Als der Dampfer einmal besonders heftig überholte, kam der Steuermann ins Schlittern, hielt sich zwar noch am Schott fest, doch seine Körpermasse war schon so sehr in Schwung, daß er sich fast den Arm ausriß. Der Doktor spritzt gegen die Schmerzen, aber Wilhelm kann den Arm nicht mehr bewegen. In der Offiziersmesse schimpft er: »Der Schietkomfort hier verweichlicht einen bloß. Man ist nichts mehr gewöhnt, bei jedem kleinen Furz haut's einen um. Früher auf unseren Loggern ...«

Coffeetime 6
Maschinenassistent Bernd Schmied erzählt von seinem Dauerparktrabant

Meiner Olschen muß ich von jeder Reise nichts anderes als Fischfilet mitbringen. Und möglichst gleich einen halben Zentner, sonst mault sie: »Was haste 100 Tage getrieben, nicht mal lumpige 50 Pfund Fisch für mich geschlachtet und eingefrostet! Wohl wieder nur den Hintern im Maschinenraum geröstet?« Also laß ich mir von den anderen aus der Truppe ihre Fischmarken geben und schleppe in Rostock zwei bis drei Kartons mit Heilbutt- und Kabeljaufilets – anderes nimmt sie nicht – an der Wache vorbei. Das erste Mal versuchte ich, das gefrorene Zeug mit dem Zug nach Hause zu bringen, wäre vielleicht auch gutgegangen, aber in Leipzig wartete unser Zug fast zwei Stunden auf die Ausfahrt. Da fingen die Kartons an zu nässen. Hab mich so vor den Leuten geschämt, daß ich ein Rohr mit Whisky aussoff. Auf dem Bahnhof zu Hause schimpfte die Olsche: »Das passiert mir nicht noch mal, du elender Suffkopp – der schöne Fisch ist hin wegen deiner Sauferei! Das nächste Mal fährste mit dem Trabi!«

Seitdem rase ich vor dem Auslaufen mit dem Trabi 500 Kilometer nach Rostock rauf, stelle ihn auf dem Parkplatz vor dem Kombinat ab, und wenn ich 100 Tage später von See zurück bin, rase ich mit dem gefrosteten Fisch in sieben Stunden nach Hause. Nach der ersten Reise klappte das auch, nach der zweiten jedoch hatte ich Pech. Als ich starten wollte, rührte sich der Trabi nicht von der Stelle. Ein Bedürftiger hatte mir das rechte Vorderrad und das rechte Hinterrad abmontiert und Ziegelsteine unter die Achse gestellt. Da mußte ich die Hälfte des mitgebrachten Fischfilets in einer Rostocker Autowerkstatt abliefern, damit sie mir wenigstens mit einem Rad aushalfen. Für den Fisch gaben sie mir jedoch keine Quittung, also schimpfte die Olsche wieder. Während der nächsten vier Reisen passierte nichts, nur ein Spiegel und ein Rücklicht waren weg. Beim letzten Mal, ich gehe jetzt immer dreimal um das Auto herum, bevor ich mich reinsetze, fehlte überhaupt nichts. Guck an, sagte ich mir, die Moral der Leute bessert sich. Ich startete, da dröhnte der Motor wie bei einem T 34. Unter dem Scheibenwischer fand ich einen verstaubten Zettel: »Lieber Freund, ich habe vergeblich versucht, einen neuen Nachschalldämpfer zu kaufen, und weil ich mein Auto, im Gegensatz zu Dir, täglich brauche, habe ich Deinen ausgebaut. Als Seemann wirst Du Dir für Shop-Scheine leicht einen neuen besorgen können. Um Dich zu entschädigen, lege ich Dir zwei verchromte Mischbatterien, die ich zufällig erstanden habe, in den Kofferraum. Er war unverschlossen – das ist ziemlich leichtsinnig von Dir!«

3. Technischer Offizier Werner Just, genannt Moor

Ich hatte Moor, als er mich nach meinem Beruf fragte, gesagt: Ich schreibe Bücher. Darauf vertraute er mir an, daß auch er schon ein Buch verfaßt hat: seine Lebensgeschichte. Er schickte das Manuskript an einen Verlag in Halle, und der antwortete ihm: »Arbeiten sie daran weiter ...«

»Wie aber soll man an seinem Leben nachträglich arbeiten? Es ist nun mal so wie es *war*. Da kann man nichts mehr ändern«, sagte Moor und steckte das dicke Papierbündel in den Ofen.

Werner Just ist in einem Dorf am Greifswalder Bodden mit dreizehn Geschwistern aufgewachsen. Erst als sieben schon aus dem Hause waren, bekam er ein eigenes Bett. Sein Vater, der bis zu einer Verletzung auf einem Segelschiff der Handelsmarine gefahren war, mußte das Geld mühsam als Totengräber, als Fischverkäufer und als Jauchefahrer verdienen.

Tagsüber saß der kleine Werner sehr oft am Ufer und schaute den Segelbooten der Boddenfischer hinterher. Nachts mußte er dem Vater beim Gräberschaufeln die Laterne halten. Auch wenn sie Jauche auf die umliegenden Felder brachten, lief Werner mit der Laterne voran, denn Jauchefahren durfte man im Ort nur nachts. So hatten es die Professoren der naheliegenden Fachschule angeordnet. Sie störte der Geruch bei ihren Vorlesungen. Es war eine Fachschule für künftige Landwirte.

Als Werner dann in die Schule ging, fuhren auf dem Bodden von Jahr zu Jahr weniger Segelschiffe. Der Führer – so sagte man – hätte den Fischern Motorkähne geschenkt, damit sie weiter draußen die Netze aussetzen konnten. Dafür beschlagnahmte er eine Insel im Bodden und machte sie zum Übungszielgebiet für Bombenflugzeuge.

Nach dem Schulabschluß 1945 wollte Werner Just als Schiffsjunge auf ein Segelschiff gehen. Doch da gab es in Deutschland keine Segelschiffe mehr. Er versuchte es als Schusterjunge, aber nach vier Wochen schmiß er den Hammer in die

Ecke. Sein Vater schickte ihn zu einem Schmied in die Lehre. Dort mußte Werner die große Bohrmaschine mit einer Handkurbel antreiben und beim Ausbrennen der Pferdehufe helfen. Manchmal durfte er auch Beschläge für Segelboote schmieden, dann träumte er ... Sein Gesellenstück baute er in Hannover beim Sohn des mittlerweile gestorbenen Meisters. Einen Kutschwagen.

Weil er als Schmiedegeselle damals nicht das Salz aufs Brot verdiente, verdingte er sich beim Wanderzirkus Wilhelm Bürger (ein Schwager von Hagenbeck). Mit dem Zwölf-Masten-Zirkus zog er durch die drei Westzonen, Österreich, Belgien und Frankreich. Er bekam die Peitsche der Dompteure zu spüren, wenn er Pferde zureiten mußte, und aß das Fleisch notgeschlachteter Zirkusgäule. Von Marseille aus sollte der Zirkus mit Mann und Maus auf einem Dampfer über den Atlantik fahren. Da bekam der siebzehnjährige Werner Just Heimweh nach dem Bodden. Vielleicht fuhren schon wieder Segelboote auf der Ostsee? Und er machte sich von Frankreich aus zu Fuß auf den Weg nach Hause.

Unterwegs blieb er – weil man ihm gutes Essen versprach –, im Kohlenpott an der Ruhr hängen. Werner Just sagte, er sei schon achtzehn Jahre, und durfte unter Tage arbeiten. In der Grube sah er zum ersten Mal unbeschlagene Pferde: Ponys, denen man wegen der gefährlichen Funkenbildung keine Eisen an die Hufe genagelt hatte. Sie mußten Loren mit Holz, Steinen und Geröll ziehen. Einmal im Jahr, meistens zum österlichen Auferstehungsfest, durften die Pferde aus der Grube fahren. Vorher verband man ihnen die Augen, damit sie das Tageslicht nicht blenden konnte. Vor dem Schacht wurden sie auf eine kohlenstaubdunkle Wiese geführt, dort zupften sie einige Gräser und drängten sich ängstlich aneinander. Vielleicht waren sie froh, meint Moor, wenn sie wieder unten in der Grube ihre Loren ziehen konnten. Sie blieben unter Tage, bis der Schinder sie holte.

Werner Just hat mir das Erlebnis mit den Pferden in der Hybernia AG Kohlegrube oft und ausführlich erzählt. Vielleicht ist es für ihn die Gegenrealität zu seinem Kindertraum, auf einem weißen Segelschiff über die Meere fahren zu können.

Vom Kohlenpott zog Just nach Hamburg. Dort entging er dank der Hilfe eines Genossen – in der Grube war er Mitglied der KPD geworden – den Werbern für die Fremdenlegion und dem »Germania Minenräumdienst«. Statt dessen heuerte er auf einem Fischdampfer als Hilfsmaschinist an. Er hoffte, auf dem Schiff seinen Kindheitsträumen näher zu sein, doch er durfte nur die messingen Teile der Dampfmaschine polieren und nachts von ein bis vier Uhr (damit es den Kapitän nicht störte) die Asche auf das Deck bringen und in das Meer schütten. Wehte der Wind ungünstig, mußte er anschließend das Deck schrubben. Am nachhaltigsten beförderten ihn die Tritte der Heizer aus seinen Träumen in die Wirklichkeit. Nach der ersten Reise musterte er wieder ab.

Ein halbes Jahr lang wanderte Werner Just von Hamburg bis nach Hause. Als letztes tauschte er unterwegs seine Zahnbürste gegen drei Scheiben Brot. In Greifswald angekommen, wollte er zu See fahren. Das ist gut, sagten die Genossen, wir brauchen Wasserschutzpolizisten, und Werner unterschrieb. Doch weil bei der berittenen Grenzpolizei noch größerer Personalmangel herrschte, schickte man ihn an die Grenze. Einen Hufschmied allerdings hatten sie schon, und Werner Just wurde Spieß. Später kam er zur Berliner Wachkompanie und stand Posten vor dem Schloß Niederschönhausen.

Als er über diese Zeit erzählt, schwärmt Moor von seinen Begegnungen mit Wilhelm Pieck. »Wenn er im Park spazierte, fragte er, ob ich Sorgen hätte, redete mit unsereinem, wie ich es mir von meinem Vater gewünscht hätte. Wäre ich damals noch nicht in der Partei gewesen, hätte ich um Aufnahme gebeten, nur um dem Wilhelm eine Freude zu machen.«

Nach der Dienstzeit bei der KVP ging Werner Just zur MTS, lernte seine Frau kennen, heiratete und wurde Vater von drei Söhnen. Und weil er immer noch von Segelschiffen und fernen Ländern träumte, musterte er wieder auf einem Fischdampfer an. Diesmal auf einem volkseigenen, einem ohne Dampfmaschine und ohne Tritte. Moor wurde wegen seines Metallberufes als Maschinist eingesetzt, dann ging er noch einmal zur Schule und schaffte auch das Patent für 2 000-PS-Maschinen, für große Schiffe.

Seit über zwanzig Jahren ist er auf den Fischfangplätzen zwischen Norwegen und Mauretanien zu Hause. Nur eineinhalb Jahre mußte er pausieren. Ein Jahr, weil seine Frau drohte, sich scheiden zu lassen, wenn er nicht an Land bliebe. Da arbeitete er zwölf Monate als Lokheizer. Und ein halbes Jahr saß er im Gefängnis ein. Das war 1960. Damals schlossen die Genossen Werner Just auch aus der Partei aus.

Moor fuhr zu dieser Zeit auf einem Logger, dessen Mannschaft wie auf vielen Fischdampfern nicht aus Fischern, sondern aus berufsfremden Abenteurern zusammengesetzt war. Gewöhnlich machte man an Bord vor dem Ablegen einen »Tödlichen«. Einmal, als alle so steif waren, daß keiner aus der Koje fand, meldete Moor, sie könnten erst 24 Stunden später auslaufen, er müsse noch einen kleinen Schaden an der Hauptmaschine reparieren. Der Inspektor, der sich das anschauen wollte, stellte fest, daß die Maschine in Ordnung und nur die Mannschaft kaputt war.

Ein halbes Jahr später, sie lagen in einem dänischen Hafen und Moor saß am Sprechfunkgerät (ein Funker war nicht an Bord), teilte das Kombinat mit: Der Kapitän sollte unter besonderen Sicherheitsmaßnahmen sofort den Heimathafen anlaufen und den Maschinisten Werner Just der Polizei übergeben. Da beantragte Werner Just Landgang, schaute sich die dänische Stadt an, kam zurück und übermittelte dem Kapitän danach die Meldung aus Rostock.

Der Richter verurteilte Moor im Namen des Volkes wegen Wirtschaftssabotage (das war die Sache mit der Sauferei vor dem Auslaufen) zu sechs Monaten Gefängnis ohne Bewährung.

Danach hat Moor nie wieder ein Glas Schnaps auf dem Dampfer getrunken.

Aber mit den Jahren kamen die Fettleibigkeit, der hohe Blutdruck und die Angst vor dem Tag, an dem die Mediziner sagen: »Schluß mit der Seefahrt!«

Was dann? Als Heizer in einer Schule oder einer Kaufhalle arbeiten?

Moor sammelte immer noch Fotos von großen weißen Segelschiffen.

Ist der Dampfer, der Maschinenraum, für ihn eine Insel geworden, auf der er seinen Traum von dem weißen Segelschiff, mit dem er seit seiner Kinderzeit über die Meere fährt, ungestört träumen kann? Auf einem Segler. Ohne Motorenlärm. Ohne Öl. Nur vom Wind getrieben.

Vielleicht beneide ich Moor um diesen Traum. Beneide ich ihn, weil sich sein Kindertraum im sich wandelnden Leben nicht wandelte?

Coffeetime 7
Schiffsarzt Hermann Wendt erzählt von seinem Fernsehinterview

Wir hatten vor der Ausreise im Sonderlokal gewählt, ich glaube für den Kreistag, und fuhren dann zu den Lofoten, um Kabeljau zu fangen. Nach vierzehn Tagen leckte der Maschinenraum, und wir mußten wieder zurück. Am Montag nach der Wahl liefen wir in Rostock ein, und noch bevor wir festmachten, informierte uns der Lotse, daß der Fernsehfunk am Kai wartete. Erst dachten wir, es sei wegen des Kapitäns, denn er hatte einen Orden bekommen, aber man sagte uns, wir seien das erste Schiff, das nach der Wahl zurückkommt, und die Aktuelle Kamera möchte auch über neue Aktivitäten der Hochseefischer ein Interview senden.

Der Regisseur meinte, es sei gut, wenn ein Angehöriger der Blockparteien spricht, und so fiel die Wahl auf mich. Zuerst wollte ich etwas über meine Arbeit sagen, wie sich unser Staat um die Gesundheit der Seeleute auf den Fangplätzen sorgt, aber das wollte man nicht hören. Der Regisseur drückte mir einen Zettel, eine Konzeption, wie er sagte, in die Hand – was darauf stand, sollte ich mir einprägen und auf seine Frage antworten.

Ich hatte zu sagen: »Auch wir Hochseefischer werden in Auswertung der Volkswahlen mit neuen konkreten Taten unsere sozialistische Heimat stärken. Vor allem werden wir die gewählten Abgeordneten durch unsere aktive Mitarbeit in der Nationalen Front, besonders in den Wohngebieten, unterstützen. Wir werden auch das vertrauensvolle Gespräch mit allen Bürgern führen – beispielsweise über die noch bessere Nutzung von Sekundärrohstoffen ...«

Ich habe es ziemlich ohne Stottern aufgesagt, und die Leute von der Aktuellen Kamera waren sehr zufrieden.

»Heute abend senden wir es in der Spätausgabe«, sagte der Redakteur.

Darauf mußte ich im »Haus der Hochseefischer« einige Flaschen ausgeben, und um zehn saßen wir vor dem Fernseher im Klubraum und schauten uns die Kamera zum ersten Mal bis zum Ende an.

Allerdings umsonst, das Interview wurde nicht gesendet.

Später erfuhr ich, daß die Kombinatsleitung den Beitrag zurückziehen ließ, weil unser Kapitän, der während der Aufnahmen neben mir gestanden, nicht, wie es die Anzugsordnung vorschreibt, seine Uniform ordnungsgemäß zugeknöpft hatte ...

Fänger, im Eis gefangen

Bei meiner letzten Lukenwache habe ich die erste Strafe bekommen: dreimal Lukenwache außer der Reihe. Es war Sonntag, der Bäcker hatte eine Art Rosinenbrot gebacken, und ich brachte für jeden aus der Brigade Kaffee und Kuchen an die Koje. Und als eine Stunde danach gehievt wurde, brüllte ich nicht wie üblich mit militärischer Kommandostimme »Hey geat!« (jedesmal, wenn ich so geweckt wurde, hätte ich den Schreier dafür erwürgen können), sondern rüttelte die Schlafenden und sagte: »Obwohl Sonntag ist, läßt der Kapitän die werten Kollegen bitten, ihre Arbeitsschutzbekleidung anzulegen und sich im Produktionsraum einzufinden. Es ist soeben frischer Fisch eingetroffen.«

Nachdem ich überall geweckt hatte, zog ich mich um und ließ mir von den Schlossern mein Filetiermesser schleifen. Dann prasselte der Fisch in die Bunker. Es schienen einige hundert Zentner zu sein, denn das Poltern hörte und hörte nicht auf. Ich lief in den Schlachtraum, aber dort stand keiner an seinem Arbeitsplatz. Schreiend rannte ich zum Wohntrakt, riß die Schotts der Kammern auf. Alle schliefen. Widder schnarchte. Jumbo nuckelte am Finger.

»Herrgott, ihr Idioten, ich habe euch doch geweckt.«

Baby grinste: »Wir dachten, du wolltest uns mit deinem Psalm verarschen.«

Seitdem schreie ich beim Wecken auch wie ein preußischer Unteroffizier. Und keiner verschläft mehr.

Während meiner Strafwachen wanderte ich auf dem Schiff umher, beobachtete die Steuermänner im Brückenhaus, trank bei Dombrowski Kaffee oder versuchte, von den Funkern Neuigkeiten zu erfahren. Heute jedoch – ich absolviere die letzte Lukenwache außer der Reihe – bleibe ich in meiner Kammer, denn fast alle Brigademitglieder haben sich hier versammelt. Zuerst kamen die drei Lehrlinge, um mit Roland zu quatschen. Und danach erschienen – einer nach dem anderen und wie zufällig – unsere Alten.

Keiner hat seine Kaffeemuck mitgebracht. Gespannt war die Atmosphäre schon seit Tagen, denn Baby, Widder, Jumbo, Matscher, Opa und Hörnchen ging es gegen den Strich, daß sich die Lehrlinge benahmen, als würden sie schon ein Leben lang zur See fahren.

Erst hatten sie sich die Haltung beim Rauchen abgeguckt: die Zigaretten auch beim Reden im Mundwinkel qualmen zu lassen. Dann tranken sie Primasprit pur. Dann erzählten sie, daß sie schon Dutzende von Mädchen verführt hätten und daß sie in jeder Kneipennacht einen Hunderter auf den Kopp hauen würden.

Da lächelten Widder und Co. noch.

Aber als Roland sich weigerte, für Opa das Frühstück aus der Messe mitzubringen, und statt dessen im lässigen Hochseefischerjargon sagte: »Das war wohl nischt, wa?« lächelten die Längergedienten schon nicht mehr. Das Faß lief vollends über, nachdem die Lehrlinge die gleichen Privilegien wie die Alten gefordert hatten: keinen Küt auflesen müssen, wie Widder bei der Arbeit eine Zigarette rauchen dürfen ... Aber zu verlangen, daß Privilegien, die sich andere erkämpft haben, für jeden eingeführt werden, bedeutet, genau wie die Forderung, alle Privilegien abzuschaffen, Meuterei gegen die bestehende Ordnung.

Und nun wollen die Alten die Ordnung auf dem Schiff wiederherstellen.

Ich liege auf meiner Koje und krieche ab und zu unter die Decke, um mein Lachen zu ersticken, denn Odysseus hatte mich vorher aufgeklärt, daß weder ein Kielschwein auf dem Dampfer gefüttert wird noch Postbojen im Atlantik schwimmen und ich es lieber bleibenlassen sollte, mit dem Vorschlaghammer die Poller zu richten oder für die Funker einen Frequenzschlüssel aus der Maschine zu holen.

Matscher, der erst seit zwei Jahren fährt, beginnt zu erzählen, wie elend es ihm vor dem Auslaufen im Schiffssimulator ergangen sei.

Holger, der längste der vier Lehrlinge, fragt neugierig: »Was ist denn ein Schiffssimulator?«

Er solle sich nicht so dumm stellen, alle Lehrlinge hätten doch auch die Prüfung im Simulator absolviert.

»Ich nicht«, sagt Holger.

Da dürfte er eigentlich gar nicht auf dem Kahn fahren, bestimmt müsse er die Prüfung beim Einlaufen nachholen.

Nun werden auch die anderen drei neugierig. »Wir waren nie im Schiffs ..., äh ... in solch einem Schiffs ... dingsbums.«

Baby spinnt den Faden weiter. »Kennt ihr die Baracke im Kombinat, wo vorn die Sozialversicherung untergebracht ist?«

In dem hinteren Teil der Baracke sei der Simulator eingerichtet worden. »Das ist ein Raum, in dem alle Bewegungen eines Schiffes nachgemacht werden.«

»Sogar Windstärke zwölf«, ergänzt Opa.

Dort drin hätten sie alle den Seemannsgang erlernen müssen.

»Mensch, daß ihr nicht im Simulator gewesen seid«, staunt Jumbo, und Baby sagt: »Deshalb lauft ihr hier wie in die Hosen geschissen herum.«

Zur Prüfung bekäme man gewöhnlich einen randvollen Teller Suppe in die Hand. Dann würde Windstärke zwölf eingeschaltet, und man müsse, ohne die Suppe zu verkleckern, durch den Raum laufen.

Die Lehrlinge holen ihre Qualifikationsnachweise. Dort steht bescheinigt: Feuerschutzprüfung, Arbeitsschutzprüfung. Und andere Prüfungen. Kein Wort vom Schiffssimulator.

»Hatten sie wieder mal keine Leute und ließen euch so rausfahren. Doch beim nächsten Mal kommt ihr dran«, versichert Baby. (Noch Tage danach trainierten die Lehrlinge, breitbeinig stakend, den Seemannsschritt.)

Als nächster erzählt Widder von einem zwanzig Meter langen Walfisch, den sie mit einer selbstgebastelten Harpune beschossen und gefangen hätten, wenn ihn nicht sein Weibchen »mit urigen Lauten« vom Dampfer weggelockt hätte.

Jumbo erzählt von Maulkorbfischen, den einzigen Fischen, die hundeähnlich bellen können ...

Und Baby erzählt, in der Hoffnung, daß uns eine derartige Schinderei auf dieser Reise erspart bliebe, vom eingefrorenen Typophon. »Stellt euch vor, Nebel, daß man kaum bis zum Bug des Dampfers schauen konnte. Dazu zwanzig Grad minus. Und das Typophon eingefroren. Jeden Moment konnte unser unsichtbares und unhörbares Schiff von einem anderen Dampfer in Grund und Boden gerammt werden. Da befahl der Kapitän: ›Alle wachfreien Matrosen, Maschinisten und Produktionsarbeiter raus auf das Fangdeck!‹ Mit Topfdekkeln aus der Kombüse mußten wir einen Höllenlärm veranstalten. Wir schlugen die Deckel wie Militärmusiker. Eine Stunde lang, zwei Stunden ... Dazu die Kälte. Der Nebel. Nach der dritten Stunde kam der Käptn von der Brücke und schrie: ›Wir sind kein Campingschiff, klopft gefälligst lauter!‹ Nach acht Stunden waren wir endlich aus dem Nebel raus. Die Topfdeckel mit den abgeschlagenen Rändern haben wir immer noch in der Kombüse ...«

Die Lehrlinge schweigen.

Als letzter kommt James Watt, der E-Ingenieur. Er hört sich die Sache eine Weile an und sagt schließlich: »Teichmüller, der Meister, läßt ausrichten, daß der Koch dringend zwei Fässer mit brauner Rouladensoße braucht. Die Lehrlinge sollen sie hochbringen. Stehen hinten in der Glasierung.«

»Soße?« fragt der kleinste Lehrling. »Wozu denn Soße?«

»Na, denkst du, der Koch kann jeden Tag zweimal für achtzig Mann Soße machen? Also hat er sich fertige von Rostock mitgebracht. Los, haut schon ab ...«

Fluchend und schwitzend schleppen die Lehrlinge zwei Fässer hinauf in die Kombüse.

Als der schon in die Geheimnisse der Seefahrt eingeweihte Koch die Lehrlinge von der braunen Ölfarbe kosten läßt, beginnen sie zu ahnen, daß Schiffssimulator, eingefrorenes Typophon und Rouladensoßen mit den Privilegien der »Alten« zu tun haben.

Unsere Kammer leert sich. Die Fronten sind wieder klar.

Ich gehe zur Brücke hinauf, um ins Wachbuch zu schreiben: »Verarbeitungsräume i. O.« Vor dem Funkraum steht Meister Schulz, er sieht verkatert aus und hält Edgar, den 2. Funker, mit einer fahrigen Bewegung am Hemdsärmel fest. »Probieren wir es noch einmal? Vielleicht klappt es heute?«

Nach einer Weile läßt sich Edgar erweichen, öffnet das Funkschott. Fuchs, der 1. Funkoffizier, sitzt am Morseapparat, dessen Taste blitzblank und hauchdünn ist. Die Finger haben in jahrelanger Bewegung den Stahl abgewetzt.

»Er muß noch Programmzeit machen, dann versuchen wir es.«

Der Kapitän schaut herein. »Läuft die kanadische Eis- und Wetterkarte schon?«

»Nein«, sagt Edgar.

»Und das Wetter zu Hause?« fragt Schulz.

»Wie seit paar Tagen, fünfzehn Grad minus«, sagt Fuchs. »Da hat sie das Wasser abstellen müssen und schleppt es mit Eimern aus dem Keller hoch. Sie ist jetzt im neunten Monat.«

Als der Erste mit seiner Programmzeit fertig ist, versucht er eine Sprechverbindung zu Rügenradio herzustellen. Schulz knabbert an den Fingernägeln. Fuchs drückt die Sprechtaste des Telefonhörers. »Delta, Alpha, Zulu, Delta ... Hans Fallada für Rügen-Radio ... Delta, Alpha, Zulu, Delta ... Hans Fallada für Rügen-Radio ... Hallo, Herr Kollege ... eins, zwei, drei ... Montag, Dienstag, Mittwoch, Donnerstag ... Delta, Alpha, Zulu, Delta ... Hans Fallada für Rügen-Radio ... Herr Kollege ... Delta, Alpha ...«

Dann beginnt ein Feuerwerk im Empfänger. Ich halte mir die Ohren zu. Fuchs sagt: »Irgendwo ein Schneegestöber, wird wohl nichts.«

Schulz bettelt: »Probier es noch mal …«

Zehn Minuten. Zwanzig Minuten. »Delta, Alpha, Zulu, Delta … Hans Fallada für Rügen-Radio … Hans Fallada für Rügen-Radio …« Schließlich hören wir Rügen-Radio. Aber sie sprechen mit einem Dampfer vor Gibraltar, vermitteln ihm ein Telefongespräch nach Leipzig. Eine Dialekt sprechende Frau offenbart ihrem Seemann, daß sie in der Zwischenzeit viel Geld verbraucht hat, das Auto generalüberholt … Der Mann kommt kaum zu Wort. Als er sagt, daß sie auf Heimreise sind und in zehn Tagen einlaufen, wird die Stimme seiner Frau laut und aggressiv: »In zehn Tagen bist du also schon wieder hier. Hatte noch gar nicht mit dir gerechnet …«

Als dieses Gespräch zu Ende ist, brüllt Edgar – der Erste ist schon heiser – in den Hörer: »Delta, Alpha, Zulu, Delta … Hans Fallada für Rügen-Radio … Herr Kollege, hören sie mich?«

Diesmal antwortet Rügen-Radio. »Ich höre sie sehr schwach, Herr Kollege. Hans Fallada, probieren Sie es bitte auf der Frequenz … Over.«

Fuchs kurbelt wie verrückt. Nur jetzt nicht herausdrängen lassen.

Edgar fragt, ob sie besser zu hören sind. Rügen-Radio verneint.

Schulz drückt die Hände gegen den Sendeschrank, als könnte er dadurch dessen Energie verdoppeln. Sie probieren noch fünf andere Frequenzen. Endlich hören wir Rügen-Radio deutlich. Aber sie hören uns nicht. Dann endgültig: »Nichts zu machen, Hans Fallada, ich krieg Sie nicht lauter. Vielleicht wird es morgen besser. Gute Fahrt!«

Von Rügen-Radio bis nach Hause zu Schulz' Frau sind es noch achtzig Kilometer. Edgar klopft Jürgen Schulz tröstend auf die Schulter. »Morgen ist eine Bomben-Verbindung, da brauchst du nur zu flüstern, und deine Frau versteht dich.«

Schulz geht. Wieder zwei schlaflose Freiwachen für den Meister.

Auf der Brücke riecht es nach Kaffee. Wie immer zur Nachtzeit machen sie Schummerstunde, und ich muß auf dem Weg bis zum Brett, auf dem das Wachbuch liegt, höllisch aufpassen, um nicht anzuecken. Dann knipse ich das kleine Licht über dem Bord an, doch auch das ist abgeblendet.

Nur das Meer wird von unseren Deckscheinwerfern beleuchtet. Das Licht tanzt seinen allnächtlichen Wellentanz; heute einen langsamen Walzer. Gleichmäßig huscht ein schwarzer Schatten – der sich drehende Radarschirm – über die Lichtwellen.

Im Brückenhaus flimmern nur die Meßinstrumente. Sie zeichnen Kamelhöcker einer endlosen Karawane, den Meeresboden unter uns und darauf wachsende grüne tannenbaumähnliche Phantasiegebilde, die Fische, die darüber schwimmen. Wahrscheinlich ist heute Pilztag. Man schleppt nicht geradeaus, sondern sucht den Fisch im Zick-Zack-Kurs, so wie unsereiner im Wald die Pfifferlinge.

Knut Olsen, der Kapitän, sitzt auf dem Jagdsessel, er muß sich hineinzwängen, denn der Sessel ist schmal, und Knut Olsen ist nicht mehr der Schlankste.

Wie alt wird der Kapitän sein? Vierzig vielleicht oder jünger. Sein Gesicht ist noch rosig glatt und dickbäckig wie das eines Babys, aber auf dem Kopf lichten sich schon die Haare. Er ist kein Uniformmensch, auch während seiner Wache läuft er nur in bequemen Hosen, Pullover und Hauslatschen herum. Er ist auch kein herrischer, unnahbarer Typ wie der alte Karl Wilhelm. Wie mag er mit dem Stier von Labrador, dem ehemaligen Kapitän, auskommen?

Knut Olsen sieht mich, grinst: »Schönen Abend wünsch ich

der Produktion. Euer Leben möchte ich haben. Lassen sich von uns kutschieren, als würden sie im Linienbus sitzen. Wahrscheinlich merkt ihr erst am nassen Hintern, wenn wir auf einem Eisberg sitzen ...«

Er müht sich aus dem Jagdsitz und geht zum Radarbild. Der Zeiger kreist durch einen Sternenhimmel so dicht wie die Milchstraße. »Sterne? Schön wär's. Das sind lauter Eisschollen, mein Lieber. In zwei Stunden hängen wir mittendrin. Soll ich vorher hieven und abdrehen oder 'rein ins Eis? Vielleicht stehen die Fische gerade unter den Schollen?«

Wie die Pilze im Dickicht, denke ich.

Der Kapitän geht von der Helle des Radars wieder in die Dunkelheit seines Jagdsitzes. Und murmelt sich etwas in den Bart, den er nicht hat. Oder spricht er mit mir? Oder mit dem Rudergänger? Ja, mit dem auf alle Fälle.

»Dreißig Grad steuerbord!«

»Dreißig Grad liegen an!«

»Fahren wir weiter oder holen wir den Plunder vorher hoch? Wenn man wüßte, wie dick das Eis ist ... Mit dem Eis ist nicht zu spaßen ... Wo bist du her? Aus Thüringen? Dort haben wir mal Urlaub gemacht, jede Menge Wald drumherum und Berge ... Nee, das ist doch wohl kein Leben bei euch. Immer mußt du einen Berg hoch, um endlich über den Berg gukken zu können. Und was siehste dahinter: wieder nur einen Berg ... Ich hatte die Frau mit, die wandert jetzt gern, die Weiber kriegen ja solche blöden Marotten, wenn der Mann nicht zu Hause ist ... Ob der Eisgürtel breit ist? Immer noch keine Eiskarte da? ...

... Zwanzig Grad backbord ...

... Sachen gewöhnen sich die Weiber an, sag ich dir! Da komme ich nach drei Monaten aus Grönland zurück, die Frau hat inzwischen die Fahrerlaubnis für unser Auto gemacht, und ich sitze ohne Fahrerlaubnis wie Max in der Sonne neben ihr. Und Vasen. Jedesmal, wenn ich weg bin, kauft sie Vasen.

Ich glaube, sie hat einen Vasentick. Wozu brauchst du die bloß? frage ich. Für neue Blumen, sagt sie. Mensch, wenn ich für jede Schnapssorte ...

... Fünfzehn Grad backbord ...

... immer neue Gläser kaufen würde. Während dieser Reise will sie die Wohnung malern lassen. Über die Muster haben wir nicht gesprochen, das soll 'ne Überraschung für mich werden, sagt sie ... Aber man kann ja in den paar Tagen, in denen man zu Hause ist, nicht noch Revolution spielen ... Wie lange schleppen wir schon? Knappe Stunde? In neunzig Minuten sind wir drin im Eis ...«

Der Kapitän erkundigt sich über Sprechfunk bei den anderen Dampfern, ob einer schon im Eis fischt.

Nein, keiner weiß, wie dick und gefährlich es ist.

»Es wird – wie sagt man bei Ihnen zu diesem Gebäck –, es wird nur Streuselkuchen sein«, orakelt ein Pole.

»Ich laß weiterschleppen«, sagt Knut Olsen.

Es geht auf Mitternacht zu. Der Sternenkreis zuckt immer dichter an den Mittelpunkt des Radarbildes. Die Maschine klingelt an, und Moor meldet, daß die Brücke sich ihren Fisch abholen kann. Wortlos trabt der Rudergänger nach unten. Nach fünf Minuten kommt er zurück und bringt drei zugebundene dampfende Folienpäckchen.

»Käptn, Ihr Fisch ist auf Wunsch besonders scharf gewürzt, der mit dem roten Faden.«

Knut Olsen reibt sich die Hände und wickelt die Filetscheiben vorsichtig aus der Folie. Augenblicklich duftet die Brücke nach Zwiebeln, Pfeffer, Curry, Worcestersoße, Tomatenmark und Knoblauch. Der Kapitän verschwindet im Kartenhaus. Der 2. Steuermann ißt im Stehen auf der Brücke, und der Rudergänger wird mit dem dritten Fischpäckchen zum 1. Funkoffizier geschickt.

»Bekommt die Brücke ihr Nachtmahl immer von der Maschine?«

»Moor macht einen Spezialfisch. Er dämpft ihn in einer umgebauten Werkzeugkiste.«

Vielleicht hat der Maschinist noch eine Portion übrig, und ich bitte den Rudergänger, daß er mich, wenn sie nach der Fischschlemmerei hieven sollten, in Moors Kammer anruft. Für eine Flasche Bier werden wir handelseinig.

Moor sitzt, stark nach beißendem Schweiß riechend, nur mit einer Turnhose bekleidet, in seiner Kammer. Ich frage erst nach seinem Blutdruck. Er winkt ab. »Nichts Besonderes ...« Und das Übergewicht? Er zuckt die Achseln. Als ich, wie unabsichtlich, zum Bullauge hinausschaue, geht er zur Back und stellt einen Teller mit Wurst- und Schinkenscheiben hinter den Vorhang seiner Koje. Dann sagt er erleichtert: »Setz dich doch!«

»Dem Kapitän lief das Wasser im Munde zusammen, als er deinen Fisch bekam. Diese Delikatesse würde dir keiner nachmachen, behauptet er.

Der Maschinist rennt aufgeregt hin und her. »Hat er das wirklich gesagt?«

Ich nicke.

Er zieht sich ein Netzhemd über den feisten Bauch. »Manchmal dachte ich, er nimmt meinen Fisch nur aus Höflichkeit. Aber das hat er doch nicht nötig, schließlich ist er der Kapitän hier ...« Nachdem er vergeblich versucht hat, dreckige Wäsche, leere Konservenbüchsen, alte Zeitungen und vergammelte Apfelsinen wie den Wursteller verschwinden zu lassen, sagt er noch einmal: »Schmeckt's ihm also wirklich ...«

Ich frage, ob er noch eine Portion übrig hat. Er schüttelt den Kopf. Heute sei nicht mal für ihn etwas geblieben.

»Für wen machst du deinen Spezialfisch?«

»Für den Kapitän, die Steuermänner, den 1. Funkoffizier, den Technischen Offizier, den Schiffsarzt ... Wenn du möchtest, kriegst du in Zukunft auch welchen.«

Das Telefon klingelt, der Rudergänger sagt mir, daß sie das

Eis jetzt schon im Nachtglas sehen und wahrscheinlich gleich hieven werden.

Der Kapitän steht am Fenster, die ersten dicken Schollen treiben vorbei. Manchmal blinzelt eine verschlafene Robbe im Scheinwerferlicht.

Ob er hineinfährt in das Eis oder hieven läßt? Die Rostokker Hochseefischer haben keine guten Erinnerungen an Packeis. Am 8. März 1968 beispielsweise geriet bei einer Fischübergabe der Steertständer des Transport- und Verarbeitungsschiffs »Junge Garde« in dic Schraube, und das manövrierunfähige Schiff wurde im Eis so stark zusammengepreßt, daß ein Leck im Maschinenraum entstand. Orkanartige Stürme und meterhohe Eiswände. Zehn Schiffe eilten zu Hilfe, aber keinem gelang es, sich durch die Eisbarrikaden bis zur »Jungen Garde« vorzukämpfen. Erst am 10. März, als der Wind drehte und das Eis auseinandertrieb, konnten zwei Trawler das Transport- und Verarbeitungsschiff in Schlepp nehmen.

Knut Olsen scheint mit seinen Gedanken nicht nur beim Eis zu sein. »Habt ihr den Just schon angerufen und seinen Fisch gelobt?«

»Nein«, sagt der Zweite und schaut ungläubig, als wollte er entgegnen: »Käptn, haben wir jetzt nichts anderes zu tun, als an Moors Fisch zu denken?«

»Dann ruf ihn an«, sagt der Kapitän. »Just braucht sein Lob.«

Der Zweite ist knapp über dreißig. Was könnte er machen, wenn er mit der Seefahrerei aufhören müßte? Viele Möglichkeiten gibt es nicht: Lotse oder Wachkommando im Hafen oder Angestellter im Fischkombinat. Aber nicht für alle alten oder seeuntauglichen Nautiker hat man einen Posten als Lotse oder Angestellter.

»Man muß rechtzeitig abspringen«, sagt der Zweite. »In meinem Alter kann man immer noch in einem neuen Beruf anfangen. Später wird es schwieriger, da kriegt man höchstens einen Posten als Pförtner, Hilfsarbeiter oder, wenn man gut reden kann, als Instrukteur in einer Organisation. Man sollte uns zur Sicherheit schon während der Fahrenszeit einen Zweitberuf im Fernstudium vermitteln ...«

Der Steuermann wählt die Nummer von Moor. »Werner, dein Fisch war wieder großartig, der Kapitän hat geschmatzt und gerülpst ...«

Ich stelle mir vor, wie glücklich Moor jetzt dreinschaut, wie er den Wurstteller auf die Back stellt und mit dem besten Gewissen der Welt seine zweite Nachtmahlzeit mampft. Wie er sich sagt: Werner, du wirst noch gebraucht, der Kapitän selbst hat deinen Fisch gelobt, du bist nicht nur ein gewöhnlicher Dieselfritze...

Der Kapitän schaut öfter auf den Radarschirm. Dann geht er hinaus, beugt sich über die Reling, »um das Eis zu riechen«. Anscheinend riecht es nicht gut, denn er sagt, als er rotnasig wieder hereinkommt: »Nee, wir drehen vor dem Eis um. Laßt den Schiet-Beutel hochholen, egal, ob schon was drin ist oder nicht ...«

Ich laufe hinunter, um Teichmüller und die Brigade zu wekken. Jürgen Schulz – obwohl er Freiwache, Schlafenszeit hat – läuft auf dem Gang umher, als suche er den gestrigen Tag.

»Hieven sie?«

Ich nicke.

»Gott sei Dank wieder Fisch. Wenn Fisch da ist, muß man nicht soviel überlegen.«

Als ich vorbeigehen will, hält er mich an: »Hast du noch eine Buddel Schnaps?«

Ich schüttle den Kopf.

»Die verdammte Kälte zu Hause. Der Abfluß friert so schnell ein ... Wenn wir in Rostock eine Wohnung kriegen und wir aus dem Nest 'raus sind, hör ich auf zu fahren. Hast du wirklich nichts zu trinken?«

Ich wecke die Kumpels. Teichmüller wartet am Niedergang,

wo er das Hieven beobachten kann. Er verkündet: »Nicht viel drin, Leute, fast nur Geröll!«

Es ist einer der letzten schlechten Hols. Dann haben wir Woche um Woche nur noch volle Netze. Die Steuerleute auf der Brücke und die Matrosen auf dem Fangdeck machen ihre Voraussage wahr: Sie scheißen die Verarbeitung mit Kabeljau zu.

Kapitän Knut Olsen

»Was man sich schwer erkämpfen muß, hält man fester als das, was einem leicht zugeflogen ist.«

Dieses Prinzip, das er aus eigenen Erfahrungen abgeleitet hätte, würde sich auf die Liebe, die Arbeit und die politische Einstellung übertragen lassen, behauptet der Kapitän.

Mutter Olsen mußte Knut und seine drei Brüder nach 1945 alleine durchbringen, denn der Vater starb an einer Kriegsverletzung. Er hatte bei der Marine gedient.

Das Essen reichte nicht für die vier hungrigen Söhne. Knut, der Jüngste, blieb in der körperlichen Entwicklung zurück, kam wegen Unterernährung in ärztliche Behandlung. Allen ihren Jungen riet die Mutter: Erlernt einen Beruf, bei dem man was zu beißen hat! Sie schickte den Zweitältesten zu einem Bäcker. Doch der Bäckergeselle bewarb sich als Matrose.

Drei der Olsen-Söhne arbeiten heute im Fischkombinat. Einer hat die »Fallada« schon vor Knut acht Jahre lang als Kapitän befehligt, und der »Bäckerjunge« wurde zwar wegen eines Augenleidens als Matrose abgelehnt, aber er arbeitete lieber auf dem Fischkistenplatz als in der Backstube. Mit vierunddreißig Jahren begann der ehemalige Acht-Klassen-Schüler noch ein Direktstudium als Diplom-Ingenieur-Ökonom und schaffte den Abschluß. Heute ist er Direktor der Fischverarbeitung in Rostock. Er läßt den Fisch verarbeiten, den seine Brüder – die zwei Hochseekapitäne – anlanden.

Knut wollte mit sechzehn Jahren als Matrose auf einem Fischdampfer des Kombinats anheuern, doch dort sagte man ihm, zuerst müsse er die Berufsschule besuchen. Weil er nichts von der Schule hielt, musterte er bei einem privaten Fischer an. Der hatte einen zwölf Meter langen Kutter, mit dem blieben sie manchmal bis zu einer Woche draußen. Vor dem Auslaufen stand Knut früh um zwei Uhr auf und schaute nach dem Wetter. War es günstig, weckte er den Fischer, stürmte es, ließ er ihn schlafen. Dafür brachte ihm der alte Mann fast zwei Jahre lang bei, was ein Fischer vom Meer, vom Wind, von den Menschen, von den Fischen und vom Fusel wissen sollte.

Mit achtzehn meldete sich Knut noch einmal beim Fischkombinat, und nun nahmen sie den volljährigen Ungelernten. Er fuhr als Decksmann und Netzmacher und später auch als Bestmann auf Trawlern und Loggern.

Ein Bruder war inzwischen schon Kapitän geworden, und Knut sagte: »Was der Düskopp kann, kann ich auch«, und er bewarb sich an der Hochschule für Seefahrt. Die Professoren schauten ihn ungläubig an, denn der Hochschulbewerber hatte nicht einmal einen Berufsschulabschluß vorzuweisen.

Da sagte Knut Olsen: »Das werdet ihr erleben, ich komme wieder!«

Während der wenigen Stunden zwischen Netzaussetzen und Netzeinholen begann Knut Olsen, Russischvokabeln zu büffeln und mathematische Aufgaben zu lösen.

In der Freizeit saß er in keiner Kneipe, sondern rannte von einer Konsultation zur anderen.

Jahrelang hielt er das durch.

Mit seinen Prüfungsbescheinigungen in der Tasche ging er dann wieder zur Hochschule nach Wustrow.

Die Professoren klopften ihm anerkennend auf die Schulter.

Drei Jahre studierte Knut Olsen an der Hochschule das

Schiffelenken, die Astronomie und die Geographie – schloß insgesamt zweiunddreißig Prüfungsfächer ab und erhielt das B5 und nach einigen Jahren Fahrenszeit das B 6, das Kapitänspatent für große Fahrt.

Zuerst fuhr er, wie das üblich ist, als Steuermann, dann befehligte er einen Trawler, und nun macht er seine zweite Kapitänsreise auf einem »Großen« – einem Fang- und Verarbeitungsschiff.

Im Sommer nach meiner Reise wird mir die Frau des Kapitäns erzählen:

Wir wohnen im Osten von K. und haben zwei Jungen; der ältere ist sechs, der kleine drei Jahre alt. In unserem Häuschen lebt auch meine Mutter. Sie versorgt die Hühner und Kaninchen, hilft im Garten und bringt die Kinder zum Kindergarten oder holt sie ab, je nachdem, welche Schicht ich habe. Ich bin Leitende Hebamme im Krankenhaus.

Früher, als Knut noch 1. Steuermann war, wollte ich auch zur See fahren. Aber da bekam ich ein Baby, und aus war es mit meinem Plan, als Stewardeß auf ein Schiff zu gehen. Die meisten Mädchen hier in K., überhaupt in den Fischerdörfern, schwärmen von Seemännern, und auch ich wollte schon als Kind einen Seemann heiraten. Ich kannte Knut von der Schule, aber da hatte ich ihn nicht beachtet. Später, er fuhr inzwischen auf einem Logger, sah ich ihn oft auf dem Bahnhof sitzen. So ein schöner Mann, dachte ich – damals hatte er noch keinen Bauch, dafür mehr Haare –, aber an Land ständig besoffen! Ich habe ihn trotzdem genommen. Er trinkt ja inzwischen nicht mehr viel. Nur als wir unser Haus bauen ließen, hat er mir die Handwerker zum Saufen verleitet. Oder die ihn. Auf jeden Fall dauerte das Ganze länger, als wenn ich mit den Handwerkern allein gewesen wäre. Unser Sechsjähriger will

Seemann werden. Peter, der Jüngere, schwärmt dagegen von Sängern, Musikern oder Tänzern. Nun versucht der Große, den Kleinen zu überreden: »Peter, werde doch auch Seemann!« »Nein, das Schiff wackelt so sehr«, plärrt der Kleine. »Macht nichts«, sagt dann mutig der Große, »ist doch ein Zaun drum …«

Immer, wenn der Wetterbericht Sturm meldet, schlafe ich schlecht, fühle mich noch einsamer in unseren Ehebetten und habe Angst um meinen Mann. Obwohl es ja bei ihm windstill sein kann, aber da nutzt einem der Verstand nichts.

Ich kenne einige Frauen, deren Männer auf See umgekommen sind. Sie mußten die Kinder allein großziehen. Doch das müssen heute auch viele andere Frauen.

Ich liebe meinen Mann sehr, er fehlt mir, wenn er draußen ist, aber vielleicht verwindet eine Seemannsfrau das Alleinsein eher. Sie ist es gewöhnt. Und man lernt mit der Zeit, Entscheidungen selbständig zu treffen. Am Anfang fragte ich Knut immer, ob er mit dem oder dem einverstanden sei. Bis ich mir eine Schrankwand für drei Tage zurückstellen ließ – Knut war auf Heimreise und sollte sie begutachten. Als wir nach drei Tagen hinkamen, war die Schrankwand weg. Seitdem kaufe ich auch die Möbel, ohne ihn zu fragen. Er sagt, wenn er kommt, nur noch, daß es ihm gefällt.

Während der letzten Reise, als Sie mit ihm unterwegs waren, habe ich einige Zimmer malern lassen, alles weiß, ohne Muster. Erst hat er dumm geguckt, dann hat er genickt und gesagt: Schön. Das Problem dabei ist, daß ein Seemann, weil er doch ein Mann ist, nicht zu deutlich spüren darf, daß alles ohne ihn entschieden wurde und er nur noch ja und amen sagen kann. Knut hat draußen auf dem Dampfer einhundert Tage lang die Befehlsgewalt, jeder muß machen, was er anordnet. Und zu Hause soll er nichts bestimmen? Also kriegt er – vorausgesetzt, er ist beim Einlaufen nüchtern – die Autoschlüssel und kann sich gleich ans Steuer setzen. Obwohl er nicht sehr gut fährt, denn auf der Straße ist weniger Platz als auf dem Meer. Am zweiten oder dritten Tag bringt er den Garten auf Vordermann und läßt sich dafür loben. Mit Kleinkram wie Unkrautjäten gibt er sich dabei nicht ab. Für die Kinder ist er sowieso der Größte, bringt immer was mit, präparierte Fische und Seespinnen. Unsere Stube sieht schon wie ein kleines Meeresmuseum aus. Allerdings sagte der Kleine, als Knut über einhundert Tage weg war, einmal ›Onkel‹ zu seinem Vater. Das hat uns sehr wehgetan. Überhaupt sind die langen Reisen das schlimmste. Die Ungewißheit, wann genau er zurückkommt, die wird immer größer. Urlaub oder eine Arbeitsvertretung zu planen ist unmöglich. An die anderen Dinge habe ich mich gewöhnt: Klärgrube ausschöpfen und verstopfte Leitungen freilegen und das Auto reparieren …

Ich hätte es nicht nötig, arbeiten zu gehen, noch dazu in drei Schichten. Knut bekommt fast 50 000 Mark im Jahr. Und trotzdem mache ich Überstunden. Mir ist die Arbeit ein Bedürfnis. Ich weiß, eine Phrase, was ich da sage. Aber vielleicht wird die Arbeit einem dann wirklich zum Bedürfnis, wenn man nicht mehr darauf angewiesen ist, Geld zu verdienen. Bißchen Kommunismus vorweggenommen. Dabei hatte ich meine Arbeit als Hebamme schon aufgegeben. Damals blieb mir nichts anderes übrig. Unsere Leiterin war eine ältere Hebamme, die wußte zwar, wie Kinder geboren werden, aber daß man sie vorher auch machen muß, wollte sie nicht wahrhaben. Jedesmal, wenn mein Mann von See kam und ich Urlaub beantragte oder wenigstens Schichtwechsel, sagte sie, das sei nicht nötig. Also kündigte ich, und weil sie mich brauchten, kam es zu einer vernünftigen Regelung: Ich krieg frei, wenn Knut nach Hause kommt. Wenn mein Mann an Land arbeiten würde und ich hätte Drei-Schicht-Dienst, würde er mich wohl zum Tempel rausjagen …

Ob ich es bereue, daß ich einen Seemann geheiratet habe? Nein, ich würde wieder einen heiraten! Und den Knut natürlich auch. Für die kurze Zeit, die ein Seemann zu Hause ist, kann man ihn ganz ausfüllen. Bleibt er länger an Land, merkt man, wie schwierig das Zusammenleben sein kann. Denn während er draußen ist, hat man auch Zeit für sich selbst, für die eigene Arbeit, ohne auf den Mann Rücksicht nehmen zu müssen.

Coffeetime 8
Odysseus erzählt von den Brieftauben

Tauben sind Glücksbringer, sagte unser Kapitän, als mitten im Atlantik dreiundzwanzig von ihnen auf dem Schiff Rast machten.

Wir waren damals schon über drei Monate unterwegs, hatten kein einziges Mal einen Hafen angelaufen, keinen Baum gesehen, kein Haus, von Frauen ganz zu schweigen. Auf dem Dampfer war Stille, diese ungute, unheimliche Stille. Niemand wußte genau, wann es endlich nach Hause geht, wir hatten vor Grönland Rotbarsch gefischt und sollten nun nach Norwegen. Der Koch brutzelte die leckersten Sachen, aber wir mampften es murrend in uns rein. Und manchmal schrie einer von uns nachts; dann spritzte der Doktor ein Beruhigungsmittel.

Mitten in dieser unguten Stille saßen eines Abends die Brieftauben auf dem Peildeck. Die meisten der Vögel waren so kraftlos, daß sie nicht einmal mehr auf den Antennen oder dem A-Mast hocken konnten.

Wir liefen aufgeregt umher, das Schiff verwandelte sich in einen Ameisenhaufen. Da waren Gäste gekommen, Tauben zwar nur, aber sie kamen vom *Land* und wollten wie wir nach Hause. Der Kapitän befahl: Keiner betritt das Taubendeck! Als es dunkel war, ließ er alle Scheinwerfer auf das Peildeck richten, die Vögel flatterten kurz auf, dann duckten sie sich ängstlich im blendenden Licht. Wir fingen die Entkräfteten ein. Jeder wollte seine Taube haben. Als der Bootsmann einen

Verschlag gebaut hatte, fütterten wir sie mit Kuchen, Erbsen, Reis, und Moor spendierte sogar Kanarienvogelfutter. Die Tauben erholten sich sehr schnell. Zwar zögerte der Kapitän den Befehl so lange als möglich hinaus, doch dann sagte er: Alle wieder fliegen lassen!

Wir nahmen ihnen die Ringe ab und steckten Nachrichten hinein. Wir schrieben, daß die Tauben so spät nach Hause zurückkehren, weil sie sich auf dem Schiff ausruhen mußten. Vielleicht waren sie unterwegs von einem Sturm überrascht worden.

Dann öffneten wir den Verschlag. Sogar die Maschinisten kletterten für diesen Augenblick aus ihrem Keller. Alle Tauben stiegen auf, keine blieb auf dem Schiff zurück.

Die restlichen Tage der Reise war es nicht mehr still auf dem Schiff.

Wir hatten nur noch ein Gesprächsthema: Werden unsere Tauben das *Land* gut erreichen?

Sie waren viel eher zu Hause als wir. Bei der Rückkehr erhielten wir als erstes die Dankesbriefe der Taubenzüchter.

Zwischenbericht 4
Vom Verschwinden der Fische und Vögel

In den Weltmeeren sollen nach Schätzungen von Wissenschaftlern heute noch rund zwei Milliarden Tonnen Fische und Schalentiere leben. Aber schon müssen Wale, Robben und verschiedene Fischarten von UNO-Kommissionen, Regierungen und internationalen Fischereiorganisationen geschützt werden. Denn der Mensch hat einige Meerestiere, wie den Riesenalk, schon ausgerottet und andere, wie die Eiderenten, millionenfach getötet.

Die Eiderenten – sie werden fast sechzig Zentimeter groß – polstern vor dem Brüten das Nest mit ihren daunenweichen

Brustfedern. Diese Federn sind eine begehrte Ware für Federbettenfabrikanten, und Sammler klauben die Daunen aus den Nestern. Das Eiderentenweibchen reißt sich neuen Flaum von Brust und Bauch. Und wieder kommen die Sammler. Das wiederholt sich so oft, bis sich die Eiderente aus Sorge um den Nachwuchs viel zu viele Federn vom Leib gerupft hat. Dann beginnt das Männchen, sich zu rupfen ...

Den Riesenalk, einen fluguntauglichen Schwimmvogel, rotteten Fischer und Abenteurer schon im 18. und 19. Jahrhundert aus. Sein Fleisch wurde gepökelt, die Federn und Daunen geschlissen, die Bälge verheizt. Als von dem Riesenvogel im Atlantik nur noch wenige Paare existierten, zahlten Sammler und Geschäftsleute für Eier oder ausgestopfte Bälge Höchstpreise.

Am 3. Juni 1844 fuhren vierzehn Männer in einem achtrudrigen Boot bei stürmischer See bis zur nordatlantischen Insel Eldey. Nur drei wagten den Aufstieg an den steilaufragenden Felswänden. Sie riskierten abzustürzen, zerschmettert zu werden oder erbärmlich zu ersaufen. Sie schafften den Aufstieg zur Inselklippe und fanden unter den Tausenden Seevögeln das, was sie suchten: zwei Riesenalke. Es war ein Kinderspiel, das fluguntaugliche Pärchen totzuschlagen. Die Männer taten es triumphierend, schließlich hatten sie ihr Leben für die zwei Vögel riskiert.

Diese zwei waren die letzten, die auf der Erde existierten. Seit dem 3. Juni 1844 ist der Riesenalk unwiederbringlich ausgestorben. Achtundsiebzig Stück sind als ausgestopfte Mumien noch in den Museen der Welt zu besichtigen.

Ihre Art war einst nicht zu zählen.

Auch der Fisch in den Weltmeeren muß heute vor dem Beutehunger der Fänger geschützt werden. 1969 wurden 11 535 Schiffe mit rund fünf Millionen BRT zur Fischjagd eingesetzt. Sie fingen fast dreiundsechzig Millionen Tonnen Fische. Fünf Jahre später fuhren schon 17 260 Fischdampfer mit siebeneinhalb Millionen BRT auf allen Weltmeeren. Die Fangflotte vergrößerte sich also um fast fünfzig Prozent, doch ihre Beute nur um 10,5 Prozent auf knapp siebzig Millionen Tonnen Fische. Seitdem hat sich der Weltfang an Meeresgetier bei siebzig Millionen Tonnen eingependelt. Trotz Fabrikschiffen, modernen Radar- und Fischortungsgeräten, neuen Netzen, effektiveren Fangtechnologien steigt diese Menge jährlich nur noch um Bruchteile.

1955 hatten die Fischer vor der Küste von Peru wie in den meisten Jahren zuvor rund 30 000 Tonnen Anchovis gefangen. Als jedoch Futtergetreide und Soja auf dem Weltmarkt immer teurer wurden und das Fischmehl im Preis stieg, begannen ausländische Monopole, den Fang und die Verarbeitung von Anchovis in Peru fabrikmäßig zu betreiben. 1955 hatten dort 2 500 Fischer ihre Netze ausgesetzt, 1966 waren es schon 20 000. Im Jahr 1970 fingen sie vor Peru zwölf Millionen Tonnen Anchovis (das waren fast zwanzig Prozent des Weltfischfanges).

Rund um die Fischereihäfen wuchsen wie beim Goldrausch in Kalifornien Städte aus Blechhütten. Gigantische Fischmehlfabriken verpesteten die Luft mit Qualm und Gestank. Ein Heer von Arbeitssklaven produzierte darin jährlich 2,3 Millionen Tonnen Fischmehl; eine Menge, die vordem und nachdem, nicht einmal von allen fischfangenden Ländern zusammengenommen, erzeugt worden ist.

Aber zwei Jahre später konnte nur noch ein Drittel der Fabriken arbeiten, Hunderttausende Fischer und Fischmehler hatten keine Beschäftigung mehr. Denn der Fisch verschwand. Statt zwölf Millionen Tonnen fing man 1973 nur noch zwei Millionen Tonnen Anchovis.

Und die Blechhüttenstädte verfielen.

Und die gigantischen Fischmehlfabriken wurden gesprengt.

Und die arbeitslosen Fischer und Verarbeiter vagabundierten durch das Land, ihre Familien litten Hunger.

Und sogar die Guanoproduktion, ein wichtiges Exportgeschäft der Peruaner, war in Gefahr, denn mit den Fischen vor Peru verschwanden auch die Vögel …

Noch gefährlicher als die Überfischung ist heute die Verschmutzung des Meeres. Allein durch Autoabgase versinken jährlich bis zu 600 000 Tonnen Blei im Wasser. Dazu kommen aus Industrie und Landwirtschaft ungefähr dreihundertzwanzig Millionen Tonnen Eisen, 2,5 Millionen Tonnen Phosphor, 10 000 Tonnen Quecksilber, sechs bis acht Millionen Tonnen Kohlenwasserstoffe und 100 000 Tonnen DDT.

Kalifornische Pelikane und schwedische Seeadler sind durch das Fressen von insektizid- oder quecksilberhaltigen Fischen vom Aussterben bedroht, denn diese Chemikalien verändern den Hormonhaushalt der Vögel so, daß sich die Schalen ihrer Eier nicht mehr verfestigen können.

Phosphate und Nitrate, die an Land das Pflanzenwachstum fördern, tun leider im Meer das gleiche. Sie regen die Vermehrung der Mikroorganismen so stark an, daß beispielsweise die Algen nicht mehr von den Fischen gefressen werden und in großen Mengen auf den Meeresboden sinken, dort zu verwesen beginnen und dabei den lebenswichtigen Sauerstoff des Wassers verbrauchen. Es bildet sich Faulschlamm, wie er beispielsweise an manchen Stellen der Ostsee und des Schwarzen Meeres meterhoch zu finden ist.

Vor New York vermeidet man den »Umweg« über Phosphate, dort läßt man jährlich gleich vier Millionen Tonnen ungeklärten Fäkalienschlamm in das Meer einfließen. So spart die verschuldete Stadt die Kosten für den Bau von Abwasseranlagen. Das Meer vor New York ist kilometerweit tot, in ihm wächst keine Pflanze, und auf ihm schwimmen nur noch von Geschwüren zerfressene Fischkadaver.

Auch Wale schwimmen ins Netz

Immer öfter reden die alten Labradorfahrer aus unserer Brigade vom grauen Dampfer. Widder sagt, er sei früher ein Küstenschutzboot der Kanadier gewesen. Baby behauptet, er sei mit Kanonen bestückt, und Jumbo versichert (»ein Verwandter von mir war Korvettenkapitän, ich kenne mich da aus«), daß es sich bei dem grauen kanadischen »Cape Roger« um einen kleinen ausgedienten Kreuzer handelt. Einig sind sich die drei nur darin, »daß dem Kapitän die Düse geht, wenn der graue Dampfer am Horizont auftaucht.«

Und Opa orakelt: »In den nächsten Stunden kommt der graue Dampfer hier vorbei.«

Wir dürfen noch zwei Tage auf diesem Fangplatz Kabeljau fischen, dann ist die Lizenz, die wir vom kanadischen Fischereiministerium gekauft haben, abgelaufen. Dampfer, die heute ohne Fanglizenz fischen, werden verfolgt und aufgebracht wie früher die Piratenschiffe. Wehe, man setzt die Netze in einem Gebiet aus, für das man vom Anliegerstaat keine Lizenz erhalten hat, oder man befindet sich nicht genau zwischen den auf der Lizenz angegebenen Koordinaten, oder man dampft eine Stunde nach Ablauf der Lizenzgültigkeit noch im Fanggebiet, oder man fischt Sorten, die nicht auf der Lizenz stehen, oder man fängt mehr Fische, als die Lizenz genehmigt, oder die Maschenweiten der Netze sind enger als vorgeschrieben, oder man verarbeitet den Fisch nicht sorgfältig, fährt guten Speisefisch außenbords oder in die Fischmehlanlage. Wird man von den Fischereiinspektoren des grauen Dampfers bei einem dieser Vergehen erwischt, ist Schlimmes zu befürchten.

In zwei Tagen wird unsere Fanglizenz ungültig, dann müssen wir von hier verschwinden. Die Matrosen werden nicht mehr aussetzen und uns keine Fische mehr in die Bunker schütten. Wir werden keine Kabeljaus schlachten und keine Filetstücke packen. Wir können die Messer einstecken und die

Maschinen ausschalten. Vielleicht werden wir die drecksteifen Arbeitsklamotten waschen. Himmel, das wäre eine Wohltat.

Auf der Brücke werden sie »Volle Kraft voraus« bestellen, und Moor wird inmitten seiner dreitausend Pferdestärken schwitzen. Der Kapitän wird seine Nase aus dem Brückenhaus stecken, nach dem Wetter schnuppern und ausrechnen, ob wir den südlicher gelegenen Fangplatz schon in anderthalb oder erst in zwei Tagen erreichen.

»Dort werden wir Rotärsche fangen«, sagt Widder, während wir halbnackt im Steuerbordgang stehen und aus unseren Karnickelbuchten die fischig stinkenden Unterhosen und den Pullover herauskramen; uns für die viertletzte Kabeljauschicht fertigmachen. »Die Viecher haben giftige Stacheln, mancher kriegt davon Hände wie Boxhandschuhe.« Aber Widder kann mir im Moment keine Bange machen, nichts kann jetzt ängstigen: Noch vier Schichten, und dann zwei Tage Pause. Schlafen. Die Handgelenke ausruhen ... Während ich mir das einrede, verdränge ich ein Gerücht, das wie die Geschichte vom grauen Dampfer auf dem Schiff herumgeistert: Lizenzverlängerung für dieses Gebiet um drei Wochen. Woher die Information stammt, weiß keiner. Ich frage die Funker danach, aber auch sie, die Neuigkeiten noch vor dem Kapitän erfahren, schütteln die Köpfe. Woher also?

Exakte Informationen aus Rostock sind auf dem Dampfer Mangelware. Es gibt keinen genauen, verbindlichen Einlauftermin, niemand bestätigt oder dementiert, ob das Schiff nach dieser Reise in die Werft geht, wir erhalten keine Auskunft, wo wir fischen werden, nachdem die Lizenz für Rotbarsch abgelaufen ist. Aber im Einerlei der Arbeit und Freizeit auf dem Schiff sind neue Informationen lebensnotwendiger Gesprächsstoff. Und wo nichts ist, greift man zur Selbsthilfe. Und der Schiffsbuschfunk verbreitet: Das Schiff geht nach neunzig Tagen in eine kanadische Werft. Die Besatzung fliegt von Gander über Amsterdam nach Hause. Oder: Wir dampfen an den Shetlandinseln vorbei und fischen vor Afrika. Oder: Wir werden schon nach achtzig Tagen wieder in Rostock sein. Solche Art von Gerüchten nähren Hoffnung, aber wer hat sich die Geschichte von der Lizenzverlängerung ausgedacht?

Die Schiffsleitung antwortet nicht auf die Spekulationen, nur Wilhelm sagt: »Die Leute brauchen mehr Fisch, sie haben zu viel Zeit zum Denken!« Und der Politoffizier kämpft den immerwährenden Kampf gegen den Buschfunk. Er versichert in der Tagesinformation an der Bordwandzeitung: »Ich weise noch einmal darauf hin, daß die Lizenz auf alle Fälle übermorgen abläuft, nicht verlängert wird und wir nach Süden dampfen!«

In den zwei Bunkern liegen noch rund dreihundert Zentner Kabeljau. Wenn wir es nicht schaffen, diese dreihundert Zentner und dazu die Fische, die noch gefangen werden, in den verbleibenden vier Schichten zu verarbeiten, müssen wir auch während der zwei Tage Überfahrt schlachten. Also rackern wir.

Nach drei Stunden, der Steuerbordbunker ist fast leer, poltern die Bomber – die Netzbeschwerer – wie unheilbringende Geister über uns auf dem Fangdeck.

Sie hieven.

»Der Beutel ist urig voll, an die dreihundert Zentner«, schreit der Meister. Da legen wir die Messer auf die Hackwanne und gehen zum Bunker. Minutenlang krachen die Kabeljaus auf den Stahlboden, dann klatscht es nur noch dumpf. Fische fallen auf Fische.

Widder sagt: »Mist verdammter! Was zuviel ist, ist zuviel!«

Obwohl Widder sich nach jeder Schicht zwingt, mindestens eine halbe Stunde zu knüpfen – in jeder Minute fünf Knoten –, hat er seine Spitzenposition auf dem Dampfer an den Politoffizier abgeben müssen. Der Tunnelbeschicker liegt bei 12 700 Knoten, der Politoffizier schon bei 13 950. Während der Tage, in denen wir das Fanggebiet wechseln, wollte Widder den Vorsprung des Politoffiziers wieder egalisieren.

Dritter im Knüpfwettbewerb ist Baby mit 10 500 Knoten. Man munkelt, daß es sein Hochzeitsteppich werden soll.

Am Nachmittag hängt der Politoffizier eine neue Information an die Bordwandzeitung: »Das Kombinat informierte uns soeben telegrafisch, daß die kanadischen Behörden unsere Lizenz hier um drei Wochen verlängert haben ...«

Niemand murrt. Wir haben es ja schon gewußt.

Keiner spricht über die kommenden drei Wochen.

Statt dessen erzählt Edgar, der Funker, daß die Inspektoren des grauen Dampfers einen DDR-Trawler mit zu geringer Netzmaschengröße erwischt, die Ladung beschlagnahmt und den Kapitän gezwungen haben, nach Saint-John's zu dampfen. Dort wird es eine Gerichtsverhandlung geben.

Die Fischereizone vor Labrador hatten die Kanadier einige Jahre lang für ausländische Fischer gesperrt. Kabeljau, Rotbarsch und Heilbutt sollten sich ungestört regenerieren können, denn auch in den reichen kanadischen Fanggebieten gab es immer weniger Fisch, je mehr und je besser ausgerüstete Fangschiffe aufkreuzten. Ähnliches geschah vor Island, in der Barentssee, der Ostsee und auch vor der amerikanischen Küste auf der Georgsbank.

Eintausend Zentner Hering im Netz – also das Gewicht von fünfunddreißig Elefanten – waren 1970 auf der Georgsbank noch normal. Damit brüstete sich keiner. Bei 1 400 Korb (zweiundvierzig Elefanten) platzte meist der Steert. Aber wenn auf einem Schiff die 1 400 Zentner an Bord gehievt wurden, ohne daß die stählernen Kurrleinen gerissen waren oder die Stromversorgung des Dampfers wegen der auf Hochtouren laufenden Winde zusammengebrochen war, drückte der glückselige Kapitän stolz auf die Sprechfunktaste und sagte: »Was hattet ihr für einen Hol? ... Naja – nicht schlecht ... aber nun will ich euch mal was erzählen ...«

Beim Skat nennt man das Reizen.

Und die Kapitäne ringsum wollten nicht passen, obwohl ihre Bunker schon zum Bersten mit Fisch gefüllt waren; sogar auf dem Deck lag der Reichtum des Meeres.

Nebenan hatte man 1 400 Zentner gehievt, das war zu überbieten! Also befahl der Kapitän dem Meister in der Produktion. »Macht die Bunker auf, schüttet den gefangenen Fisch wieder ins Meer. Wir holen frischen, besseren, größeren, wir holen noch mehr Fisch hoch. Mehr als 1 400 Zentner ...« – Wenn man Rotbarsch ins Meer geschüttet hatte, was notgedrungen auch getan wurde, wenn beispielsweise am Frostsystem oder den Verarbeitungsmaschinen eine Havarie aufgetreten war, schwamm der Dampfer auf einem großen roten – Teppich. Waren es Heringe, glitzerte die Sonne im silbernen Spiegel der Fischbäuche. Und wenn ein DDR-Schiff – wir waren damals noch nicht Mitglied der UNO und der Internationalen Fischereiorganisation – vor der nordamerikanischen Küste in solch einem Teppich schwamm, kreiste darüber oft ein US-Flugzeug. Weitsichtige Kameras filmten Fische und Dampfer so scharf, daß UNO-Vertreter später auf der Leinwand nicht nur jeden einzelnen toten Hering, sondern auch das Gesicht des Genossen Kapitäns deutlich erkennen konnten.

Das Jagdfieber verschont kaum einen.

Außerdem bringen Tonnen Ruhm.

Und Tonnen bringen natürlich auch Geld.

Für den ganzen Dampfer, nicht nur für den Kapitän.

Der Fischrausch befällt die gesamte Mannschaft, die Steuerleute und Matrosen, die oben wieder und wieder aussetzen. (»Solange das Glück einem hold ist, sollte man nicht nachlassen.«) Und die »Kütbatzen«, die ihn unten verarbeiten. (»Die kleinen aussortieren – nur die großen Fische bringen das Geld!«)

Und keiner sagt: Genug!

Sie fangen und schlachten, als wäre Fisch genug da, bis zum jüngsten Tag.

Wahrscheinlich wird die Achtung vor der Kreatur um so geringer, je ungleicher der Kampf ist, je leichter, fabrikmäßiger die Beute erlegt werden kann.

Bevor wir im Fanggebiet vor Labrador begonnen hatten, die ersten Kabeljaus zu schlachten, vergatterte uns Teichmüller mit Extraunterschrift zur Einhaltung der strengen kanadischen Fischereibestimmungen. Wir verpflichteten uns, Seesterne, Hummern, Seespinnen und andere Schalentiere nicht einzuwecken, zu verspeisen oder zu präparieren, sondern sie wieder außenbords zu schmeißen, denn Krebse und Hummern essen die Kanadier selber oder exportieren sie. Einem Rostokker Trawler-Kapitän passierte mit diesem Leckerbissen folgendes Mißgeschick: Als der graue Dampfer – Jumbo weiß inzwischen sogar, daß auf seinem Heck ein Hubschrauber für Aufklärungsflüge und Notfälle steht – den Trawler stoppte, bat der Kapitän die kanadischen Inspektoren zuerst in seine Kammer. Dort wollte er sie – wie das üblich ist – mit »Hafenbräu« und Wodka gütig stimmen. Nach der dritten Runde sagte er großzügig: »Meine Herren, bedienen sie sich selbst, der Wodka steht im Kühlschrank!« Leider standen neben den Wodkaflaschen zwei Einweckgläser. Und in den Einweckgläsern lagen Hummer ...

Auch wir haben einen »Fischereiinspektor«, einen Rostokker Biologen, an Bord. Er schläft mit dem Bootsmann in einer Kammer. Der biologisch-technische Assistent Kurt Müller ist still und zurückhaltend, knapp über zwanzig, immer sorgfältig gekämmt und rasiert. Wenn er sich beim Reden ereifert, überzieht eine leichte Röte sein sonst bleiches Gesicht. Die Lords sagen »Milchbart« zu ihm.

Seinen Vorgänger auf dem Dampfer nannten sie »Lodde«. Er hatte vom Rostocker Institut für Hochseefischerei den Auftrag bekommen, den bei uns noch nicht genutzten Kapelan oder Lodde auf seine Verarbeitungsmöglichkeit hin zu untersuchen. Der Kapelan, im Nordatlantik massenhaft vorkommend, wird über zwanzig Zentimeter groß. Bisher fingen norwegische und englische Fischer die Loddeweibchen kurz vor dem Laichen und verkauften den Rogen an die Japaner, denn dort gilt er als potenzstärkende Delikatesse. Die größeren männlichen Fische wanderten in die Fischmehlanlagen. Nun wollen wir versuchen, auch Lodde zu filetieren.

Der Biologe der letzten Reise hatte neben seiner Lodde-Forschung noch Zeit, mit der Crew zu trinken und Teppiche zu knüpfen. Er war Biologe mit Hochschulabschluß und durfte deshalb in der Offiziersmesse speisen und auf dem oberen Deck schlafen. Unser biologisch-technischer Assistent aber knüpft nicht, trinkt nicht, raucht nicht, ißt in der Mannschaftsmesse und schläft mit uns im untersten Deck. Er steht zwei- oder dreimal am Tag mit Messer, Längenmaß und Tonband vor dem Bunkerband und schlachtet. Er schneidet den Kabeljaus die Gehörsteine aus den Köpfen (an ihnen erkennt man das Alter der Fische), untersucht ihren Mageninhalt, mißt die Länge der Fische, bestimmt das Geschlecht und spricht alle Informationen auf Tonband. Wenn es ihm zu kalt wird oder er keine Lust mehr hat, kann er in seine Kammer gehen, sich aufwärmen, Bücher lesen, Kaffee trinken. Von ihm bleiben dann in unserem stinkenden, eisigen Schlachthaus nur die aufgeschnittenen Fische, die wir nun mit der Hand filetieren müssen. Aber da liegt er schon in der Koje. Und wir schimpfen auf den »unnützen Burschen«.

Auch manche erfahrene Kapitäne nehmen die Fisch-Wissenschaft nicht sonderlich ernst, sie vertrauen auf Wind, traditionelle Fischweideplätze und ihre Nase. Die Fischbiologen dagegen versuchen aus Temperaturschwankungen, Lichteinflüssen und anderen Faktoren das Verhalten der Fische zu ermitteln. Um ihre Wanderwege und Standorte zu erkennen, markieren sie einzelne Exemplare durch kleine Metallplättchen. Doch die Wahrscheinlichkeit, derart Gekennzeichnete nach ihren Fischzügen wieder einzufangen, ist noch geringer als bei Vögeln, nur drei Prozent gehen ins Netz und werden beim Schlachten gefunden.

Ich wollte mich schon oft mit dem Biologen unterhalten, aber während der Arbeit bleibt dafür keine Zeit, und ihn in der Kammer zu besuchen, habe ich keine Lust; der Bootsmann ist mir zu poltrig. Erst als ich an der Reihe bin, den Backbordgang zu fegen, und die Erledigung vorschriftsmäßig beim Bootsmann melden muß, gehe ich in die Kammer nebenan. Anzuklopfen brauche ich nicht, denn man hört, daß der Bootsmann anwesend ist. Er schreit gerade: »Aus dir Tränensack wird nie was Richtiges, du mit deinen Scheißhausillusionen, wenn es dir das erste Mal dreckig geht, hängst du dich doch auf, du ... du ... du Neunmalgescheiter, du ... du ... du ... Wissenschaftler!«

Mir fast das Schott vor den Kopf schmeißend, kommt er aus der Kammer. Ich will ihm melden: »Bootsmann, Steuerbordgang gereinigt«, aber er rempelt mich nur zur Seite und verschwindet.

Der Biologe sitzt geduckt am Tisch. Ich sage: »Tag, Biologe!«, und er zuckt zusammen. Neben seinem Papierkram steht eine angebrochene Flasche »Früchte C«-Kindernahrung.

»Trinkst du das?« frage ich.

»Ja«, sagt er, »ich will hier so gesund wie möglich leben.«

Auf der Back liegen Tabellen, in die er die Länge der untersuchten Fische, ihr Geschlecht, ihr Alter, die Fangzeit, die Wassertiefe, die Wassertemperatur und die Fangmenge fein säuberlich einträgt. Zehntausende Zahlen einer Reise. Zusammenhänge kann unser biologisch-technischer Assistent daraus keine herstellen, das vermag nur der Computer im Institut. Und ein Doktor der Biologie.

Von Beruf ist Klaus Müller Vollmatrose der Hochseefischerei. Doch ihm gefiel es nicht, »immer nur zu arbeiten, um viel

Geld zu verdienen«. Ein Mensch, so meint er, muß für seine Ideale, seine Träume und nicht für Gott Mammon leben. Er kündigte als Matrose und bewarb sich für ein Studium der Meeresbiologie. Und weil man ihn nicht annahm, fuhr er wieder zur See. Als ungelernter biologisch-technischer Assistent. Für fünfhundert Mark brutto. Als Matrose bekam er fast viermal soviel. Das weiß auch der Bootsmann. Und vielleicht beschimpft er seinen Kammergenossen deshalb mit »neunmalgescheiter Tränensack«.

Klaus Müller hofft, eines Tages zu beweisen, daß an bestimmten Tag- oder Nachtzeiten oder bei verschiedenen Temperaturen die größeren Fische weiter oben schwimmen und die kleineren unten oder umgekehrt. »Vielleicht entdecke ich auch einen unbekannten Fisch, der nach mir benannt wird ...«

Aber der Biologe hat schon die Sache mit dem Walfisch verschlafen. Teichmüller war an jenem Abend schneller als sonst den Niedergang vom Fangdeck in unser Fischschlachthaus heruntergepoltert. Noch auf den letzten Stufen schrie er: »Die lümmeln einen Riesenbeutel hoch, los, macht euch fertig, das sind an die sechshundert Zentner!« Dann rummste es im Fischbunker, aber nicht nacheinander aufklatschend, sondern nur einmal, so, als habe man das volle Netz insgesamt heruntergeschmissen. Ein dumpfer Schlag, der den Verarbeitungstrakt vibrieren ließ. Hörnchen öffnete vorsichtig die Bunkertür, aber nur ein paar Kabeljaus rutschten heraus. Und danach kam nichts, nichts kam mehr. Etwas Riesiges, Massiges, Graues, Felsiges lag im Bunker. Elefantenhäutig. Teichmüller rief: »Schietdreck – ein Walfisch liegt im Bunker!«

Die Matrosen hatten ein Walfischpärchen im Netz an Bord gezogen. Das Weibchen konnten sie auf dem Fangdeck zurückhalten und ins Meer werfen, doch das männliche Tier krachte in den Bunker. Zuerst versuchte die Decksgang, den Wal an Tauen durch die Luke wieder nach oben zu ziehen. Aber er verklemmte sich und war nicht mehr aus seinem

Stahlsarg herauszuhieven. Da verteilte Teichmüller Beile und ließ Widder und Hörnchen und Matscher – er hatte sich die Axt vom roten Feuerlöschbrett geholt – in den Bunker steigen.

Der Wal lag reglos. Noch vor Stunden war er behende durch das Wasser geglitten, hatte spielerisch tanzend das Weibchen umkreist und mit seinen Übermutsfontänen das Meer bespritzt. Was muß das für einer sein, der das Meer bespritzt!

Matschers stumpfes Feuerlöschbeil klatschte auf den Walkörper und rutschte an der Haut ab. Wütend schlug er auf den Schädel des Tieres, doch auch der rührte sich nicht. Widder zerteilte die Speckschicht, er hackte und säbelte so besessen, daß die Schwarten nicht glatt, sondern wie aus dem Körper gerissen am Rücken des Wales herunterhingen. Das Fleisch darunter leuchtete blaßrot, ähnelte Schweinefleisch. Zentner um Zentner davon hievten die Matrosen aus dem Bunker und warfen es ins Meer.

Um einen Wal zu erlegen, hatten früher Tausende Fänger in kleinen Booten, nur mit Harpunen bewaffnet, ihr Leben gewagt. Für Walfleisch zahlen heute Delikateßrestaurants so hohe Preise, daß die Internationale Walfangkommission die Wale durch strenge Fangquotierung vor dem Ausrotten schützen muß.

Meine Mutter erhandelte sich 1946 für einen Wintermantel eine Flasche Lebertran. Jeden Morgen bekam ich unterernährtes Kind einen Löffel Tran vom Wal. Mutter sagte, daß er die gesündeste Medizin sei und so kräftig mache wie kein anderer Trank. Trotzdem erbrach ich mich beim ersten Mal. Am nächsten Morgen hielt mir meine Mutter die Nase zu, und außerdem schloß ich beim Schlucken die Augen. So bekam ich das Zeug herunter. Wenn wir von meiner Kinderzeit sprechen, sagt Mutter: Der Lebertran hat dich damals über den Berg gebracht.

Wir waren nie eine Walfangnation und sind es auch heute

nicht. Heute werfen wir Wale zurück ins Meer. Das Fleisch, der Speck, der Tran passen nicht in unseren technologischen Ablauf, für Walfleisch haben wir keine TGL, der Wal hemmt unsere Planerfüllung. Die Schiffe werden nach der Erfüllung ihrer Planaufgaben bewertet.

Und hungern muß bei uns keiner mehr.

In der Nacht nach der Verlängerung unserer Kabeljaulizenz kann ich nicht einschlafen. Roland borgt mir seine noch unangebrochene Monatsbuddel Wein, und ich gieße uns die Zahnputzbecher voll. Doch er will nicht, dreht sich auf die andere Seite und sagt nur: »Mach das Bullauge zu, bevor du einpennst.«

Als die zwei Becher leer sind, werde ich hundemüde. Ich nicke ein, schrecke aber sofort wieder hoch, das Bullauge steht noch offen. Ich gieße mir noch einen Becher voll, trinke ihn auf einen Zug aus, da schäumt plötzlich Gischt vor dem Bullauge, Eisschollenzacken zwängen sich durch das Guckloch. Als ich es schließen will, kann ich die Arme nicht heben, die Beine nicht mehr bewegen – ich bin wie gelähmt. Auf mir liegt ein Netz voller zappelnder, laut lachender Kabeljaus. Ich schreie, doch ich höre meine Stimme nicht mehr. Da kommt mein grüner Fisch mit blauen Augen durch das Bullauge geschwommen, hebt das Netz von meiner Brust und fragt: »Hast du einen Wunsch?«

Mich reitet der Teufel, und ich bitte ihn: Mach doch, daß mich alle im Fischschlachthaus arbeiten sehen, aber ich in Wirklichkeit gar nicht dort sein muß, sondern in der Koje liegen bleiben kann.

Da schlägt der grüne Fisch dreimal mit dem Schwanz und sagt: In Ordnung, du stehst jetzt – schon hinten und arbeitest.

Ich trinke noch ein Glas Wein und will nicht an die arbeitenden Kumpels denken. Doch dann möchte ich sehen, wie sich der Scherzer beim Fischefiletieren anstellt. Vom Kammerbullauge springe ich ins Wasser und paddle schnurstracks zum Bullauge des Verarbeitungstraktes, klettere hinein und ducke mich, als Teichmüller auftaucht. Doch er schaut durch mich hindurch, als sei ich aus Glas.

Der grüne Fisch hat Wort gehalten.

Scherzer steht an der Hackwanne und filetiert Kabeljaus. Ich erwische ihn, als er kleine, aber noch brauchbare Fische auf das Abfallband schmeißt, und fauche ihn an: »So was nennt sich Genosse! Weißt genau, wie teuer wir jeden Fisch erkaufen, wie wenig es zu Hause gibt, wie entscheidend Fischeiweiß im Klassenkampf ist. Und du fauler Hund schmeißt gute Fische in den Abfall ...«

Da dreht Scherzer sich um und sagt: »Quatsch nicht so blöd, Fischmehl ist auch nützlich.« Dabei schaut er mich mit müden Augen an. Rings um Opas Filetierkarussell liegen Hunderte Kabeljaus auf den Fußbodengittern. Sie sind nur teilweise aufgeschnitten oder noch unversehrt von der Maschine ausgespuckt worden. Auch neben den Transportbändern häufen sich die Fische.

Ich beschimpfe Teichmüller: »Was bist du bloß für ein Meister, überall liegen Fische, die ihr in den Abfall schmeißt. Nach den Bestimmungen der internationalen Fischereiorganisation müßt ihr jeden Fisch verarbeiten, sonst kann man euch die Lizenz entziehen ...«

Der Meister winkt ab: »Ich habe keine Leute, um alles aufsammeln, abwaschen und mit Hand schlachten zu lassen. Wir sind zu wenig, und die Neueinstellungen, die Lehrlinge und der Scherzer nicht die Schnellsten ...«

Da fange ich an, die größten Kabeljaus aufzulegen und zu filetieren. Als mir der Rücken und die Hände schmerzen und Opa die immer noch haufenweise herumgehenden Fische mit den Gummistiefeln zerlatscht, setze ich mich auf einen Packtisch, bedaure die Kollegen ein bißchen und lutsche Bonbons. Greifen. Schneiden. Packen. Greifen ...

Der Lautsprecher plärrt: »Das ist meine kleine Welt, sie ist frei und ohne Sorgen, denn in meiner kleinen Welt, fühl ich mich froh und so geborgen ...«

Er wird übertönt von der Alarmglocke.

Als ich zum Feuerlöschbrett rennen will – dort hängt meine Ammoniakschutzmaske – erschrecke ich. Wenn ich die nehme, hat Scherzer keine. Ich hocke hier nur unnütz herum und mache mir Gedanken. Also bleibe ich sitzen.

Auch Teichmüller hastet nicht zu seiner Schutzmaske. Er fuchtelt mit den Armen, das bedeutet: Sofort alle Maschinen abstellen!

Dann erscheint Dombrowski. Er steht wie ein General auf dem Niedergang. Teichmüller eine Stufe unter ihm. Nach kurzer Unterredung befiehlt der Meister: »Sofort alle Fische auflesen und schleunigst in den Fischmehlwolf fahren. Dalli, dalli! Ich möchte keinen einzigen herumliegenden Fisch mehr finden ...« Teichmüller nimmt selbst die Hände aus den Hosentaschen und sammelt flink wie ein Kartoffelstoppler Fische, Filetstücke und Köpfe in die Abfallplastetonne.

Er bückt sich.

Es muß etwas Schreckliches passiert sein.

Da endlich verstehe ich, was Dombrowski sagt:

Der graue Dampfer ist in Sichtweite!

Nach fünf Minuten klingelt das Telefon. Dombrowski nimmt den Hörer ab und schreit zu uns gewandt: »Blinder Alarm! Der graue Dampfer ist vorbeigefahren. Maschinen sofort wieder anstellen! Weiterarbeiten!«

Fluchend schaltet Opa sein Filetierkarussell ein. Es spuckt wieder Fische auf den Fußboden. Die Transportbänder laufen. Jumbo und Scherzer und Matscher und die Lehrlinge schlitzen wieder Kabeljaus.

Als nach einer Viertelstunde erneut das Telefon läutet, Teichmüller hilflos die Arme sinken läßt, Dombrowski erscheint, die Maschinen stoppen läßt und den grauen Dampfer beschwört, beginnen alle, sich ohne Anweisung zu bücken. Doch

Jumbo, Opa und Scherzer bücken sich nur, machen den Rükken tüchtig krumm, um nicht gesehen zu werden, aber lesen keinen einzigen Schwanz auf.

»Das ist doch Klassenkampf, ihr Idioten«, schreie ich, »wenn die kapitalistischen Fischereiinspektoren vom grauen Dampfer an Bord kommen und herumliegende Fische entdecken, werden sie uns ein paar tausend Dollar Strafe aufbrummen oder nach Saint-John's zur Verhandlung bringen.«

Aber in so einem Fall hat die Mannschaft keine Lohneinbußen, diese Tage berücksichtigt man bei der Ermittlung der Fangprämie nicht.

Ich will Teichmüller helfen, den Küt aufzusammeln, doch da fällt mir ein, daß man in gebückter Stellung schlecht beobachten kann. Und wenn ich darüber schreiben will, muß ich über den Dingen stehen. Mit vom Bücken schmerzendem Kreuz und roten, vom eisigen Salzwasser aufgeplatzten Händen erhebt man sich nur mühsam über die Wirklichkeit. Da flucht man höchstens unqualifiziert. Also bleibe ich auf dem Packtisch sitzen und beobachte. Minuten später zeigt sich, daß mein Einsatz völlig überflüssig gewesen wäre, denn der 2. Steuermann kommt von der Brücke in den Verarbeitungstrakt und informiert uns, daß der graue Dampfer vorbeigefahren ist.

»Maschinen anstellen! Weiterarbeiten!«

Teichmüller reckt sich und ächzt, er ist das Bücken nicht gewöhnt. Die Produktion springt wieder an. Nach wenigen Minuten schrillt die Glocke allerdings erneut. Teichmüller brüllt: »Alles aufhören, die Fische zusammenklauben!« Doch Jumbo und Opa und Scherzer und die anderen lachen nur, tippen sich an den Kopf und deuten an, daß die Arbeiter doch keine Idioten sind, die man veralbern kann.

Dombrowski muß die Maschinen selbst ausschalten, aber sie laufen gespenstisch stromlos weiter. Er schreit in höchster Not: »Die herumliegenden Fische müssen weg, der graue Dampfer ...«

Und dann steht Knut Olsen höchstpersönlich auf der obersten Stufe des Niedergangs. Er sieht seinen Produktionsoffizier an den Maschinen, den Wachoffizier der Produktion auf den Knien und die Arbeiter sich vor Lachen die Bäuche halten. Der Kapitän schlußfolgert, daß einiges mit dem Klassenbewußtsein der Massen auf seinem Dampfer nicht stimmt, doch jetzt ist keine Zeit für politische Nachhilfestunden, jetzt hat der graue Dampfer unser Schiff stoppen lassen, jetzt gilt es, eine reine Weste, das heißt auch eine saubere Verarbeitung zu haben.

Ich bin neugierig auf den grauen Dampfer und renne zum Bullauge. Als ich an dem knienden und lustlos die Fische auflesenden Scherzer vorbeikomme, möchte ich ihm in den Hintern treten oder tröstend auf die Schulter klopfen. Aber ich kann mich nicht entscheiden, ob treten oder trösten, und klettere zum Bullauge hinaus. Etwa hundert Meter entfernt schaukelt »Cape Roger«, der kanadische graue Dampfer. Baby und Jumbo hatten recht, eine Kanone (aber noch mit Ölzeug bedeckt) steht darauf, und auf dem Achterdeck entdecke ich den Start- und Landeplatz für einen Hubschrauber.

Ich schwimme zu meiner Kammer. Die kanadischen Kontrolleure sind schon an Bord. Sie haben schicke Uniformen an und laufen in den verwinkeltsten Ecken herum, als seien sie hier zu Hause. Den Bootsmann fragen sie, ob ihnen jemand Wodka verkaufen kann. Fünf kanadische Dollar für eine Flasche. Hoffentlich hat der Bootsmann noch Wodka, denke ich. Wir müssen die Kapitalisten bei guter Laune halten.

Scherzer wird bald Schichtschluß haben. Ich trinke den Rest aus Rolands Flasche, lege mich in die Koje, rekle mich, fühle mich sauwohl und beschließe, bis zum Ende der Reise zu schlafen …

Teichmüller rüttelt mich. Eine seltsame, vordem bei ihm nie gesehene Wut macht seine Augen böse. »Scherzer, bist du verrückt, pennst in aller Gemütsruhe, verschläfst die halbe Schicht …«

Ich verstehe nichts mehr, schließlich hatte mir der grüne Fisch versprochen, daß niemand meine Abwesenheit bemerkt, und ich sah mich selbst arbeiten im Fischschlachthaus.

Tränenlos heulend steige ich in die Arbeitsklamotten. Als ich an der Hackwanne stehe, kann ich keinen angucken. Ich schlachte so schnell wie noch nie.

Nach der Schicht sagt Teichmüller: »Damit du in Zukunft nicht wieder verpennst, noch mal drei Tage Lukenwache zusätzlich.«

Während die anderen schlafen, werde ich warten, ob sie hieven. Doch die Matrosen setzen an diesem Tag nicht mehr aus, denn am Horizont, erscheint der graue Dampfer und stoppt uns. Die kanadischen Fischereiinspektoren steigen in das Beiboot und fahren zu uns herüber.

Sie bleiben sechs Stunden. Drei Stunden schnüffeln sie in der Netzlast, in den Laderäumen, schauen sich die Verarbeitung an, kontrollieren die Fangergebnisse. Und drei Stunden trinken sie mit dem Kapitän »Rostocker Hafenbräu«.

Danach fahren sie zufrieden wieder zum grauen Dampfer hinüber.

Coffeetime 9
Meister Schulz erzählt, wie sie vor Afrika mit Hefeklößen Haifische angelten

Du nimmst ein starkes Tau, bindest einen Federstahlhaken dran und steckst den Kloß drauf. Rein ins Wasser. Meist wimmelt es an der angolanischen Küste von Haifischen. Sie stürzen sich wie verrückt auf die Klöße, und du brauchst sie nur noch an Bord zu hieven. Manchmal angelten wir um den Titel »Haikönig«. Der Jüngste aus der Runde zahlte eine Flasche Wodka. Jeder setzte sich in seinen Liegestuhl, warf den Köder aus und nahm einen kräftigen Schluck. Wenn die Buddel leer war, wurde die Beute gezählt. Wer die meisten Haie herausgeholt, totgeschlagen, zerschnitten und – damit ihr Blut neue Viecher anlockt – wieder ins Meer geworfen hatte, wurde Haikönig. Wer die wenigsten geangelt hatte, mußte eine neue Flasche spendieren.

Dann begann das Spiel von vorn.

(Meister Schulz erzählt diese Geschichte, nachdem Jumbo beim Hefeklößeessen einen neuen Dampferrekord aufgestellt hat – 16 Stück, beim siebzehnten schlief er an der Back ein.)

Frühlingsträume im Fischschlachthaus

Tage und Wochen ohne Atempause. Fische verarbeiten. Essen. Vier Stunden schlafen. Essen. Fische verarbeiten. Essen. Vier Stunden schlafen. Essen. Fische verarbeiten ... Noch zappelnde frische. Und welche, die schon zu lange im Bunker liegen und deren Fleisch weich geworden ist.

Wir haben kaum noch Zeit, den Küt wegzuschaufeln. Wir waten in Haufen von Kabeljauköpfen und halb zerrissenen Fischen, die das alte Filetierkarussell nicht ordentlich zerschnitten hat.

Fische sind Kaltblüter. Unsere Hände scheinen sich dem angepaßt zu haben, und auch der Geruchssinn stumpft ab. Wir unterscheiden den pestilenzartigen Mief der verwesten Fische nicht mehr vom süßlichen Gestank der Eingeweide und dem stickigen Dampf, der aus der Fischmehlanlage heraufsteigt. Nur als sich zu der schon bekannten Geruchsmischung traniger Qualm gesellt, heben wir die Nasen. Der Qualm kriecht aus einer Tonne neben dem Fischbunker, in der Jumbo begonnen hat, Kabeljauleber zu kochen. Die Leber zersetzt sich dabei in eine graue unappetitlich aussehende Masse, die sogenannte Graxe, aus der man an Land Lebercreme, Fischpaste und andere Konserven herstellt. Wegen ihr hatte sich Jumbo wochenlang mit dem Meister gestritten. Sein Sieg kam durch Schützenhilfe der Kombinatsleitung zustande. Sie hatte – von Jumbos Kampf nichts wissend – telegrafisch angeordnet: Ab sofort auch Kabeljauleber verarbeiten. Wenn kein Kocher an Bord ist, Behelfstonne verwenden. Volkswirtschaftlich wichtig ...«

Jumbos individuelle Sparsamkeitsinteressen (er hebt auch jedes Blatt Altpapier auf) stimmen nun mit den gesellschaftlichen überein. Jetzt spurtet er zwischen Hackwanne und der Tonne, in der die Leber brodelt. Wenn wir uns schon den Küt und das Fischblut von Stiefeln, Gummischürze und Armstulpen spülen, klaubt Jumbo mit verbissener Sammlerleidenschaft noch die letzten Leberstücke aus den Eingeweideresten in der Hackwanne. Hat er einen Eimer voller Leber, triumphiert er. Und seine Tonne dampft. Jumbo ist munterer geworden.

Teichmüller sagt nichts dazu.

Teichmüller hat es schwer mit uns.

Wir schaffen weniger Filet als die Brigade Schulz; nur knapp einhundert Zentner in der Schicht. Die anderen bringen manchmal einhundertzehn Zentner. Aber uns fehlt Wischinsky, und außerdem arbeiten in der Brigade von Schulz weniger Neueinstellungen. Doch das zählt nicht. Auf einem Fischdampfer zählt lediglich der gefrostete Fisch im Laderaum. Und weiter nichts.

Nach der zweiten Kabeljauwoche schreit Teichmüller, der dreiundzwanzigjährige Ingenieur, nicht mehr. Er schnappt nur wie ein Fisch in der Hackwanne tonlos nach Luft. Und die Maschinen rattern nicht mehr. Sie spucken geräuschlos Fischköpfe und Filets aus. Und der Lautsprecher brüllt nicht mehr. Ich habe mir Watte in die Ohren gestopft. Nun bin ich wie im Trancezustand. Jetzt gibt es nur noch die Maschine und mich. Sie ist mein Meister, Teichmüller höre ich nicht.

Manchmal zähle ich die Filets, bis eine Aluminiumfrostschale gefüllt ist. Sechzig Stück ... Greifen ... Schneiden ... Packen ... siebenundfünfzig Stück ... Greifen ... Ich sammle Tannenzapfen ... Die Zapfen, die in der Frühlingssonne liegen, spreizen schon ihre Schuppen ... neunundsechzig Stück ... Greifen ... Schneiden ... Die Erde ist warm. Man müßte Petersilie säen. Und Dill für den Salat. Mitten im Wald. Keinen Zaun drumherum. Sollen die Hasen doch fressen. Für den Eintopf reicht es allemal ... dreiundsechzig Stück ... Dekkel auf die Schale ... Wie spät? ... An der Steuerbordseite im Raum hängt die Uhr ... Nein, erst noch fünf Schalen, dann schaue ich hin ... noch fünf Schalen ... Auf dem Rücken liegen und schlafen. Zu den Baumwipfeln blicken. Der Wind treibt weiße Segelschiffe vorüber. Ich spüre den Schmerz in den Handgelenken. Jede Bewegung tut weh ... neunundsechzig Stück ... Die Wanne wird nicht leerer. Soviel ich heraushole, soviel spuckt die Maschine wieder hinein. Aber jetzt stürzt sich ihr Lärm nicht mehr auf meinen Kopf ... Die fünfte Schale ... Nun werde ich zur Uhr schauen! Es ist zwölf Minuten nach zehn, anderthalb Stunden bis zur Ablösung, noch ungefähr vierzig Schalen.

Wieder beginne ich zu zählen. Die erste Schale ... Greifen. Schneiden. Packen ... Zuerst müssen die Fischhälften mit der Seite, auf der die Haut abgezogen wurde, nach unten liegen. Damit es einen glatten Spiegel ergibt ... Greifen. Schneiden ... Bei der zehnten Schale werde ich wieder auf die Uhr schauen, nicht eher ...

Ich kenne fließbandähnliche Arbeit, habe im Röhrenwerk Neuhaus im Drei-Schicht-Rhythmus Transistoren gestanzt. Streifen einlegen. Das Maschinchen zerhackte sie, und unten purzelten winzige Transistoren heraus. Man mußte schauen, ob sie ordentlich gestanzt wurden, neue Streifen einlegen, die herausfallenden Transistoren kontrollieren. Einige tausend Stück pro Schicht. Immer das gleiche. Woche für Woche. Trotzdem war dort alles anders. Ich geriet nicht in diesen Trancezustand. Während der Schicht dachte ich an Tod und Teufel, analysierte anstehende Probleme, kombinierte, war hellwach, hatte endlich Zeit zum Überlegen ...

Und hier? Was ist diesmal anders?

Meine Gedanken bewegen sich wie die Füße nur zwischen Wanne und Frostregal. Ich verfluche die Ausschuß produzierende Filetmaschine, sehne mich nach Ruhe, nach Schlaf. Die Gedanken machen fünf Schritte hin und fünf Schritte her. Fünf Schritte vorwärts und fünf Schritte zurück. Mehr nicht. Sechs Stunden lang. Bis mir der Kopf trotz der Gehörschutzwatte dröhnt.

Was ist hier anders als bei der Fließbandarbeit an Land? Ich komme nicht darauf, ich bin zu leer zum Denken.

Die Finger platzen auf. Gummihandschuhe dürfen wir wegen der Hygienevorschriften nicht tragen. Fingerschmerzen gehen zu Herzen. Zum Arzt will ich nicht.

Matscher hatte sich als erster von uns im Hospital gemeldet. Er kam mit bandagierten Gelenken zurück. Sehnenscheidenentzündung hatte Hermann Wendt diagnostiziert und einen Schonplatz verordnet. Aber in der Verarbeitung gibt es keinen Schonplatz. Das weiß auch der Arzt. Matscher wechselte seine Arbeit nur mit einem Lehrling, der vor der Enthäutermaschine stand und die Filethälften auf das Band legte. Nun muß Matscher in jeder Minute über einhundert Filets auf das Band legen.

Als nächster ging Wolfgang, unser Stauer, wegen einer vereiterten Warze am Finger zum Doktor. Wendt schnitt sie heraus, ließ den Arm in einer schwarzen Trageschlinge ruhen und verordnete Schonplatz. Mit der gesunden Hand legt jetzt auch Wolfgang Filets auf. Er hat Schmerzen und flucht auf Teichmüller. Doch der Meister sagt: Dombrowski hat es angeordnet. Und Dombrowski schimpft in der Schiffsleitung über den Doktor, weil er mit seinen »kosmetischen Schönheitsoperationen« während der Fischerei die Arbeit sabotieren würde.

Unsere vier Lehrlinge stiefelten zusammen ins Hospital. Sie bekamen nur noch eine Silastikbinde für ihre Handgelenke, denn die »Schonplätze« waren alle vergeben.

Dombrowski sagt: »Wenn ein Arm geschient ist, kann man mit dem anderen arbeiten. Wenn sich einer das Bein bricht, bekommt er einen Stuhl und legt die Filets im Sitzen auf. Ist Fisch da, muß er verarbeitet werden. Klar, uns fehlen Leute, aber darüber wird nicht lamentiert. Da haben die übrigen eben mehr zu leisten.«

Keiner verkleistert die Wahrheiten mit Illusionen, hier wird im Klartext geredet.

Und die Kumpels wissen das. Sie arbeiten auch mit Sehnenscheidenentzündung, geschnittenen Furunkeln, Halsschmerzen. Und sie tun es überzeugter und freiwilliger als manche an Land. Hier weiß jeder, wieviel Fisch noch im Bunker liegt und wie lange er sich hält, bevor der Zersetzungsprozeß beginnt.

Nach drei Wochen im ungewohnten Arbeitsrhythmus schützt auch die in die Ohren gestopfte Watte nichts mehr. Man ist plötzlich wieder hellwach und spürt das Rattern der Maschinen und Teichmüllers Befehle bis in die letzten Gehirnwinkel. Man schreit auf einmal die Leute von Schulz an, weil sie den frischen Fisch verarbeitet haben und uns den alten, weichen übrigließen. Und ich beschimpfe zum ersten Mal meinen Kammergenossen mit dem auf dem Dampfer für Lehrlinge üblichen Wort »Munki«, das von Monkey-Affe abgeleitet ist und das auszusprechen ich mich bisher hütete.

In den ersten Wochen, als ich regelmäßig und ausführlich meine Erlebnisse auf dem Schiff notierte, hatte auch Roland begonnen, Tagebuch zu schreiben. Er wollte es nach der Rückkehr seiner Freundin schenken. Als der Fisch über uns gekommen war, schrieb er noch zwei- oder dreimal und gab es dann ganz auf. Während er nach der Schicht schon in der Koje liegt, sitze ich an der Back und zwinge mich, wenigstens einige Zeilen zu schreiben. Ich kann die Hände kaum bewegen;

wenn der Dampfer überholt, stütze ich mich nicht an der Kammerwand und falle manchmal vom Hocker.

Roland fragt aus der Koje heraus: »Schreibst du immer noch?«

Ich zerknülle das Papier, schmeiße den Kuli nach ihm und schreie: »Das siehst du doch, du Rindvieh, du Munki!«

In der vierten Kabeljauwoche schreit keiner mehr. Man hält die Aggressionen zurück, denn man braucht alle Kräfte, um die Schichten durchzustehen. Und im Kopf rumoren immerzu die gleichen Gedanken:

Was würde man tun, wenn man jetzt zu Hause wäre?

Wie viele Stunden noch bis zur Ablösung?

Nein, nicht auf die Uhr schauen, noch fünf Schalen, dann ...

Weshalb gibt es hier keine neuen Gedanken?

Denke an etwas anderes, Kopf!

Doch er tut es nicht.

Man schläft, obwohl man hundemüde ist, sehr schlecht, denn nach der Schicht muß man sich den Bauch mit dem Mittag- oder Mitternachtsessen vollschlagen und liegt dann mit steinhartem Magen in der Koje.

Die Hände streckt man beim Schlafen über den Kopf. Dreht man sich vom Rücken auf den Bauch und bewegt sie dabei, wacht man von den Schmerzen wieder auf.

Teichmüller sagt, ich solle zum Arzt gehen, doch ich schüttle trotzig den Kopf. Da schickt der Meister den Doktor in meine Kammer.

Hermann Wendt spricht leise, als könnte er schon mit lauter Stimme wehtun. Wenn er irgendein Wort nicht gleich findet, lächelt er unsicher. Weshalb ich nicht zur Behandlung gekommen sei, fragt er.

Ich winke ab: Was soll's, es sind doch viel zu viele Fische im Bunker.

Er massiert die Gelenke mit Schlangengift und wickelt Binden um sie. Dann entschuldigt sich Wendt, ich dürfte das

Wort: »Während der Fischerei gibt es keine Kranken« nicht falsch verstehen. (Seitdem sich auf dem Dampfer herumgesprochen hat, daß ich schreibe, sind einige bemüht, daß ich alles richtig verstehe. Doch ich will mir nicht die Mühe machen, alles richtig zu verstehen, das strengt den Kopf an. Und mein Kopf schmerzt, weil nur meine Hände sich roboterhaft bewegen müssen, denn, ich bin ein Teil der Maschine geworden.) »Ich werde in meinem Reisebericht wieder vom medizinischen Standpunkt aus gegen die Unterbesetzung in den Produktionsabteilungen protestieren. Aber was wird es nützen, die Schiffe müssen auslaufen, auch wenn nicht genügend Leute zum Fischverarbeiten da sind«, sagt Wendt. »Von den rund 4 000 Hochseefischern kündigen jedes Jahr fast 1 000 ...«

Unsere Steuerleute und Matrosen haben es inzwischen geschafft, die Verarbeitung unter Fischen zu begraben. Die Bunker sind so voll, daß das Schlimmste passiert, was auf einem Fangschiff passieren kann: Die Matrosen können die Netze nicht mehr aussetzen!

Da ordnet der Kapitän an: »Wachfreie Besatzungsmitglieder machen in der Verarbeitung Sozialismus!« Alle sagen »Sozialismus« für »sozialistische Hilfe leisten«.

Die Matrosen schlachten nun zwischen den Hols die Fische, die sie gefangen haben. Das war früher, bevor mit den Fabrikschiffen eine Arbeitsteilung in Fänger und Verarbeiter eingeführt werden mußte, die Regel. Aber trotz dieser Tradition glaube ich, daß man, wenn die Hilfstruppen in der Verarbeitung anrücken, zu Recht sagt: »Wir machen Sozialismus.« Denn an der Heckwanne stehen auch Schiffsoffiziere.

Sogar Hermann Wendt schlachtet Fische, das heißt, er operiert jeden Kabeljau. Ritzt sorgfältig am Kopfmuskel, zerschneidet das Rückrat akkurat am zweiten Wirbel und trennt den Kopf säuberlich wie ein Präparationsmodell vom Körper. Der Doktor arbeitet angestrengt und beißt sich auf die Unterlippe, wenn er aus der Bauchhöhle Leber, Schwimmblase und

Galle und Rogen entfernt. Er schafft einen Fisch, während andere zehn geschlachtet haben.

Auch der Chefkoch macht Sozialismus und sucht sich nebenbei die besten Exemplare für die nächste Suppe aus.

Der Politoffizier kommt regelmäßig. Er war früher selbst Produktionsarbeiter und greift, schneidet und packt drei Stunden lang in einem Höllentempo, ohne sich umzuschauen. Er ist schneller als wir. Jedesmal, wenn er anfängt, riecht es zwei, drei Minuten erfrischend nach »Sir« oder »Tabak«, dann kapitulieren auch diese Duftstoffe vor dem Qualm, der aus Jumbos Leberkochtonne aufsteigt.

Manchmal schlachten jetzt in einer Schicht fünfundzwanzig Mann die Fische. Und keiner fragt: Wie lange noch? Jeder weiß es: Solange wir dicke Netze hochholen! Diese Hilfe, diese nicht bezahlten Überstunden (allerdings: je mehr Fisch der Dampfer anlandet, um so größer ist der Anteil eines jeden) stehen in keinem PSP der Matrosen, Köche, Offiziere.

»Sozialismus« – ist etwas Selbstverständliches.

Teichmüller versucht, die Arbeit in unserer beim »Sozialismus« auf das Doppelte angewachsenen Brigade so gut zu organisieren, daß wir die Ergebnisse von Schulz erreichen. Aber der Meister hat es bei den robusten, an harte Kommandos gewöhnten Decksleuten sehr schwer, denn Teichmüller kann nicht laut genug brüllen, nicht ordentlich fluchen, er ist eben ein »Studierter«.

Außerdem erzählt man sich auf dem Dampfer immer noch die Geschichte seiner letzten Reise. Weil die Brigade von Schulz in jeder Schicht sehr viel mehr Filet produzierte, sagte Dombrowski damals zu Ingenieur Teichmüller: »Ich geb dir noch zwei Tage. Habt ihr dann nicht gleichgezogen, komm ich ’runter, mach Meister bei euch und werde dir zeigen, wie man auch mit deiner Brigade Rekordschichten fährt.« Diese Blamage hätte Teichmüller nicht überstanden, und er schaffte wirklich das gleiche Schichtergebnis wie Schulz. Doch Dombrowski entdeckte, daß er Kartons »aus dem Stock gefahren«, also doppelt gezählt hatte. Der Produktionsleiter hing es nicht an die große Glocke, trotzdem sprach sich die Sache herum.

Nun muß sich Teichmüller auf dieser Reise bewähren. Die meisten Probleme hat er mit den vier Lehrlingen. Sie arbeiten lustlos, langsam und ohne Ehrgeiz. Sie spuren in jeder Schicht ein oder zwei Stunden, dann geben sie auf und agitieren Teichmüller. Sie wären in der Betriebsberufsschule als Anlagentechniker ausgebildet worden, die einzige Anlage, die sie hier jedoch seit Wochen bedienen, sei das Messer und die einzige Technik die Kopfabschneidetechnik. Dafür hätten sie nicht zwei Jahre lernen müssen, das würde auch ein Ungelernter in drei Stunden kapieren.

Roland schimpft: »Weißt du, weshalb sie unseren Beruf Anlagentechniker und nicht einfach Fischeschlächter nennen? Weil Anlagentechniker nach was klingt und keiner vermutet, was in Wirklichkeit dahintersteckt...«

Suppe, der kleinste Lehrling, hat seine Schlußfolgerungen gezogen: »Ich melde mich für die Meisterschule, später studiere ich und mache Produktionsleiter wie Dombrowski.« Die anderen wollen nach der Lehre kündigen, umsatteln oder auch Meister werden.

Teichmüller fragt: »Ingenieure und Meister, alles gut und schön, aber wer schlachtet hier die Fische?«

Roland mault: »Wir jedenfalls nicht.«

Sie haben nur ihr Schulwissen von der Abschaffung der physischen Schwerarbeit im Sozialismus parat und nicht bei Marx nachgelesen, daß die Schwer- und Dreckarbeit auch im Sozialismus noch nicht völlig abschaffbar ist, sondern nur durch höhere Bezahlung gerechter entlohnt werden kann. Nun beharren sie auf ihren Illusionen »Arbeit im Sozialismus macht Freude« und »Arbeit im Sozialismus bedeutet weiße Kittel tragen, Automaten bedienen, Roboter kontrollieren, rationalisieren, modernisieren ...« Und sie wehren sich dagegen, daß ausgerechnet sie die Ausnahmen in der versprochenen Weißen-Kittel-Welt sein sollen.

Illusionen können sehr schädlich werden. Und wahrscheinlich beeinflussen sie auch die Verdauung, denn neuerdings verschwinden die Lehrlinge während der Schicht drei- oder viermal für einige Minuten.

»Flotten Otto«, sagt Roland.

Und Suppe klagt: »Die Blase verkühlt.«

Dann hocken sie auf dem Klo und rauchen eine halbe Zigarette oder trinken in der Kammer einen Schluck Selters.

Als Teichmüller dahinterkommt, ordnet er an: »Wer in der Schicht mehr als einmal auf die Toilette geht, arbeitet für jedes weitere Mal fünf Minuten länger!« Seitdem sind die Mastdärme und Blasen der Lehrlinge wieder in Ordnung.

Odysseus konnte inzwischen vom Schonplatz am Ruder wieder an die Filetiermaschine geschickt werden. Und eines Tages, während der Freiwache seiner Brigade, läuft er durch den Verarbeitungstrakt, geht in den Trockenraum, zieht seine Klütklamotten an, sagt zu mir: »Na, da woll'n wir mal«, und beginnt, an der Nebenwanne zu greifen, zu schneiden, zu packen.

»He, Odysseus«, rufe ich und zeige auf die Uhr, »du bist zu früh aufgestanden, ihr seid erst in drei Stunden wieder dran!« Er winkt ab. »Kann nicht schlafen, Fisch ist mehr als genug da, und schließlich sitzen wir für einhundert Tage doch alle im gleichen Boot.«

Am verwundertsten schauen die Lehrlinge.

Als ich nach dieser Schicht vom Duschen komme, sitzt Teichmüller in meiner Kammer. Ob ich ihm einen Tee spendieren würde.

Wir trinken und schweigen. Dann sagt Teichmüller: »Ich hab ein paarmal gesehen, wie du, in der Annahme, ich beobachte dich nicht, die Filets mit beiden Händen in die Schalen schaufeltest. Egal, ob Hautfetzen oder Gräten dran sind. Stimmt's?«

Ertappt!

»Dann nimm sie aus dem Regal und zähl mir die unsauberen Filets vor. Wie du es bei den Lehrlingen machst, Meister ...«

Er sagt: »Brauchst mich nicht immer Meister zu nennen, weißt doch, daß ich Bernd heiße ...«

Ich überlege, ob ich schuldbewußt reagieren oder einfach patzig werden soll. Mir ist die Sache peinlich. Nicht so sehr, weil in drei oder vier Monaten einige Leute, wenn sie ihr Kabeljaufilet braten wollen, erst Gräten und Hautreste abschneiden müssen, sondern weil ich meine Schwäche, die ich durch Beschiß verbergen wollte, nun zugeben muß.

Teichmüller beendet die unangenehme Stille. »Ich kenne das. Als ich Produktionsarbeiter war, habe ich genauso versucht, ein paar Erholungsminuten auf dem Klo rauszuschinden – und beim Packen schnell den Deckel drauf, wenn der Meister vorbeikam. Ich hatte manchmal Dreckfilets drin, sage ich dir ...«

»Du?« staune ich.

»Bei der ersten Reise hatte ich auch solche Hände dran. Deshalb sagte ich dem Doktor, er soll zu dir runterkommen ...«

Ich frage, ob er ein Leben lang als Produktionsarbeiter fahren würde.

»Nein, das hältst du nur vier, fünf Jahre aus, dann mußt du wieder an Land arbeiten.«

An Land.

Jetzt an Land sein.

Feierabend machen können. Vom Fließband entlassen. Nach Hause gehen. Mit der Nachbarin Tee trinken und erfahren, wer sich scheiden läßt. Oder im Theater den »Hamlet« anschauen. Vivaldi hören. Oder sich in den Geschäften ärgern, daß es keine Zwiebeln gibt und keine Kerzen. Oder in der Kneipe sitzen und mit den Kumpels über den letzten Fernseh-Krimi quatschen. Neuigkeiten erfahren. Neuigkeiten, soviel man will. Man könnte Nachdenk-Stoff sammeln, der für die nächsten acht Stunden Fließband ausreicht.

Und hier? Nichts. Man ißt und schläft. Leere im Schädel.

Das ist der Unterschied.

Nichts zum Nachdenken. Nur Fische, Träume und Schmerz. Immer das gleiche. Ob man ohne neue Denkinformationen irgendwann durchdreht?

»Wenn wir erst weniger Fisch haben und warten, daß sie oben endlich wieder was fangen, kannst du lesen und ins Kino gehen, da wirst du noch heilfroh sein, wenn du Fische schlachten darfst«, sagt Teichmüller.

Seine Prognose soll sich nicht so bald erfüllen. Wir haben noch Tage und Wochen volle Netze. Es gibt keine Ruhepause.

Neben uns fischen die Kollegen aus Cuxhaven und Bremerhaven. Sie sind mit neuen Schiffen hier, mit der »München«, der »Österreich«, der »Hannover«. In der Verarbeitung produzieren sie täglich fast doppelt soviel Filet wie wir. Die Kabeljaus werden bei ihnen automatisch eingelegt, die Filets automatisch verpackt. Maschinen und Arbeiter stehen auf Podesten, der Küt drumherum wird abgesaugt ... Unsere Schlosser sagen, daß die Bundesdeutschen solch ein Filetierkarussell, wie es sich bei uns in der Verarbeitung dreht, nur noch ins Museum stellen würden.

Die »Hans Fallada« wurde 1961 gebaut und gehörte mit den anderen 10 Schiffen der Brecht-Serie damals zu den modernsten Fischereifahrzeugen, die es auf der Welt gab. Allerdings wurde sie nicht für heutige Einhundert-Tage-Langzeitreisen konzipiert, und inzwischen hat sie sich längst amortisiert. Sie müßte schon verschrottet sein, denn mittlerweile wurde unsere Hochseefischereiflotte ständig mit neuen, modernen Schiffen vergrößert. Von 1966 bis 1968 mit zwei größeren Fang- und Verarbeitungsschiffen, mit 21 Trawlern und den zwei 28 500 Tonnen verdrängenden Transport- und Verarbeitungsschiffen »Junge Welt« und »Junge Garde«. Mitte der siebziger Jahre erhielt die Hochseeflotte noch fünf Supertrawler der »Atlantik«-Serie. Sie gehören zu den größten und besten Fang- und Verarbeitungsschiffen, die es zur Zeit auf der Welt gibt. Trotz dieses umfangreichen Investitionsprogrammes muß auch unsere alte »Hans Fallada« noch auslaufen, denn für die heutzutage oft sehr kurzfristig angebotenen Fanglizenzen in den verschiedensten Ecken der Welt ist die Flottenkapazität noch zu gering. Und der Fisch wird immer wertvoller. Und unsere Supertrawler laufen nicht nur für die eigene Flotte vom Stapel, wir exportieren sie, um unter anderem moderne Fischverarbeitungsmaschinen in der BRD und Fanglizenzen in Kanada und anderswo kaufen zu können.

Das alles ist logisch, wichtig und richtig. Aber leider noch nicht überall öffentlich; auch nicht auf dem Dampfer. Und so rackern wir und schimpfen auf den alten Kahn und die Museumsmaschinen. Schimpfen und greifen und schneiden und packen.

Wir schaffen jetzt auch einhundert Zentner wie die Brigade Schulz. Jeder von uns drei Packern greift, schneidet und packt über dreißig Zentner in der Schicht.

Manchmal, wenn die Fischplatten noch im Eistunnel erstarren und Baby und Wolfgang keinen Vorrat mehr haben, kommen sie uns zu Hilfe. Dann sind wir schneller als die Maschine und können den Boden der Wanne sehen ...

Die Steuerleute hat die Leidenschaft der Fänger, das Fischfieber, gepackt. Sie wetteifern, wer am meisten hochholt.

Und in der Verarbeitung geistert die Vorstellung einer Drei-Millionen-Mark-Reise. Greifen. Schneiden. Packen. Und Schlafen und Essen. Dann wieder: »Hey geat« – »Der Fisch geht!«

Greifen. Schneiden. Packen.

Soviel als möglich, so schnell als möglich.

Unser Dampfer kostet jeden Tag auf See fast 20 000 Mark.

Zwischenbericht 5
Die modernen Cuxhavener Fabrikschiffe

1979 sah ich die »Österreich« und die »München« wieder. Sie lagen mit anderen Fang- und Verarbeitungsschiffen im Hafen der »Nordsee-Reederei AG« Cuxhaven und rosteten vor sich hin wie herrenlose Totenschiffe.

Lange saß ich damals in der Hafenkneipe »Bei Gustl« mit Fischern und Fischwerkern zusammen. Gustl war früher Bestmann auf einem Fabrikschiff der »Nordsee-Reederei AG«. Wegen eines Wirbelsäulenschadens entließ ihn die Reederei. Seitdem versucht er sich mit der kleinen Kneipe über Wasser zu halten. Täglich steht er allein zwölf Stunden hinter dem Tresen. Ein Jahr will er es noch ohne Urlaub durchhalten, dann ist er, wie er sagt, »wieder aus dem Gröbsten heraus«. Er darf keinen Schnaps ausschenken und nur eine Sorte Bier, nämlich die der Brauerei Haake. Das ist die Brauerei, der sämtliche Gaststätten von Cuxhaven gehören ...

Gustl hatte mir den Weg zum Cuxhavener Fischmarkt gezeigt. (Slogan: »Der unabhängige Fischmarkt für Qualität und Leistung«) Jeden Morgen ziehen hier zwei Auktionäre ihre Schau ab. Im Entenjargon haspeln sie die Fischpreise viertelpfennigweise hinauf und herunter und versteigern Rotbarsch, Kabeljau, Hering und Heilbutt an die Händler. Vom hier erzielten Preis für eine Schiffsladung hängt zu sechzig Prozent der Lohn eines Hochseefischers ab.

Und wehe der Markt ist so voll, daß der Fisch nur noch für die Fischmehlfabrik in Frage kommt!

Aber der Preis wird nicht nur vom »freien Spiel der Kräfte« auf dem Fischmarkt bestimmt. Denn die Cuxhavener »Nordsee-Reederei AG« und damit alle Fabrikschiffe und der gefangene und auf dem Markt angebotene Fisch gehörten alle einem großen Konzern. Und die Fischfabriken und Fischgeschäfte und die Kühlhäuser, für die die Fischhändler jeden

Morgen auf dem Cuxhavener Markt die Fischladungen der Nordsee-Reederei aufkaufen, gehören ... ebenfalls dem Konzern. (Der Konzern besitzt außerdem Kaufhausketten und Margarine- und Ölfabriken, Tankerflotten, Kokosplantagen in Afrika und im Stillen Ozean ...)

Er kann also risikolos, wie von der BRD-Regierung wegen der fehlenden Fischfanglizenzen »empfohlen«, seine neuen Schiffe stillegen. Denn der Konzern kassiert dafür täglich nicht nur die Stillegungsprämien, sondern profitiert auch von der Fischknappheit – die Preise steigen.

Inzwischen rosten schon zehn moderne Fischfang- und Verarbeitungsschiffe in Cuxhaven vor sich hin. Jeder vierte Hochseefischer ist arbeitslos.

Und, der Fischkrieg zwischen den EWG-»Partnern« um Fanglizenzen vor Island, England, Grönland und Kanada wird immer härter ...

WOP (Wachoffizier der Produktion) Bernd Teichmüller

Ein halbes Jahr nach unserer Reise schrieb mir Bernd Teichmüller aus Mauretanien: »Ich bin im Herbst mit dem Starschiff unserer Flotte, ROS 331 ›Ludwig Turek‹, ausgelaufen – nicht mehr als WOP, sondern als Leitender Offizier der Produktion. Auf dem Dampfer gibt es nur noch Zwei-Mann-Kammern, alle sind mit Klimaanlagen versehen. Dazu arbeiten wir im zwölf/zwölf Rhythmus – also zwölf Stunden Schicht und zwölf Stunden Freiwache. Da hat auch ein PA während der Fischerei Zeit zum Lesen ... Afrika ist der dritte Erdteil, den ich nun schon gesehen habe ...«

Als Bernd sechzehn war, starb seine Mutter. Seitdem wird ihm übel, wenn er Karbol riecht oder zu einer Beerdigung muß. Die drei Teichmüllers – Vater und zwei Söhne – wirtschafteten einige Jahre lang ohne Frau im Haus. Weil keiner kochen konnte, aßen sie in der Kneipe. Als der Quedlinburger Jugendklub für einen Kochzirkel warb, meldete sich Bernd und erlernte, wie man Eintopf nach seiner Mutter Art kocht und Steaks, Rochefort-Buletten und Pizzas zubereitet. Seitdem essen die Teichmüllers wieder zu Hause.

In dieser Zeit ging Bernd jeden Abend in den Klub, er organisierte Vorträge über Kuba, Veranstaltungen mit Schriftstellern, mit bekannten Beatgruppen der DDR, mit Manfred Krug und Frank Schöbel. Beat ist seine Welt. Nicht, daß er nur eine Mode mitmacht. Beat ist für ihn eine Weltanschauung. Wie Jeans und der Wibeau. Für Platten von den Stones verkauft er sein letztes Hemd.

Sein Vater war Offizier bei der Kriegsmarine, und die Geschichte, wie er mit einem U-Boot bald abgesoffen wäre, kennt Bernd auswendig. Bei jeder Familienfeier erzählt sie der Vater nach dem zehnten Schnaps ... Als Bernd zur Armee sollte, erfuhr das Wehrkreiskommando von seinem Interesse für die Seefahrt und schlug vor: »Gehen Sie zur Volksmarine und werden Sie Offizier auf Lebenszeit.« Aber die U-Bootgeschichte seines Vaters hatte in dem Jungen anscheinend nicht nur Begeisterung geweckt. Und der Oberschüler sagte »Nein«.

Da schrieb das Wehrkreiskommando: »Wenn Sie sich verpflichten, können Sie sofort mit dem Segelschulschiff ›W.-Pieck‹ auf große Fahrt gehen.« Man gab ihm eine Woche Bedenkzeit. Und eine Woche lang fuhr er auf dem Schiff über alle Meere.

Aber lebenslänglich Offizier?

Und anstelle der echten Levis eine andere Uniform?

Bernd wurde kein Seeoffizier.

Er diente anderthalb Jahre als Mot.-Schütze.

Selber noch Soldat, wurde er einmal zum Unteroffizier vom Dienst eingeteilt. Er mußte die anderen Soldaten zum Essen führen, hatte Ausgangsscheine einzusammeln, besaß die Befehlsgewalt ... Zur Nachtruhezeit lief noch ein guter Fernsehfilm. Laut Dienstordnung hätte er ausschalten müssen und alle in die Koje schicken. Aber seine Leute sagten: »Teichmüller, spiel dich nicht auf, du bist doch auch nur Soldat wie wir.« Ein Stabsoffizier bestrafte Teichmüller wegen seiner Nachgiebigkeit mit drei Arbeitsverrichtungen außer der Reihe.

»Während die anderen Freizeit hatten, jätete ich Idiot vor der Baracke das Unkraut. Das passiert mir nicht noch einmal.«

Es ist schwer, gleichzeitig Kumpel und Kommandeur zu sein.

Und Bernd ist kein Leiter aus Passion. Er hat beispielsweise auf seinen Dipl.-Ing. verzichtet, um zur Fischerei gehen zu können. Als er während des Studiums an der Hochschule in Magdeburg erfuhr, daß auf den Schiffen des Fischkombinates keine Hochschulabsolventen, sondern nur Fachschulkader gebraucht werden, brach er das Studium ab und wechselte zur Fachschule für Maschinenbau. Aber auch dort hatte das Fischkombinat für Bernds Studienjahr nur einen freien Platz. Außer ihm bewarb sich ein Warnemünder, der sagte zu Teichmüller: »Ich fahr' mal hin und frage, ob sie uns beide brauchen können.« Er ging zum Kaderbüro und sagte kein Wort vom zweiten Bewerber; versicherte, daß er, ein Warnemünder, im Kombinat nie einen Wohnungsantrag stellen würde, und erhielt den Fragebogen für den Arbeitsvertrag.

Bernd schalt sich einen Trottel und begann, in einem Werk für Pyrotechnik in der Nähe von Quedlinburg zu arbeiten. Sie versprachen ihm eine Neubauwohnung und eine Stelle in der Forschung und Entwicklung (unter anderem produzierten sie Signalraketen für Schiffe), doch als Teichmüller hörte, daß der Warnemünder keinen Seemannspaß erhalten hatte, kündigte er sofort bei den Feuerwerkern und ging nach Rostock ...

Seine ersten Reisen machte der Ingenieur als Produktionsarbeiter. Mit dicken Händen und Angst vor dem Meister, der seine Filets kontrollieren könnte.

Danach wurde er als Meister eingesetzt.

Er war jünger als viele Arbeiter, die er anleiten mußte.

Und wußte noch nicht genau, wie man Autorität gewinnt und wie man sie verlieren kann …

Landgang in Saint-John's

Drei Tage ehe unsere verlängerte Lizenz zum Fang von Kabeljau endgültig abgelaufen ist, müssen wir die Fischerei abbrechen, denn die Winde zieht das Netz nicht mehr gleichmäßig aus dem Wasser, und der Kapitän ordnet an: »Wir dampfen nach Saint-John's, um die Winsch dort reparieren zu lassen!«

So schnell wie diese Entscheidung hat sich während unserer Reise noch keine Nachricht herumgesprochen. Der Satz gießt Öl in das Feuer, das nach 50 Tagen Fischerei in Eis und Nebel nur noch auf Sparflamme brannte. Und nun lodern die Sehnsüchte und Hoffnungen wieder hoch auf.

Teichmüller schwärmt von einem kleinen, alten und billigen Plattenshop in einer Saint-John'ser Seitenstraße, Odysseus weiß, wo es in der kanadischen Hafenstadt Münchner Bier gibt, Baby macht aus den kanadischen Frauen heißblütige Kubanerinnen und James Watt aus dem kanadischen März einen angolanischen Sommer.

Der Funker läuft mit einem alten Geographiebuch durch die Kammern und liest jedem – egal, ob er es wissen oder ob er es nicht wissen will – den Abschnitt über Saint-John's vor.

Kanadische Stadt in einer geschützten Bucht der Halbinsel, ohne besondere Sehenswürdigkeiten. Die bemerkenswertesten Gebäude, die sich im Stadtbild stark von zahlreichen, aus Holz errichteten Häusern abheben, sind die römisch-katholische Kathedrale, Justizpalast, Gouverneursgebäude, Zollhaus,

Post und Seemanns-Institut. Saint-John's ist Ausgangspunkt mehrerer Bahnen, sein Hafen besitzt ein großes Trockendock. Bedeutend sind Fischfang und -verarbeitung, Maschinenbau, Seilereien, Wollwaren, Tabakverarbeitung ... Für den Tourismus ohne Bedeutung ...

Aber der Autor des Buches lügt, denn Saint-John's ist keine unbedeutende Hafenstadt. Saint-John's ist für uns im Moment nur vergleichbar mit Paris oder Venedig.

Wir haben etwa zwanzig Stunden Zeit, um uns landfein zu machen, aber alle wollen sich sofort und möglichst lange duschen, der enge Raum reicht kaum aus, fünf oder sechs Mann drängeln sich gleichzeitig unter eine Brause. Wilhelm macht sich einen Spaß daraus und legt das Schiff so in den Wind, daß es »ein bißchen schaukelt«. Wir fliegen beim Kampf um einen Platz unter der Dusche von einer Wand an die andere und rennen bei jedem Überholen gemeinsam dem Wasserstrahl hinterher. Es ist unmöglich, gleichzeitig zu rennen, zu balancieren, sich irgendwo festzuhalten und sich auch noch einzuseifen. Odysseus wäscht mir den Rücken, und ich schrubbe ihn mit einer Drahtbürste, bis er rot wie ein Krebs wird und vor Wohlbehagen grunzt.

Sechs Stunden danach treffen wir uns alle noch einmal im Duschraum, denn die Meister hatten uns nach der eigenen Reinigungsprozedur auch das Fischschlachthaus säubern lassen. Doch an ernsthafte Arbeit war dabei nicht zu denken, wir verbrauchten nur Unmengen Haushaltschemikalien und noch mehr Wasser. Sobald einer von uns zum Wasserschlauch griff, sprangen wir anderen wie die Hasen, um Deckung hinter den Maschinen zu suchen. Wir lieferten uns heftige Schlachten. Mutig, dem Gegner und seinem Strahlrohr Aug in Aug gegenüberstehend, oder vorsichtig aus dem Hinterhalt, versuchten wir, einander mit dem eiskalten Wasser zu treffen. Ungekrönter Sieger war Widder, er scharwenzelte mit freundlichem Gesicht vorbei, griff hinterrücks unbemerkt zu einem Schlauch, und ehe man sich's versah, war man eine Wasserleiche. Sobald der Meister auftauchte – er ahndete diese Kampfspiele wegen des Arbeitsschutzes sehr streng –, stand Widder lammfromm und obendrein trocken an seinem Frosttunnel, den er eifrig schrubbte. Und Teichmüller bestrafte die pudelnassen Opfer noch mit zusätzlicher Lukenwache.

Während wir die Maschinen säuberten, schmiß Jumbo alle Arbeitssachen der Brigade in die große Waschmaschine, holte sich eimerweise Spee und saß stundenlang vor dem rumpelnden Aggregat. Dann schleuderte er die Jacken und Unterhosen (meine waren nicht kochfest gewesen, so kam ich zu hochmodischen, aber vor Labrador völlig ungeeigneten knielangen) und hängte alles begeistert auf.

Auch ich wasche mein Ausgehhemd und die gute Hose, die, obwohl sie während der Reise nur im Spind hing, den arteigenen Geruch des Dampfers angenommen hat. Für den üblichen Preis von zwei Flaschen Bier schneidet mir der Fischmehler die Haare, aber weil ein Dampfer schaukelt, wird es ein »abgestufter Fassonschnitt«. Zum guten Schluß neble ich mich mit einem Deo-Spray ein. Doch Widder duftet das nicht lieblich genug, und er schüttet mir noch eine viertel Flasche »Irischen Frühling« ins Gesicht. Danach leiste ich mir das Vergnügen, an Deck zu gehen und den Himmel wiederzusehen.

Seit drei oder vier Wochen, als der 80-Schritte-Rhythmus zwischen Arbeitstrakt, Kammer und Messe begann und wir nur noch arbeiteten, schliefen und aßen, bin ich nicht mehr zum Peildeck hinaufgestiegen. Nun stehe ich wieder unter der nebelgrauen, undurchschaubaren Dunstglocke und halte mich wie ein Betrunkener an der Reling fest. Die Haut im Gesicht brennt nach wenigen Minuten. Das Wasser, grau, fast schwarz, bewegt sich kaum. Wir zerteilen es mühelos, von der Schnittstelle wirbelt der Schaum an beiden Seiten des Schiffes entlang. Eisschollen treiben selten vorbei, manche dienen den

Möwen als Start-, Lande- und Ruheplätze, auf anderen aalen sich Robbenfamilien.

Nach einer halben Stunde tröpfelt die Sonne durch den Nebel, und aus dem Meeresgrau taucht eine breite weiße Straße auf. Schollen haben sich zu einem scheinbar endlosen Weg durch das Wasser zusammengedrängt. Schnurgerade, nirgendwo unterbrochen, eine Ponton-Eis-Brücke über das Meer.

Wo beginnt die Straße? Und wo endet sie?

Ich möchte den Dampfer stoppen lassen, um auf der Eisstraße entlangzulaufen und ihren Anfang und ihr Ende zu suchen. Was würde ich finden? Grönland? Oder Kanada?

James Watt steht wortlos eine Weile neben mir, dann legt er seinen Arm auf meine Schultern. Ich zucke unter der Berührung zusammen. Wir schweigen eine Ewigkeit, schauen auf das Meer und wandern mit unseren Gedanken die Eisstraße hinauf. Dann reckt James seinen roten Rauschebart in den Fahrtwind und sagt: »Man fühlt sich wie Kolumbus ... Weißt du, wo ich noch einmal hin möchte – zur Antarktis, da fischen jetzt einige von uns.«

Als der Nebel wieder so dick wird, daß die Eisstraße nur noch zu ahnen ist, holt uns Teichmüller. Wilhelm zahlt schon das Landgangsgeld aus. Er sitzt in der O-Messe und verteilt gegen Unterschrift pro Person und Landgangtag einen kanadischen Dollar an Mannschaften und einen Dollar fünfundzwanzig Cents an die Offiziere. Ich ahne nicht, was man dafür in Saint-John's kaufen kann. Ich bedanke mich und bestaune den Schein wie ein Glückslos der Lotterie. Bin wieder das Kind, das von der Mutter fünfundzwanzig Pfennige für den Rummel erhalten hat. 50 Pfennige waren ein Reichtum ohnegleichen, nicht wegen ihres materiellen Wertes, sondern wegen der damit verbundenen Genehmigung »Du darfst heute auf den Rummel!«

Wir dürfen an Land!

Der Dollarschein ist die Eintrittskarte für Saint-John's. Für mich und die 16 Lehrlinge und einige andere wird der Landgang auch der erste Gang in die andere Welt sein, und nachdem wir materiell ausgerüstet sind, wappnet uns der Politoffizier auch ideologisch; das heißt, wir unterschreiben ihm eine Belehrung: »Jedes Besatzungsmitglied hat sich während der Hafenliegezeit, aber ganz besonders an Land, strikt an die Normen des sozialistischen Prinzips der Ethik und Moral zu halten. Es hat jeder die Pflicht, als bewußter Staatsbürger unserer Republik aufzutreten ... Schmuggel- oder Tauschgeschäfte haben strikt zu unterbleiben ...«

Wir werden nach 50 Tagen Gefangensein zwischen Schiffswänden, Fisch, Eis und Kälte endlich die Füße wieder auf Land setzen.

Und Frauen sehen können!

Nun reden wir fast nur noch über dieses Thema. Und über Sexhefte, die in den Kaufhäusern ausliegen. Und über Pornofilme.

Wendt sagt, es sei höchste Zeit, daß wir an Land kämen. »Ich habe 100-Tage-Reisen mitgemacht, bei denen wir keinen einzigen Hafen anliefen und die Leute anfingen, die Feuerlöscher zu umarmen.«

Worauf freue ich mich am meisten? Ich bin kribblig vor Neugierde, will an dem einen Tag alles sehen, möglichst ganz Amerika in sechs Stunden entdecken, will jeden Schritt in der Stadt genießen, in jedes Geschäft hineinschauen, mich an Frauen satt sehen ...

Der Bootsmann teilt noch frische Bettwäsche aus, und am Transitshop holen sich alle – auch die Nichtraucher – vor dem Versiegeln durch den Zoll eine Stange Zigaretten. Dann steigt einer nach dem anderen zum Brückendeck hinauf, um das Land zu begrüßen.

Schweigend genießen wir den Anblick der schneebedeckten gespreizten Felsenschenkel, die weit in das Meer ragen und in deren Geborgenheit wir nun hineingleiten. Trotz der 10 Grad

Kälte beginne ich vor Aufregung zu schwitzen. Ein Fort am Eingang zur Bucht, dann riesige Öltanks, Blechbaracken, Blockhäuser, Fischerkähne und zwei Frachter, Hochhäuser, Straßenlärm, eine große, aus Felssteinen gebaute Kirche auf dem Berg über der Stadt ... Ich kann mir keine Einzelheiten einprägen, zu gierig sind die Augen. Ich schlinge alles in mich hinein.

Und dann ist es plötzlich merkwürdig still, so still, daß ich erschrecke und die Ohren schmerzen. Die Maschinen schweigen, wir haben am Kai festgemacht. Die Stille wirkt wie eine Alarmglocke, fast alle rennen nach unten, zur Gangway. Ähnliches sah ich schon in Kuhkoppeln, wenn das Gatter zur Tränke geöffnet wurde. Aber wir können nicht alle gleichzeitig an Land, sondern nur in Gruppen, immer drei Mann zusammen.

Mit mir gehen Bernd Teichmüller und Wolfgang Fuchs, der 1. Funker. Auf dem Pflaster des Kais torkle ich und habe weiche Knie wie ein neugeborenes Fohlen. Aber viel Zeit zum Akklimatisieren bleibt nicht, denn schon 300 Meter weiter stehen wir auf einer Hauptverkehrsstraße. Wie hypnotisiert starre ich auf die furchterregend schnell und laut dahinrasende Autoschlange. Denn was sich dort nebeneinander drängelnd vorwärtsbewegt, das sind nicht schlechthin Autos, diese Fahrzeuge würden man gerade in zwei Typengaragen unserer Bauart hineinpassen. Bernd zählt einige Automarken auf, aber die meisten der Limousinen kennt auch er nicht. Ich, der ich nicht viel von Autos verstehe, schaue mir die Fahrer an, doch sie sitzen genauso stur und verbissen hinter ihrem Lenkrad wie in Berlin oder Leipzig. Aber diese Straßenkreuzer, Staatskarossen, Luxuslimousinen, diese kleinen Wohnhäuser auf Rädern sind keineswegs chromblitzend und frisch poliert – was da vorbeifährt, ist meistens arg verdreckt, verrostet und durchlöchert. Sie werden wahrscheinlich mehr genutzt als geputzt. Das macht mir die Autofahrer symphatisch, ich trete mutig näher an die Kante des Bürgersteigs, so, als wollte ich – was wohl selbstmörderisch wäre – die Straße überqueren. Sofort quietscht und kreischt und scheppert es, die endlose Autoschlange steht still. Bernd, Fuchs und ich schauen uns dumm an, dann gehen wir über die Straße, obwohl wir es gar nicht wollten. Ich möchte mich bei den Fahrern bedanken, lächle ihnen zu, aber sie, die doch wegen uns gehalten haben, beachten uns nicht, schauen durch uns hindurch, als seien wir Luft. Sobald wir die andere Straßenseite erreicht haben, starten sie wie Rennfahrer und kämpfen um eine günstige Position.

Wir laufen die Water-Street stadteinwärts. Schilder an alten Häusern informieren, daß sich in dieser Gegend die Fischereibehörden, das Hafenamt, Reparaturwerkstätten, Maklerbüros und kleine Werftbetriebe befinden. Nirgendwo treffen wir Fußgänger. Wir sind die einzigen. Erst im Geschäftsviertel der Water-Street, vor dem Arkade-Kaufhaus, steigen einige Leute aus ihren Autos.

Bevor wir in das Kaufhaus gehen, stehen wir lange vor den Schaufenstern. Fuchs probiert die einzelnen Zusatzwerkzeuge einer »Black and Decker« und baut damit Schränke und Regale für seine Rostocker Junggesellenwohnung, ich koste französischen Käse, italienischen Chianti und mexikanische Pasteten, und Bernd träumt vor einem zwei Meter großen Tapetenposter von Cat Stevens. Es ist uns wie Weihnachten zumute. Und keiner will als erster in die Stube, wo Mutter die Geschenke ausgebreitet hat, wir möchten noch eine Weile die Vorfreude genießen.

Als wir dann eintreten, spielt leise Sphärenmusik, duftet es nach einem dezenten Parfüm und empfängt uns ein vom Rot zum Blau wechselndes gedämpftes Licht. Fast möchten wir glauben, daß dies alles wegen uns geschieht, und gehen geschmeichelt und genießend durch die einzelnen Abteilungen. Ich komme mir vor wie in einer Konsumgüter-Mustermesse, bestaune die unbekannten Dinge und fühle mich vollends wie im Vorzimmer zum Paradies, als ich die Verkäuferinnen sehe. Sie sind engelgleich zart und jung und lächeln uns an. Sie tragen weiße Blusen mit großem, spitzem Ausschnitt und haben, wie Fuchs sagt, keinen BH darunter. Wir wandern wie Traumtänzer durch das Erdgeschoß, fahren dann auf der Rolltreppe zum ersten Stock, auch hier Musik, Parfümduft, gedämpftes Licht und lächelnde Verkäuferinnen.

Aber noch ehe wir zu den praktischen Dingen kommen – Fuchs will sich eine japanische »Honda« zeigen lassen und Bernd die Plattenkataloge durchblättern –, rempelt uns einer aus unseren Träumen. Es ist Baby, der zusammen mit Jumbo und Widder durch das Kaufhaus bummelt. Wir begrüßen uns mit einem Jubel, als hätten wir uns jahrelang nicht gesehen und nun zufällig im »Arkade« von Saint-John's getroffen. Fuchs erzählt von seiner »Black and Decker«, der Meister von seinem Cat-Stevens-Tapetenposter, und Baby stöhnt: »Mensch Leute, ich habe bei einer Verkäuferin FAST die Brustwarzen gesehen!« Danach hätte er sich ein »Playboy«-Magazin gekauft. Ich blättere die Seiten mit den nackten Schönen durch und schaue mich dabei verschämt um, ob es auch keiner beobachtet.

Wir reißen uns los, laufen die Water-Street entlang, denn Bernd will noch in seine alte Plattenboutique, schnuppern den Duft von Pizza-Buden, chinesischen Restaurants und Snack-Bars. Wir gehen nicht hinein, wir sind schon glückselig vom Geruch. Aus einer der Hafenkneipen kommt freudig strahlend Odysseus, er hat die Münchener Bierkneipe gefunden und sich zwei »Kindl« geleistet. Er rülpst zufrieden und erzählt: »Da war eine Puppe drin, hat mich immerzu angelächelt, und FAST hätte ich mit ihr einen Schnaps getrunken!«

Wenig später treffen wir den Doktor und Karl Wilhelm. Wendt hat die Schulter des 1. Steuermanns in der Saint-John's-

Ambulanz röntgen lassen. Gott sei Dank, es sei nichts Ernsthaftes. Wilhelm ist aufgekratzt, er redet mich mit du an, erzählt, daß die Schwestern nur minikurze Kittel anhatten, und Wendt verkündet triumphierend: »Einer kleinen Drallen hab ich FAST in den Hintern gekniffen!« Nun wollen sie ins Kaufhaus, eine Bluse für die Frau vom Doktor kaufen.

Auch wir müßten langsam ans Kaufen denken. Doch bevor wir einkaufen, brauchen wir Geld, und zu Geld wollen wir kommen, indem wir den Schnaps verkaufen, den wir mit uns herumschleppen. Ich habe eine Flasche Wodka, meine Monatszuteilung für März, einstecken, Wolf eine Flasche Braunen und der Meister gar fünf Buddeln. Davon gehören ihm allerdings nur zwei, die übrigen will er gegen eine Provision von einem Dollar für den Kochsmaat, für unseren Stauer und für Schulz verkaufen, denn Bernd spricht fließend englisch. (»Wer Beat liebt, muß auch Englisch können!«)

Wir schauen vorsichtig wie Schmuggler nach Kunden aus, Fuchs versichert, daß er einen todsicheren Blick für Leute hat, die Schnaps kaufen. Der erste, den er anspricht, ist Seemann beim »Coust Cuard«, dem kanadischen Küstenschutz. Der zweite ein Priester. Wir kommen mit Belehrungen davon, und Fuchs redet nun keinen mehr an.

An einer etwas außerhalb gelegenen Tankstelle frage ich zwei junge Tankwarte, die gerade ihre Schicht begonnen haben, ob sie echten Wodka zum Aufwärmen benötigen. Sie kosten, zahlen fünf Dollar und raten uns, die übrigen Flaschen im Warteraum der Royal-Bank anzubieten, dort hätten die Leute noch Geld, und wer Geld hat, würde gern einen Schluck darauf trinken, daß es so bleibt.

Die Royal-Bank steht an der Water-Street, wir laufen sie nun zum dritten Mal entlang, schauen uns die Schaufenster noch einmal an, auf den sonst blitzblanken Scheiben der Lebensmittel-Delikateßläden glänzen Nasenabdrücke, und Teichmüller behauptet: Die stammen von Moors Fettstummel!

Noch ehe wir die Royal-Bank finden, entdecken wir eine Spielbank mit allerlei Glücksautomaten, allerdings liegt der Einsatz meist bei einem Dollar, lediglich die Horoskop-Waage spuckt schon für einen Cent jedem die persönliche Zukunftsvoraussage aus. (Wer weniger wiegt, lebt länger.) Wir leisten uns das Orakel und erfahren: Fuchs soll in der nächsten Woche keinen Streit mit einer Frau beginnen. Teichmüller wird zwischen Ostern und Pfingsten ein gutes Geldgeschäft versprochen, und ich soll mich in meinem Leben vor rothaarigen Frauen in acht nehmen.

Nur kurze Zeit vor uns hatte der Matrosenlehrling Seelig diese Waage nach seiner Zukunft befragt. Doch er konnte das auf feinstem Papier gedruckte Horoskop nicht verstehen, und erst auf dem Dampfer übersetzte ihm der Schiffsdoktor die Voraussage ins Deutsche. Doch da hatte sich die Prophezeiung schon erfüllt!

Matrosenlehrling Seelig hatte nicht sehr lange überlegt, was er für seinen Dollar kaufen sollte. Er holte sich eine schöne bunte Ansichtskarte von Saint-John's und schickte sie nach Hause, um später beweisen zu können, daß er tatsächlich in Kanada war. Dann kaufte er sich noch eine Coca-Cola. Es blieben ihm zwei kanadische Cents. Einen behielt er als Souvenir, den zweiten gab er, wie schon gesagt, auf der Horoskopwaage aus.

Als er danach mit seinem Horoskop und dem letzten Cent im Portemonnaie die Water-Street entlangspazierte, spürte er einen Druck in der Darmgegend. Fast eine Stunde irrte er, ohne eine Toilette zu finden, in Saint-John's umher. Schon halb ohnmächtig, entdeckte Seelig in der Kings Road endlich eine dunkle Ecke, wollte sich gerade hinter einen Lebensbaum hocken, doch da erschien ein Polizist. Seelig spurtete verzweifelt, nur nicht kriegen lassen, dachte er, schließlich hatte er die Unterweisung für sozialistisches Verhalten im Ausland unterschrieben, da konnte er nicht ungestraft im Park das gleiche tun, was die bärenfellzottigen Neufundländer bestimmt auch taten.

Unterhalb des Hügels entdeckte er endlich das stinkvornehme Grand-Hotel von Saint-John's, stürmte in die Vorhalle, sah die rettende Tür mit dem Schild »For man«, aber als er sie aufreißen wollte, hielt ihn eine weißbekittelte Frau zurück: »Mister, fünf Cents, please!«

Er hatte nur noch einen.

Auch sein verzweifelter Gesichtsausdruck half nichts. Geschäft ist Geschäft! Da blieb für den Matrosenlehrling nur noch eine Möglichkeit: der heimatliche Dampfer …

Er erreichte ihn mit Müh und Not. Als der Doktor ihm sein Horoskop (»In allernächster Zeit erwartet Sie ein glückliches Ereignis«) übersetzte, war es schon in Erfüllung gegangen …

Auch wir haben Glück, in der Royal-Bank werden wir wahrhaftig unsere übrigen Schnapsflaschen los, zwar steht der Kurs hier nur auf vier Dollar pro Flasche, aber das ist uns gleich, und mit Was-kostet-die-Welt-Blick starten wir zum Einkauf. Teichmüller meint, in den Seitengassen der Water-Street würden wir besser und billiger kaufen. Wir wollen an einer Kreuzung auf eine Autolücke warten, um über die Straße zu kommen, doch ein Polizist, der dort steht, eilt sofort auf die Kreuzung, stoppt den Verkehr und winkt uns hinüber. Er lächelt dabei, und wir schauen unsicher an uns herauf und hinunter – nein, wir sehen wie gewöhnliche Sterbliche aus …

Beton- und Ziegelhäuser, wie in der Water-Street, findet man in den Seitengassen selten, hier ist alles aus Holz, ein- und zweistöckige Blockhäuser, sich gegenseitig den Platz streitig machend, aufeinanderhockend, in die Höhe gebaut und Starkästen ähnelnd. Gelbe, grüne, braune, hellblaue, rote und dunkelblaue. Sie machen den langen kanadischen Winter farbiger. Die kleinen Fenster sind nicht gardinenverhangen, man kann die Leute beim Fernsehen beobachten. Vor den Häusern, meist auf der rechten Straßenseite, stehen dunkelbraune Holzmasten für die Stromleitungen. Auf der Water-Street, dort reichten die Masten kaum bis zum ersten Stock des Betonklotzes von IBM, konnte ich sie nicht einordnen, hier vor den Holzhäusern weiß ich, woher ich sie kenne: aus alten Western. Im Viertel der Holzhäuser finden wir viele der von Teichmüller gepriesenen kleinen Kramläden. Hier kann man teure neue amerikanische Jeans mit Abtrageeffekt kaufen und billige, schon tatsächlich getragene, hier bekommt man indische Umhängetaschen, HJ-Dolche, Palästinensertücher, original amerikanische funktionstüchtige Handschellen, Tonbandkassetten aus Hongkong, Glasschmuck aus Jablonec, chinesische Arbeitsanzüge, deutsche Schlachtschiffe zum Nachbauen, nachgemachte russische Ikonen, mongolische Ledermäntel...

Fuchs möchte alte Gläser kaufen, doch als man ihm Marmeladen-Schraubgläser, wie sie bei uns noch benutzt werden, für drei Dollar das Stück und Tintenflaschen für zwei Dollar als Antiquitäten anbietet, erlischt sein nostalgisches Interesse. Bernd dagegen wühlt fast zwei Stunden in den Regalen einer alten Plattenboutique und kommt dann strahlend mit einem Stapel Platten heraus. Der Meister ist glücklich.

In den Seitenstraßen stehen, halb eingeschneit, viele der verdreckten, verrosteten und zerlöcherten Straßenkreuzer. Hinter den nicht geputzten Windschutzscheiben hängen Zettel mit der Aufschrift »For sale« – zu verkaufen. Manche Cadillacs sind schon für 100 Dollar zu haben.

Teichmüllers Glückseligkeit steckt an, schwatzend und lachend marschieren wir durch Saint-John's, und als wir wieder am Polizisten vorbeikommen – der sofort trillert und für uns die Straße freigibt –, werden wir übermütig und fragen ihn, wo es in Saint-John's ein »Haus für öffentliche Frauen« gibt. Der Polizist grinst breitmäulig und erklärt uns, daß wir die

Water-Street entlanggehen müssen, bis wir zu einem Ziegelhaus kommen. Im Haus seien sie jedoch teurer, es streunten auch welche auf der Straße, die würden es billiger machen.

Auch mit Extras? fragt der Funkoffizier fachmännisch.

Wenn ihr es bezahlt, auch mit Extras, sagt der Polizist und warnt uns noch dienstlich vor ansteckenden Krankheiten.

So sind wir also FAST bei den »öffentlichen Frauen« von Saint-John's gewesen.

Hinter dem Viertel der alten Holzhäuser klettert die Stadt bergauf, uns fällt das Steigen schwer, doch von oben sieht man das Meer, den Hafen und unseren Dampfer. Aus der Kombüse steigt Qualm, garantiert brutzelt der Koch schon die Abendbrotschnitzel. Dieser Anblick lohnt die Mühen.

Die Häuschen hier oben stehen in gepflegten Parks, daneben Swimmingpools, Golfplätze. Während wir den Reichtum bestaunen, haben wir den Buckel des Berges überquert, sehen vor uns ein Tal. Auf der anderen Seite liegt der neuere Teil von Saint-John's, eine Betonstadt. Wir wollen die kilometerlange, breite Brücke hinüberlaufen, doch vor der Brücke in die Satellitenstadt thront ein auch für Ausländer unverkennbares Verbotsschild: ein durchkreuzter Fußgänger!

Fahrverbote kenne ich von zu Hause, aber Gehverbote mitten in der Stadt? »So eine verkehrte Welt«, sagt Teichmüller und macht kehrt. Den Berg wieder hinunter. In einem Uhrengeschäft in der Queenstreet will Fuchs schauen, ob es eine billige Kette gibt. Theo Hamelmann heißt der Besitzer, das klingt deutsch, und er spricht auch deutsch. Er sieht stämmig wie ein Schwergewichtsboxer aus, nur das linke, vom Dazwischenklemmen der Lupe heruntergerutschte Augenlid, verrät den Uhrmacher. Es sei selten, daß sich ein fremder Deutscher in sein Geschäft verirre, sagt er und erzählt unaufgefordert, wie er nach Saint-John's kam.

Herr Hamelmann stammt aus einer kleinen Stadt in der Nähe der holländischen Grenze. Seit er die Bombenangriffe des zweiten Weltkrieges erlebt hat, wird er die Angst vor dem Krieg nicht mehr los, sagt er. Und deshalb wäre er 1951 nach Neufundland ausgewandert.

Hier würde sich keiner um Politik kümmern, hier sei man sicher vor dem Krieg, hier könne jeder in Ruhe leben und sich etwas schaffen. Er, beispielsweise, hätte in einem Holzhaus begonnen, und heute wohne er in einer Villa, und sein Grundstück sei so groß, daß er sich einen stärkeren Wagen mit Schneepflug kaufen mußte, um einen Weg bis zur Straße freizuräumen. Ab und zu fährt er zum Urlaub in die Bundesrepublik, und täglich bekommt er mit nur zwei Tagen Verspätung »Die Welt« zugeschickt.

Ich frage ihn, ob es stimmt, daß in Saint-John's schon öfter DDR-Hochseefischer von BRD-Agenten abgeworben wurden.

Das weiß er nicht, im Klub der deutschen Einwanderer hätte man davon nichts erzählt, und politische Fragen würden ihn nicht interessieren.

Wir wünschen ihm, daß in Saint-John's heuer wenig Schnee fällt. Eine Kette kaufen wir nicht.

Nur Bernd hat bisher alle seine Dollars ausgegeben, doch kurz vor dem Hafen finden auch Fuchs und ich noch einen »Traumladen«. Man riecht ihn schon drei Häuser vorher. Im Flur hängen Dutzende Plakate, Mitteilungen und handgeschriebene Zettel: Einladungen für den Golfklub, den Herrenverein und die Fischerei-Gewerkschaft, ein Aufruf zum Meeting »Südafrika – wir fordern Frieden und Rekonstruktion« sowie zur Versammlung der Verbraucher »Protest gegen die Alkohol-Luxussteuer«. Flugblätter für eine Demonstration zum Schutz der Robben und dazwischen ein amtliches Schreiben:

»Mahnung an arbeitslose Arbeitnehmer! Wenn Sie ein Jahr lang ohne Beschäftigung sind und weiterhin staatliche Unterstützung beanspruchen wollen, sind Sie verpflichtet, Ihr Auto abzumelden und das polizeiliche Kennzeichen im Polizeipräsidium zu hinterlegen. Nur mit dieser Bescheinigung der Polizei erhalten Arbeitslose weiterhin Unterstützung für Heizkosten und Miete…

Die Arbeitslosen als Fußgänger in dieser autobessenen Stadt.

Und wie kommen sie über die Brücke hinüber in die neue Stadt?

Die Schnapsdollars reichen Fuchs und mir, in dem kleinen Laden alle unsere Wünsche zu erfüllen. Was hier in Säcken, Tüten und Schubladen verpackt ist, braucht keine Reklame. Mir läuft sofort das Wasser im Munde zusammen, die Augen tränen, und die Nase beginnt zu tropfen. Roter Chili und Kurkuma aus Indien, mexikanischer Pfeffer, Oregano, Knoblauchpulver und hundert andere Gewürze stehen in den Regalen, dazu in grünen Flaschen und Gläsern: Muscheln, Oliven, Paprikafrüchte, Pilze, Vanillestangen, Angostura…

Ich schnuppere an allen möglichen Tüten, Säckchen und Schächtelchen, bis ich nicht einmal mehr Koriander von Thymian unterscheiden kann. Die zwei jungen Verkäuferinnen und der Besitzer – ein vor dem Krieg eingewanderter Pole – freuen sich über unser »Ah« und »Oh« und unsere tränenden Augen. Wir schenken ihnen Zigaretten, und sie bedanken sich mit zwei Pfund Nüssen in Seesalz. Eine von den beiden Mädchen hat Biologie studiert, aber nach dem Studium war keine Stelle frei, deshalb verkauft sie nun Gewürze. Wir bleiben bis Ladenschluß und müssen dann leider rennen, um pünktlich auf dem Dampfer zu sein.

Am nächsten Tag gibt es keinen Landgang mehr, wir übernehmen von einem Gemüsehändler nur noch frische Weintrauben, Blattsalat, Pfirsiche, Birnen, Aprikosen und Erdbeeren und werden mittags wieder auslaufen.

Niemand von der Mannschaft mault, wir sind zufrieden und pflastermüde, haben Muskelkater in den Beinen wie nach einem 50-Kilometer-Eilmarsch, trinken Unmengen Kaffee und sitzen und quatschen, erzählen, was wir alles erlebt und was wir FAST erlebt haben.

Wir sind so vertieft in die Landgang-Geschichten, daß wir nicht einmal bemerken, in welch vornehmen langen Kleidern Kriemhild und Monika, unsere beiden Stewardessen, frisch frisiert und duftend, die Gänge entlangtrippeln. Erst als sie in der Messe nicht bedienen, werden wir stutzig.

Heute ist der 8. März – der Internationale Frauentag. Auch auf unserem Dampfer in Saint-John's. Während unseres Hochseefischerkurzlehrgangs in Rostock hatte uns Neueinstellungen niemand gesagt, ob wir Pudel und Pullover nach Labrador mitnehmen müssen. Statt dessen wies man uns an, ein weißes Hemd und Schlips einzupacken, um den Frauentag an Bord würdig feiern zu können.

Von den Produktionsarbeitern hat keiner Schlips und Anzug mitgenommen. Nur der Kapitän und der Politoffizier schmeißen sich in Schale und geben einen Empfang für Kriemhild, die O-Stewardeß, und Monika, die Mannschafts-Stewardeß. Sie sind heute von Servieren, Saubermachen und Abwaschen befreit. Das besorgen an diesem Tag die Männer und erledigen damit für den Rest des Jahres die Hausaufgaben in Gleichberechtigung.

Wir sitzen inzwischen bei Opa und gedenken der Frauen zu Hause. Jumbo sagt: »Was würdet ihr machen, wenn ihr zurückkommt und die Alte hat einen anderen und vielleicht sogar euer sauer verdientes Geld mit ihm durchgebracht?

Für diese Frage, die an die Urängste der meisten Seeleute rührt, hätte Jumbo an jedem anderen Tag eins draufbekommen; am Ehrentag der Frauen toleriert man sie.

Opa sagt: »Ich würde eine Säge nehmen und all den Klunker zu Hause schön quer, nicht längs, durchsägen: Bett, Tisch, Schrank, Sessel ...«

Und Widder sagt: »Mich besaufen und mit dem nächsten

Dampfer an den Südpol und von dort aus die Scheidung einreichen ...«

Der Empfang beim Kapitän scheint lustiger als unsere Kammerrunde gewesen zu sein, denn Kriemhild und Monika sind beschwipst, bekommen auf den Gängen Küßchen und zieren sich nicht. Die korpulente, sehr mütterlich aussehende Kriemhild zeigt überall stolz ihr Buch, das sie vom Politoffizier erhalten hat und das wahrhaftig »Die Milchfrau« heißt. Wenn einer von uns meint, das passe zu ihrer Ammenbrust, erklärt sie empört, es habe nichts mit ihrer Brust zu tun, die Schiffsleitung hätte ihr das Buch geschenkt, weil sie von Beruf Molkereifacharbeiter sei. Da lachen die Matrosen noch lauter.

Bevor sie zur See fuhr, arbeitete Kriemhild in der Molkerei Neubrandenburg. Eine Freundin hatte ihr damals erzählt, daß man als Stewardeß auf einem Fischdampfer viel Geld verdient, sogar Devisen, daß man ein Stück von der Welt sieht und daß auf solch einem Kahn rund 80 – oft unverheiratete Männer hundert Tage ohne Frau leben müssen. Kriemhild kündigte in der Molkerei, bewarb sich beim Fischkombinat, aber ihre Kolleginnen warnten sie, das sei ein rauhes Leben auf solch einem Schiff. Da sagte die Kriemhild: »Ich habe es geschafft, daß unser immerzu betrunkener Meister in der Molkerei abgesetzt wurde, da werde ich doch mit den Kerls auf dem Dampfer fertigwerden.«

Ein Jahr nach ihrer ersten Reise bekam sie ein Kind. Wer der Vater ist, darüber spricht sie nicht. Als der Kleine fünf Monate alt war, gab sie ihn in ein Kinderheim und fuhr wieder zur See. Fragt man sie danach, verteidigt sich die sonst ruhige Kriemhild sehr leidenschaftlich: »Ihr Herren der Schöpfung fahrt doch auch wieder, wenn ihr ein Kind gemacht habt. Ihr verzichtet auf nichts, aber wehe, eine Frau hat ein Kind und will dann wieder raus auf See und der liebe Ehemann müßte mit dem Kind allein zu Hause bleiben, das gibt's in der ganzen

Flotte nicht. Und ich kann auch nur fahren, weil ich noch keinen von euch am Halse habe …«

Nach dieser Reise will Kriemhild aufhören, zu Hause bei ihrem nun fast drei Jahre alten Jungen bleiben, sich in der Molkerei zum Meister qualifizieren und die Tütenmilchabteilung übernehmen.

Das Leben auf dem Dampfer ist für uns 79 Männer nicht sehr leicht, aber für die beiden Frauen ist es schwer. Ich habe nie mit ihnen über ihre Probleme gesprochen, wahrscheinlich tut das auch kein anderer. Weinen sie nachts in ihre Kissen? Sehnen sie sich nach Zärtlichkeit?

Anläßlich unserer Frauentagscoffeetime erzählt Widder (zum dritten oder vierten Mal) die »ungeheuerliche Geschichte« von den beiden Stewardessen, die auf der vorhergehenden Reise mitfuhren.

Sie waren jung und schön, aber schon verheiratet. Und sie taten nach der Meinung von Opa, Widder, Baby, Jumbo, Matscher und der anderen Alten etwas Verdammungswürdiges: Sie verliebten sich in zwei Produktionsarbeiter. Und als sie sich trotz vieler Aussprachen immer wieder in die Kojen der beiden Produktionsarbeiter legten (die ihre Schichten in der Verarbeitung schon nicht mehr durchstanden), Brotwein für ihre Feiern ansetzten und eine von ihnen aus Liebeskummer einen Selbstmord versuchte, schickte man sie mit dem nächsten entgegenkommenden Trawler nach Hause.

Jumbo bezeichnet sie als unmoralisch, geil und lasterhaft.

Opa meint, solche Hummeln dürfe man gar nicht auf einen Dampfer herauflassen.

Und Widder empört sich, daß sie kein Schamgefühl gehabt hätten und nicht wußten, was sich für eine Frau gehört.

Und wir trinken ein Glas nach dem anderen auf das Wohl der Frauen zu Hause.

Ich trinke, bis plötzlich in meinem Glas der grüne Fisch mit den blauen Augen schwimmt. Und auf einmal – ich weiß nicht, ob ich die Bitte ausgesprochen oder nur gedacht habe – fahre ich mit einem Fischdampfer, der genauso aussieht wie unserer, doch er heißt nicht »Bertolt Brecht«, »Erich Weinert«, »Hans Fallada«, »Ludwig Turek« oder »Willi Bredel«, sondern »Brigitte Reimann«, und auf ihm arbeiten außer mir nur Frauen. Wir sind schon einige Wochen unterwegs, und ich habe den Wunsch, endlich wieder mit einer Frau schlafen zu können.

Und die Frau Kapitän ist jung und trägt die langen bis zum Po reichenden blonden Haare immer offen, und die anderen sind auch nicht älter als vierzig, die meisten knapp zwanzig. Und der Wohntrakt des Schiffes duftet nach ihrem Schweiß und ihrem Parfüm. Und wenn sie, nur ein Handtuch um die Hüften, vom Duschen kommen, fragen sie: »Na Kleiner, sollen wir dir den Rücken waschen?« Und während sie beim Essen sitzen und ich sie bedienen muß, starren mir einige auf die Hose.

Und die schwarzhaarige unverheiratete Funkoffizierin bringt mir manchmal den Kuchen an das Bett. Und die dreißigjährige geschiedene Produktionsarbeiterin zwickt mich lachend in den Hintern und sagt, ich soll mich nicht so haben, ein Mann würde das doch brauchen ... Und ich muß mich wegen der Moral und der Treue und dem Gerede noch vierzig oder fünfzig Tage, bis wir endlich zu Hause sind, beherrschen.

Der grüne Fisch errettet mich aus der Sexualnot und bringt mich vom Frauendampfer herunter, setzt mich irgendwo an Land in eine Kneipe. Widder und Jumbo und Opa und Baby hocken mit mir am Stammtisch, und ich erzähle ihnen von meiner Reise mit den achtzig Frauen.

»Und nichts war«, sagt Widder ungläubig.

»Nichts war«, sage ich.

Der schläfrige Jumbo schlägt sich vor Vergnügen auf die Schenkel und brüllt: »Ein Dampfer voller Weiber und du Idiot spielst den Eunuchen!«

Und Baby zeigt nur einen Vogel und sagt, es sei lächerlich, was ich ihnen da erzählen würde, auch wenn man zehnmal verheiratet sei, so eine Chance müßte man nutzen, ja es wäre meine Pflicht gewesen, mich um die Frauen zu kümmern, die hundert Tage allein und ohne Mann auf dem Dampfer fahren. »Jede, die gewollt hätte«, versichert Widder, »das ist doch Ehrensache ...«

Sie amüsieren sich nicht mehr über mich, sie werden plötzlich bösartig, bezweifeln meine Potenz, nennen mich einen Versager, solche wie ich würden die Autorität des Mannes untergraben ... Ich fürchte, daß ich Schläge bekomme und bitte den grünen Fisch, Schluß zu machen.

Jumbo holt eine neue Flasche für unsere Frauentagscoffeetime. Ich kann wieder einigermaßen klar sehen. Widder beendet mit einem »Grundsatzurteil« die Diskussion über die Liebesabenteuer der zwei verheirateten Stewardessen während der letzten Reise: »Die waren doch schlimmer als Nutten, kein bißchen Moral hatten sie, wußten nicht, was sich für eine anständige Frau gehört ...«

Und wir stoßen auf das Wohl der Frauen zu Hause an.

Und Kriemhild und Monika bekommen heute Küßchen, während einige von uns Männern in der Kombüse den Abwasch erledigen.

Wir beenden unseren Frauentagsumtrunk erst, als alle Flaschen – es waren die Restposten vom Verkauf in Saint-John's – leer sind und uns James Watt sagt, daß die Winde schon Probe läuft.

Die Winde funktioniert wieder, die kanadischen Schlosser haben Tag und Nacht schnell und sauber gearbeitet. Bevor sie sich verabschieden und in ihre am Kai parkenden Straßenkreuzer steigen, schenkt der Chief jedem eine Platte gefrostetes Fischfilet.

Sie bedanken sich minutenlang. Und das ist keine Heuchelei, denn in Saint-John's kostet ein Kilo Fischfilet schon fast drei Dollar. »Bald wird man Fisch mit Gold aufwiegen«, sagt einer der Kanadier.

Wir begutachten inzwischen unsere Einkäufe. Die meisten packen Beat- und Countryplatten aus, Moor präsentiert original amerikanisches Wellensittichfutter, Widder einen Anker mit Gruß aus Saint-John's für die Ausgestaltung seines neuen Hauses. Baby hat sich grellbunte T-Shirts im Partner-Look gekauft und Odysseus einen Bierkrug mit Abziehbild von der Krönungsfeier der englischen Königin.

Während wir alle Anschaffungen beschnuppern und beschwatzen, gleitet unser Schiff langsam wieder aus dem Schutz der schneebedeckten, tief ins Meer ragenden und weit geöffneten Felsenschenkel von Saint-John's.

Der Atlantik, der Nebel und der Sturm hat uns wieder.

Und bald auch der Fisch.

Coffeetime 10
James Watt, der E-Meister, erzählt von einer »Alkoholverlobung«

Die Alkoholration von sechs Flaschen Bier pro Woche sowie zwei Flaschen Wein und einer Flasche Schnaps im Monat ist für manche natürlich viel, viel, viel zuwenig. Also setzt man Brot- und Reiswein an – erwischen darf man sich dabei nicht lassen –, oder die Leute schicken von zu Hause in Konservenbüchsen getarnte harte Sachen. Einen guten Trick hatte auch mein E-Assi, mit dem ich vor einiger Zeit gefahren bin. Um eine Ladung Alkohol außer der Reihe zu kriegen, beschloß er, sich mit einer der beiden Stewardessen auf dem Dampfer zu verloben.

Mein E-Assi sucht verwendbares Messing, findet Messing, dreht Messing, poliert Messing und steckt seiner Braut und sich mit großer Zeremonie die »goldenen Ringe« an. Der Kapitano glaubt die Sache und spendiert einen milden Posten Alkohol, um den Verlobungstag würdig zu begehen.

Kurz vor dem Einlaufen in Rostock entlobten sich mein E-Assi und die Stewardeß wieder. Erst guckte der Kapitän ein bißchen schräg, dann grinste er und verteilt seitdem Extrarationen nur noch bei Eheschließungen.

Coffeetime 11
Edgar, der Funker, erzählt, wie der Chefkoch der »Gotha« in Murmansk die deutsch-sowjetische Freundschaft vertiefen wollte

Dem Koch mußte im sowjetischen Nordmeerhafen der Blinddarm herausgenommen werden. Die Operation ging glatt über den Tisch, nach wenigen Tagen lief unser Mann wieder herum. Man verwöhnte ihn, seine Zimmergenossen teilten Kuchen und Konfekt mit ihm. Am aufmerksamsten jedoch versorgte ihn eine Krankenschwester, und er fand bestätigt, daß auch im kalten Murmansk die deutsch-sowjetische Freundschaft eine Herzenssache ist.

Als er schon wieder Ausgang hatte, sage die Schwester mit vielversprechendem Augenaufschlag, er könne sie auch zu Hause besuchen, sie wohne allein, und ihr Dorf sei nur drei Eisenbahnstationen von Murmansk entfernt. Der Seemann, hocherfreut über die bevorstehende weitere Vertiefung der Freundschaft zur Sowjetunion, machte sich also während seines vierstündigen Ausgangs auf die Drei-Stationen-Reise. Als der Zug nach einer Stunde noch nicht gehalten hatte, fragte er besorgt, ob er im richtigen Zug säße. Die Mitfahrenden nickten. Nach drei Stunden erreichte der Zug die erste Station. Spät in der Nacht hielt der Zug endlich auf dem dritten Bahnhof. Der Rostocker Seemann stieg als einziger aus. Die Lok pfiff, und danach war alles dunkel. Der Schnee lag höher, als der Seemann seinen Am recken konnte. Lange irrte der Koch durch die schmalen Gänge. Endlich fand ihn der Bahnhofsvorsteher. Der erschöpfte Blinddarmpatient machte diesem klar, daß er ein Seemann aus der befreundeten DDR sei und seine Krankenschwester, die hier wohne – er zeigte die Adresse –, besuchen wolle. Da kochte ihm der Bahnhofsvorsteher Tee und telefonierte. Wenig später erschien die Miliz und brachte den Seemann zur Aufklärung des Sachverhalts in sichere Verwahrung. Am nächsten Tag wurde ein Dolmetscher geholt, und der Hochseefischer erzählte die Geschichte noch einmal. Er habe die deutsch-sowjetische Freundschaft vertiefen wollen.

Die Miliz telefonierte mit dem DDR-Konsulat und ließ den Verwahrten laufen. Allerdings nicht in die Richtung der Krankenschwester, denn man hatte ihm vorher unmißverständlich gesagt, diese Frau könne er nicht besuchen, er müsse das verstehen, sie arbeite zwar ordentlich, aber nun ja ... ihr Mann sei eben nicht oft zu Hause, er wäre ein Seemann ... ein Hochseefischer.

Die Miliz brachte den Koch vorsorglich bis zur Eisenbahn ...

Tage ohne Fisch

Wir dampfen nicht zum alten Fangplatz zurück, sondern zu einem südlicher gelegenen Gebiet, in dem wir Rotbarsch fangen wollen.

Wilhelm hat den ersten Hol, und alle von der Freiwache stehen auf Deck, um das prallgefüllte rote Netz zu sehen, das er an Bord ziehen wird. »Hier kenne ich mich aus, hier weiß ich, wo der Rotbarsch weidet«, hatte er vor dem Hieven verkündet. Als die Winde endlich zu jaulen beginnt, läuft er wie ein eingesperrtes Tier im Trawlbrückenraum herum und wikkelt sich eine Haarsträhne nach der anderen um den Zeigefinger.

Die Möwen sehen unser Rotbarschwunder zuerst, sie machen kehrt und fliegen beleidigt zum nächsten Dampfer …

Ähnliches ist schon jedem Kapitän und Steuermann passiert. Der Kapitän der »Weinert« beispielsweise hatte die Mannschaft auf Deck antreten lassen, sie sollte seinen Riesenfang bewundern, denn die Fischlupe zeigte Schwärme an, so dicht wie Wasserflöhe im Aquarium. Als das Netz oben lag, zählte man 37 Fische. Der Windenfahrer lachte als erster, dann hielten sich alle die Bäuche. Nur der Kapitän lachte nicht, er befahl: »Lachverbot auf dem gesamten Dampfer!«

Wilhelm geht wütend, seine kranke Schulter hochziehend, nach vorn auf die Brücke. Zweimal versucht es der Kapitän, doch auch er fängt nichts. Schließlich holt Wilhelm zwanzig Zentner hoch. Ein Matrosenlehrling fragt ihn: »Na, Steuermann, hat der Rotbarsch uns endlich gefunden?«

Da flucht Wilhelm so gotteslästerlich, daß die Lehrlinge erschrecken und die Matrosen still in sich hineingrinsen.

Die Alten sagen »Rotärsche« zu den stachligen, hartschuppigen Fischen. Diese zappeln zwar nach dem Hieven noch, aber der Tod hat sie schon gezeichnet: Ihre Glotzaugen sind durch den Druckunterschied beim Hieven aus dem Kopf herausgedrückt worden. Auch die Schwimmblasen und manchmal sogar die Mägen hängen ihnen aus den Mäulern. Mit möglichst einer einzigen Handbewegung schneiden wir ihnen den Kopf ab und den Bauch auf und sortieren die »parasitären« Fische aus. Das sind Rotbärsche mit dunklen Flecken im Fleisch, aus denen Parasiten wuchern: an Schnüren hängende, reißzweckengroße Auswüchse, die Siegeln oder Orden ähneln.

Außer auf Parasiten haben wir auf die Stacheln der Rotbärsche zu achten, die nicht nur stechen, sondern auch mit Bakterien infizieren können, von denen einem die Hände zu Boxhandschuhen anschwellen. Früher stand im Verarbeitungsraum ein Faß mit Wasserstoffdioxyd. Wenn man sich gestochen hatte, steckte man den Finger dort hinein, und die derart behandelte Wunde entzündete sich nicht. So einfach war das. Heute spritzt der Doktor Penicillin. Aber erst, wenn die Entzündung akut ist.

Wir acht Fischschlachter stehen uns an der Hackwanne gegenüber, jeder kann jeden beobachten, und wenn wir die geköpften Fische auf das Transportband über der Wanne schmeißen, spritzen wir uns den Fischdreck und die Schuppen gegenseitig ins Gesicht. Mützen gehören zwar zur Arbeitsschutzbekleidung, aber sie waren in Rostock nicht am Lager. Um mir nicht nach jeder Schicht die Haare waschen zu müssen, frage ich Kriemhild, ob sie mir ein Kopftuch borgt. Sie gibt mir ein grünes aus Seide, das ich zum Gaudi der Brigade um den Kopf binde. Nun rufen sie mich Oma …

Unsere Arbeit ist jetzt nicht mehr wie bei der Kabeljauschlacht von der Filetiermaschine abhängig, nur Kondition und Geschicklichkeit entscheiden über die Tonnen von Fischen, die wir in jeder Schicht köpfen und in die Frostschalen packen. Vor dem Arbeitsbeginn sagt uns Teichmüller, wieviel Kartons mit gefrostetem Rotbarsch die Leute von Schulz geschafft haben. Das ist unser Richtwert in den sechs Stunden, den versuchen wir zu überbieten, denn keine Brigade will die »Rentnergang«, die »Urlaubertruppe«, die »Aufschießercrew« sein.

Für diesen Wettbewerb haben sich die Fischverarbeiter eine neue Wahlfunktion geschaffen: den Hackwannenpolitnik. Dieser Hackwannen-Funktionär hat keine Vorrechte, er wird für keine Schulung, keine Versammlung, keine Agitbelehrung und keine Berichterstattung von der Arbeit befreit.

Als wir nur noch mit sieben Kartons hinter der Brigade von Schulz zurückliegen, sagt Opa: »Wir brauchen einen Hackwannenpolitnik.« Er zeigt auf mich. Matscher schlägt Jumbo vor. Bei der Abstimmung hat Jumbo eine Hand weniger.

Opa erklärt mir die Aufgaben des Hackwannenpolitniks in einem Satz: »Wenn wir mehr Kartons als die Schicht von Schulz schaffen, bist du ein guter Funktionär.« Kein anderes Kriterium zählt für mich. Weder Berichte über das kulturelle Leben der Brigade noch Selbstverpflichtungen über Einhaltung des Arbeitsschutzes, noch Widders Teppich-Knüpfleistungen, Jumbos Fotozirkelarbeit, Teichmüllers Tätigkeit als FDJ-Vorsitzender. Nichts zählt, nur gefrosteter Rotbarsch ...

Während der ersten Schicht als Hackwannenpolitnik erzähle ich Witze. Sexuelle und Politische. Da ziehen wir mit Schulz gleich.

Am zweiten Tag hilft mir Widder bei meiner Aufgabe, er schlägt vor, daß wir den Fischköppen, Sachsen und Sandhasen aus der Brigade eine Lektion in Sachen Thüringer Sangesfreudigkeit erteilen. Wir beginnen mit der Suhler Nationalhymne, dem Rennsteiglied, und als die Leute von Schulz zur Ablösung kommen – wir schmettern gerade »Freude, schöner Götterfunken« –, glauben sie, daß uns der Fischkoller gepackt hat. Aber zum ersten Mal liegen wir mit drei Kartons vor ihnen.

In jeder Schicht schaukeln wir nun die Leistungen höher. Und Teichmüller spendiert uns seine Monatsration Bier.

Der Wettbewerb – wir halten immer noch einen knappen Vorsprung vor Schulz – wird erst unterbrochen, als sie oben nicht mehr soviel fangen, wie wir unten in sechs Stunden schlachten könnten. Manchmal haben wir schon nach der halben Schicht Feierabend. Und schlafen und knüpfen und lesen. Das tut gut.

Aber dann wird es unruhig auf dem Dampfer. Drei Tage lang holen die Matrosen nur Schlamm und Steine aus dem Netz. Der Kapitän hat Flecken im Gesicht, lächelt nicht mehr, läuft eiliger als sonst die Gänge entlang, und seine Nase ist weiß und spitz. Wilhelm sieht zum Fürchten aus. Er leidet nicht nur an den Schmerzen in seiner Schulter.

Am ersten Tag ohne Fisch schlafe ich zwanzig Stunden, am

zweiten Tag ohne Fisch schlafe ich zwölf Stunden, am dritten Tag ohne Fisch liege ich schlaflos auf meiner Koje. Ich weiß nichts mit mir anzufangen, habe keine Lust zum Schreiben und keine Neugierde zum Fragen.

In den zwei Monaten spürte ich an vielen Tagen die Grenzen meiner Kondition, war ich Widder, Baby, Odysseus und den anderen unterlegen. Das ist normal …

Ich war in meinen Kinderträumen oft mit alten Segelschiffen über die Meere gefahren, hatte neue Länder entdeckt, wurde in allen Zeitungen genannt. Später lief ich Weltrekorde und wurde Olympiasieger über 5 000 und 10 000 Meter. Während der Zeit meiner ersten Liebe stellte ich mir vor, daß ich ein von mir heimlich angebetetes Mädchen aus Bergnot rettete und dabei selbst abstürzte oder daß ich sie aus den Händen von Gangstern befreite, tödlich verwundet wurde und in den Armen des mich nun abgöttisch liebenden Mädchens starb. Bei diesen und anderen Heldentaten, die ich in meiner Phantasie vollbrachte, stimmten Aufwand und Anerkennung immer überein. Nie betrachtete das Mädchen, für das ich mich opferte, meine Tat als etwas Selbstverständliches oder ließ mich gar unbeachtet sterben und liebte einen anderen …

Hier auf dem Dampfer aber lobt mich keiner für meine Arbeit als Fischschlachter – diese Arbeit ist das Alltägliche, das keine besondere Anerkennung verdient.

Ich hieve mich aus der Koje, um mir für mein Aprilticket eine Flasche Rum zu holen; doch wir haben nur Weißen und Braunen mit. »Was ist das für ein Dampfer, auf dem es nicht einmal Rum gibt!« fauche ich den 3. Steuermann an, der den Transitshop verwaltet. Und überhaupt, diese idiotische Alkoholkontingentierung, monatlich eine Flasche Schnaps und zwei Flaschen Wein und keinen Tropfen mehr! Dabei könnte man jeden Tag eine Buddel gebrauchen …

Ich ziehe den Vorhang vor der Koje zu. Der braune Malimostoff ist mit roten orchideenartigen Blüten und grünen Tabaksblättern bedruckt.

Mir dröhnt der Kopf.

Seit kein Fisch da ist, sitzt Roland am Bullauge. Ihm gegenüber am Schott hängt eine Zielscheibe, und mit dem Gleichmaß einer Maschine schleudert er einen Wurfspieß nach dem anderen auf die zehn Ringe.

Zielen, werfen, aufstehen, zwei Schritte nach vorn, Wurfspieß herausziehen, zwei Schritte zurück, setzen. Zielen, werfen ...

Tak ... tak ... tak ...

In jeder Minute dreimal.

Er lächelt dabei, ist ruhig und entspannt.

Tak ... tak ... tak ...

Ich springe aus der Koje, zerre Roland vom Stuhl, beutele den völlig verdutzten Lehrling und reiße die Zielscheibe vom Schott.

Danach hole ich zwei Gläser und fülle sie randvoll.

»Entschuldige!«

Nun ist mir wohler.

Habe ich den Polarkoller?

Ich schlage in meinen Aufzeichnungen über Seefahrt und Fischfang im Nordatlantik nach. Henry Hudson beschreibt den Polarkoller in Ortwin Finks Buch »Auf dem Kurs der Raben« folgendermaßen: »Manche werden vom Polarkoller schwermütig oder apathisch, andere dagegen gereizt und unzufrieden. Dieser speziellen Unzufriedenheit schreibt man es zum Beispiel zu, daß so viele Arbeiter im Norden der nördlichen Länder den kommunistischen Parteien angehören, obwohl sie hohe Löhne, Kältezulagen, Zusatzernährung mit Vitaminpillen, hervorragend beschaffene Freizeitmöglichkeiten und alle Segnungen der Zivilisation haben ...«

Nein, diese Art »Polarkoller« habe ich nicht, den kriegt wahrscheinlich auch keiner auf unseren Dampfern, denn diese

»Krankheit«, die Hudson meint, befällt nicht nur Isländer und Norweger, sondern auch die Arbeiter in Italien und Südfrankreich ...

Vielleicht habe ich den Ohne-Fisch-sein-Koller, den Feiertagskoller – keine Arbeit und zuviel Zeit zum Grübeln.

Und die Flasche Wodka wird nicht lange reichen.

Besonders für die Tage ohne Fisch gibt es auf jedem Rostokker Fischdampfer eine »umfangreiche kulturell-materielle Basis für die Befriedigung von Freizeitbedürfnissen«. Dazu gehören Tischtennis und Volleyball (die aber nur während ruhiger See, schönem Wetter und fischloser Zeit auf dem Fangdeck gespielt werden können), Halma, Dame, Mühle, Mensch-ärgere-dich-nicht und Schach (die gefragtesten Gegner sind Neueinstellungen und Lehrlinge, denn die Alten kennen längst jeden Trick), das Fotolabor und die Bordbibliothek in der Offiziersmesse.

Heute ist Donnerstag; donnerstags und montags öffnet Kriemhild für eine Stunde die zwei Schränke, in deren Fächern fast tausend Bücher liegen. Allerdings sind sie nicht halb so ordentlich und systematisch gestapelt wie die Fischkartons im Laderaum. Sie stehen kunterbunt durcheinander und hintereinander in zwei Reihen. Ich kann nur die Titel der ersten Reihe lesen und glaube, das Bessere sei hinten versteckt. Doch Kriemhild duldet es nicht, daß man die erste Reihe ausräumt, um in der zweiten wühlen zu können.

»Nimm gefälligst das, was du siehst.«

Ich freue mich, Kienast und Rinecker, zwei Kollegen, die zu Hause in Meiningen um die Ecke wohnen, hier vor Labrador zu treffen, ich entdecke Melville, Kästner und Aitmatow. Im »Boccaccio« fehlen schon die Illustrationen. Fachbücher und Wörterbücher und Lehrbücher für Fremdsprachen finde ich nicht, ebenso keinen Goethe und keinen Schiller, zumindest nicht in der ersten Reihe. Auch Bücher von Hans Fallada sehe ich keine auf der »Hans Fallada«.

Kriemhild hat alle Besatzungsmitglieder in einem Heft notiert, jeden auf einer besonderen Seite, und darunter die ausgeliehenen Bücher eingetragen. Am meisten lesen die »Kolbenputzer«, am wenigsten die Produktionsarbeiter. Überhaupt kein Buch ausgeliehen haben achtzehn Mann der Crew. Zu ihnen gehört auch der Politoffizier, denn der Politoffizier knüpft und ist dabei immer noch der Spitzenreiter auf dem Dampfer.

Knüpfteppiche sind kostbare Geschenke, Wandschmuck für Alt- und Neubauwohnungen und teure Verkaufsschlager, deshalb wird der Erfolg einer Fangreise von einigen Hochseefischern auch nach der Größe ihres Teppichs berechnet: Wenn man einen für eintausend Mark geschafft hat, war es eine gute Reise. Auch die Offiziere im oberen Deck knüpfen: der Kapitän, der Schiffsarzt, der Chief, Dombrowski ... Vielleicht fünfzehn der achtzig Besatzungsmitglieder sind Teppich-Abstinenzler, allerdings nicht alle – wie Odysseus und Fuchs – passionierte, sondern manche mußten der Not gehorchen – sie konnten keine Wolle auftreiben. Während der letzten Reise hatte zwar jeder auf einer Bestell-Liste seine Wollanforderung angegeben, doch von der gewünschten Menge konnten nur zwanzig Prozent geliefert werden. Seitdem handelt man auf dem Dampfer auch Schnaps gegen Wolle. Und je länger die Reise dauert, desto höher steht die Wolle im Kurs. Zur Zeit bietet man für Knüpfgarn sogar Devisen-Scheine.

Als die Abteilung Kultur und Arbeiterversorgung des Fischkombinates vor einigen Jahren ins Vogtländische fuhr, um für die knüpfenden Hochseefischer Wolle zu bestellen, waren die Oelsnitzer sehr erfreut über die Unterstützung durch die seefahrenden Heimarbeiter, denn sie konnten die Käuferwünsche nach handgeknüpften Teppichen nicht befriedigen. Inzwischen bezieht das Kombinat jährlich sechs Tonnen Wolle aus Oelsnitz, und den Kollegen dort ist himmelangst geworden. Einige Fahrensleute entwickelten in der MMM-Bewegung sogar eine rationellere Methode, die eine Steigerung der Leistung von fast dreihundert Prozent brachte; sie knüpften, also verknoteten, die Fäden nicht mehr, sondern steckten sie nur noch durch das Gewebe und »verschweißten« sie dann auf dem Untergrund. Das jedoch verbot die Kommission für kunstgewerbliche Arbeit, sie untersagten den Verkauf von »geschweißten Teppichen«. (Außerdem untersagte das Kombinat diese Technik wegen Brandschutzgefahr auf dem Dampfer.) Nun knüpfen die Hochseefischer wieder. Manche arbeiten schöpferisch, sie entwickeln ihre Muster selbst, andere verwenden Vorlagen. Aber jeder knüpft allein in seiner Kammer, Besuch ist dann unerwünscht, denn der Teppich, der anfangs auf der Back Platz hat, breitet sich während der Reise über die gesamte Koje aus. Widder, Baby, Opa und die übrigen sitzen oft stundenlang. Einfädeln, Durchstechen, Verknoten. Einfädeln ... In Rehabilitationskliniken verordnet man Knüpfarbeit als Arbeitstherapie und zum Ableiten von Aggressionen. Und auch hier bestätigt mir der Doktor: Seit auf den Schiffen geknüpft wird, sind die Leute ruhiger.

Nur bei Pflichtversammlungen und Kinoveranstaltungen wird das Knüpfen unterbrochen. Zweimal wöchentlich flimmern in der Messe die drei Musketiere, die Petroleummiezen, der Graf von Monte Christo oder die Olsenbande über die schon fleckige Leinwand.

Während der Rückfahrt von Saint-John's nach Labrador sollte auch Simonows »Man wird nicht als Soldat geboren« gezeigt werden, doch die Kopie war sehr schlecht, da spielte man als Ersatz »Michael, der Tapfere«. Die Messe ist so klein, daß in ihr keine normalbreiten, sondern nur umkopierte 16-mm-Filme gezeigt werden. Auf diese Schmalspur sind bei uns lediglich die Flotte und die Armee angewiesen, und beide rangeln hartnäckig darum, welche Filme zu kopieren sind. Das Fischkombinat gibt jährlich eine Million Mark für Filme aus, trotzdem hat jeder an Bord – außer den Neueinstellungen –

den Hasch-mich-Mörder schon vier- oder fünfmal gesehen, und Teichmüller rezitiert sogar Szenen aus dem Grafen von Monte Christo.

Außer den Filmen haben wir auch Televisionskassetten an Bord, aber die bleiben während der Fahrt unberührt. Ich lese die Titel und begreife es: drei Jahre alte Verkehrskompasse, Fernsehakademie, Professorenkollegium ...

Vor zehn Jahren etwa (als die Arbeits- und Lebensbedingungen schlechter waren) gab es auf einigen Rostocker Fischdampfern sogar Laienspielgruppen, Kabaretts, Fremdsprachenkurse. Heute existiert nichts mehr davon, auch ohne daß man auf den Dampfern fernsieht ... Als die fischlosen Tage bei ruhiger See durch fischlose Tage bei schwerer See (wir können nicht mehr aussetzen) abgelöst werden, bemerken wir, daß die »Fallada« auf der Backbordseite undicht sein muß. Unsere Kammer bleibt trocken, aber achtern von uns rennen, retten, schöpfen, und fluchen die Kumpels. Ab Windstärke acht flutet das Meerwasser in den Kammern so hoch, daß die Hauslatschen Kahn fahren können. Der Kapitän gibt zwar keinen Alarm, aber die Betroffenen müssen sich mit Eimer und Scheuerlappen an die Sisyphusarbeit machen. Der Bootsmann treibt fluchend den Biologen an; Widder bückt sich nur zum Schein, aufwischen läßt er Jumbo; Odysseus grinst und prophezeit den baldigen Untergang; Opa hat niemand, mit dem er das Wasser teilen kann, also schimpft er doppelt soviel; Monika und Kriemhild machen aus ihrer Kammerüberschwemmung jedesmal eine gründliche Klar-Schiff-Aktion, und die drei Fischmehler waten stundenlang durch die kalte Brühe und hoffen, daß die See sich beruhigt und das Wasser von allein abfließt – zurück in die Kammer der Stewardessen.

Der Bootsmann untersucht eifrig alle möglichen Stellen in den sieben Kammern, doch er findet kein Loch. Da bemüht sich der lange Chief persönlich herunter, er muß sich bei jedem Niedergang bücken, und klopft eigenhändig die

Wände ab. Nach getaner Arbeit versichert er: »Das Schiff ist dicht!«

Der Bootsmann grient: »Na, wenn Sie es sagen, Chief, dann wird der Schuh schon dicht sein. Dann kann der nächste Sturm ja kommen!«

Zweimal am Tage laufe ich zu den Funkern und lasse mir die Wetterkarte zeigen. Ich fluche auf den Sturm, warte, daß wir endlich wieder aussetzen und ich wieder Fische schlachten kann. Doch Fuchs versichert mir, es sei ein »dicker Romansturm«, also einer, der ausreicht, in Ruhe die »Buddenbrooks« durchzulesen.

Um die fischlose Zeit zu überbrücken, veranstaltet die FDJ ein Sportfest. Wir trampeln nach Zeit auf einem Hometrainer, dabei reibt sich Widder den Hintern wund, beugen die Arme bei Liegestützen, schießen mit dem Luftgewehr, hopsen und klimmen. Außer Opa, der sich zu alt fühlt, beteiligt sich unsere gesamte Brigade. Auch ich erringe das Sportabzeichen der Hochseefischer, bezahle eine Mark dafür und soll an Land Abzeichen und Urkunde erhalten.

Am nächsten Tag organisiert Hermann Wendt einen Erste-Hilfe-Lehrgang. Dazu verwandelt er die Messe in ein Lazarett, polstert alle Tische mit Decken. An Babys Körper läßt er zur Demonstration Knochenbrüche schienen, Kopfwunden verbinden, die Mund-zu-Mund-Beatmung üben – Widder legt ein Taschentuch dazwischen. Zum guten Schluß will er an Babys Oberschenkel die Arterie abschnüren. Mit der Gummimanschette in der Hand prophezeit er: »Gleich sehen Sie, wie der Fuß weiß wird …« Bevor es soweit ist, springt Baby, käsebleich im Gesicht, vom Tisch.

An diesem Abend schließt der Doktor das Schott seiner Kammer und leert mit dem Politoffizier eine Flasche Weinbrand auf den erfolgreichen Erste-Hilfe-Lehrgang. Sonst steht seine Tür stets sperrangelweit offen. Jeder, der vorbeigeht, schaut in die Kammer Hermann Wendts und bestaunt die Koje.

Ordentlicher als im Garderegiment vom Alten Fritz liegt Deckenkante auf Deckenkante. Der Fußboden blitzblank. Das Tischtuch blütenweiß ... Und jeder, der reinguckt, soll sich schämen und bessern!

Die Schuhe des Doktors glänzen immer wie frisch gelackt. Er ist jeden Tag gut rasiert, duftet nach Eau de Cologne, der Kragen des weißen Hemdes ist weiß, und die Hose aus Silastik hält den Bruch akkurat. »In der Kleidung muß der Intelligenzler sich auch im Sozialismus vom Arbeiter unterscheiden«, sagt Hermann Wendt. »An der Kleidung erkennt man Stand und Geist.«

Während des Landgangs in Saint-John's war dem Doktor der Reißverschluß seiner Hose geplatzt. Einige Tage verbarg er das Malheur unter dem Arztkittel. Dann weihte er Kriemhild ein; die versprach, einen neuen Reißverschluß einzunähen, aber keiner auf dem Dampfer hatte so etwas mit. Da beauftragte der Doktor den 3. Maschinisten Moor, sämtliche Putzlappenlumpen in der Maschine nach einem noch vorhandenen Reißverschluß zu inspizieren. Moor suchte vergeblich.

Zwei Tage lief Wendt verstört herum. Nun strahlt er wieder. Er hat den Reißverschluß aus der Hülle des Blutdruckmeßapparates herausgetrennt. Und der hält.

Während der fischlosen Tage gehe ich zum Brückendeck und schaue auf das Meer. Nebelschwaden steigen empor, es sieht aus, als würden große Fabriken unter dem Wasser arbeiten. Manchmal kommt Karl Wilhelm aus dem Steuerhaus, stellt sich neben mich an die Reling, zieht die Luft tief durch die Nase, riecht das Wetter, blickt sorgenvoll zum schwarzen Himmel. Seine dünnen Haare stellen sich im Sturm auf, er hält sich nur mit einer Hand fest, ich umklammere die Reling mit beiden Händen, so stark geht die See.

Ich möchte Wilhelm auf die Schulter klopfen, ihm etwas Tröstendes sagen, doch ich traue mich nicht. Er geht und ändert den Kurs, sucht eine windstillere Ecke ...

Mindestens einer auf dem Dampfer jedoch beklagt die fischlosen Tage mit keinem Wort: Jürgen Schulz. Seine Frau telegrafierte ihm, daß ein gesunder Stammhalter angekommen sei. Den Namen weiß er nicht, den hat die Frau auf dem Telegramm vergessen. Jürgen kauft einigen Kollegen für den doppelten Preis ihre Schnapsrationen ab. Einer nach dem anderen kommt und gratuliert und trinkt ein Glas mit dem stolzen Vater. Schulz sitzt glücklich an der Back. Während wir trinken, macht er ein kurzes Nickerchen, dann stößt er wieder mit uns an, damit der Junge »immer gut pinkeln kann«. Oder wie Widder sagt: »Er soll allzeit ein guter Schiffer sein!«

Jürgen konnte seiner Frau nicht helfen, wenn sie müde und mit Kreuzschmerzen vom Schuldienst nach Hause kam. Er konnte ihr im neunten Monat nicht die Eimer mit Wasser hinauf- und hinuntertragen. Er konnte sie nicht streicheln, als die Wehen begannen. Aber nun, während uns die See beutelt und wir auf Fisch warten, ist Jürgen der glücklichste Mann auf dem Dampfer.

Mich dagegen friert es trotz der Schnäpse. Draußen sind fünfzehn Grad minus, irgendwie scheint die Heizung in unserer genau über dem Frostraum liegenden Kammer nicht ordentlich zu funktionieren, oder mir fehlen einfach die Arbeit und die Bewegung.

James Watt schaut sich die Sache an und bringt mir dann eine Elektroheizung. Davon gibt es nur wenige auf dem Dampfer; ich möchte dem E-Meister danken und lade ihn zu Tee und Keksen ein. Er hilft mir, aus Ochsenfell Hausschuhe zu basteln, und sagt dabei unvermittelt: »Wenn man auf See ist und kann mit sich nicht ins reine kommen, fällt einem die Kammerdecke auf den Kopf.«

Ich frage ihn, ob er auch fünf oder sechs Jahre als Fischeschlachter fahren würde.

Nein, das könnte er auch an Land haben: einen Meister und einen Produktionsleiter über sich und Maschinen, die antreiben ... »Ich fahre, weil ich hier alles selbst verantworten muß.«

Einmal habe er einen Fehler gemacht, und im selben Augenblick sei das gesamte Schiff dunkel gewesen, seine Hände von der Explosion verbrannt. Aber nach zwölf Stunden war der Strom wieder da ...

»Bevor ich zur See fuhr, bin ich täglich mit der Straßenbahn zur Arbeit, immer mit der gleichen und immer Wurstbemmen in der Brotbüchse und Bohnensalat dazu; schon wenn einer in der Straßenbahn fehlte, war das etwas Außergewöhnliches ...«

Hier dagegen muß James Watt nachts aus der Koje, wenn der Strom an der Winde fehlt, hier wird er übergesetzt, wenn auf einem Trawler die Elektrik streikt ...

»Du mußt deinen Beruf auf dem Schiff lieben, dann liebst du das Schiff, die See, die Leute auf dem Dampfer ...«

Ich sage James, daß ich mich beschissen fühle.

Da will er wissen, ob ich ein Buch von mir mithabe. Ich gebe ihm die »Nahaufnahmen. Aus Sibirien und dem sowjetischen Orient«.

Der Sturm reicht aus, daß er es in einem Ritt lesen kann.

Später kommt Odysseus und sagt, er hätte bei James mein Buch gesehen, ob er es auch lesen dürfe. Und von Odysseus borgt es sich Baby aus.

Sie sagen nicht viel dazu. Bei der nächsten Coffeetime fordert Widder: »Scherzer, erzähl mal, wie die usbekischen Frauen wirklich sind.«

Teichmüller erklärt, daß das Brigadetagebuch auf den neuesten Stand gebracht werden muß. »Solange kein Fisch da ist, könntest du doch ...?«

Widder malt Schiffe und Fische hinein.

Jumbo entwickelt Fotos zur Gestaltung des Brigadebuches ...

Opa erzählt mir, daß er bei der Silvesterfeier eine andere geküßt und auch mal »angefaßt« habe – und seine Frau habe es gesehen. Nun wartet er auf Post …

Teichmüller bittet mich, ein »poetisches Telegramm« an seine Freundin aufzusetzen …

Die See schaukelt uns gleichmäßig und einschläfernd.

Plötzlich jedoch kippe ich fast vom Stuhl, das Schiff zuckt und schüttelt sich, denn Wilhelm hat den Dampfer gedreht, er läßt ihn nicht mehr stampfend und schnaufend gegen die Wasserberge angehen, er hat ihn quergestellt und bietet den Wellen die ungeschützte Breitseite. So kann unser alter Kahn einigermaßen Fahrt machen, und Wilhelm braucht Fahrt, denn der Steuermann hat aussetzen lassen.

Eine halbe Stunde später reißt unser Netz ab. Und noch eine halbe Stunde später wird klar, daß sich der Dampfer nicht an die Behauptungen vom Chief hält, denn Jumbo, Widder und die anderen schöpfen wieder.

Noch einmal untersuchen der Bootsmann und der Chief jede Kammer, doch sie finden kein Loch. Da argwöhnt der Bootsmann, daß vielleicht unsere Kammer leckt und das Wasser von dort nach achtern wegläuft. Er beklopft die Wände und behält recht.

Zwei Tage lang reißt er Decke und Wandisolierung unserer Kammer auf, macht einen ungeheuren Dreck, schweißt das Loch und verkleidet alles wieder.

Gott sei Dank habe ich in diesen zwei Tagen eine angenehmere Beschäftigung, denn Opa stellt mich zum Fischräuchern an. Es ist das erste Mal, daß während dieser Reise geräuchert wird. Auf dem Fangdeck steht eine alte Tonne, Opa hat Buchenholzscheite darunter gestapelt und versucht, sie anzuzünden. Doch der Sturm pustet das Feuer sofort wieder aus.

Ich sage: »Nimm doch Benzin oder Spiritus.«

Da schaut er mich wie eine Meininger Hausfrau an, der man rät, sie solle sich die viele Arbeit sparen und Thüringer Klöße aus fertiger Kloßmasse machen.

Für das Räucherfest hatten sowohl die Leute von Schulz als auch die Maschinisten, Matrosen und unsere Brigade – jede Truppe für sich – die zartesten Heilbutts gesammelt und eingefrostet. Während der fischlosen Tage haben wir die Frostschalen aufgetaut und die Heilbutts in eine Lake gelegt, deren Salzgehalt Opa nach einer alten Regel bestimmt: So viel Salz in das Wasser schütten, bis eine rohe Kartoffel darin nicht mehr untergeht! Einige Stunden muß der Heilbutt ziehen, dann verschnüren Widder und Baby die Fischstücke sorgfältig wie Weihnachtspakete, und Opa hängt sie in dic Tonne.

Endlich gelingt es uns, den Sturm zu überlisten. Wir hocken uns eng um das Feuer, legen Späne nach. »Zuerst soll es stark brennen, damit der Fisch schnell trocknet«, sagt Opa. Feuchte Lumpen liegen griffbereit, um die Tonne genau im richtigen Moment abzudichten und das Feuer zu ersticken. Denn der Fisch muß im »kalten Rauch« gar werden.

Unsere Tonne qualmt stärker als der Schiffsschornstein, der Wind pustet uns den Rauch ins Gesicht, wir sind purpurrot, und die Augen tränen. Aber wir lassen uns nicht ablösen, denn die Verantwortung und das Lob für den geräucherten Fisch teilt man mit niemandem! Sagt Opa.

Der Wind bläst den Duft in alle Gänge des Dampfers und wahrscheinlich tropft der ganzen Crew der Zahn. Doch als Opa endlich das Geheimnis lüftet, die fetttriefenden, goldglänzenden Fische aus der Tonne holt, kommt keiner und fragt nach einem Heilbutt. Wenn wir – also die Brigade Teichmüller aus der Produktion – geräuchert haben, kriegt nicht einmal die Brigade Schulz aus der Produktion, geschweige denn die Abteilung Deck oder die Abteilung Maschine einen Fisch ab. Die anderen handhaben das ebenso. Nur beim Kapitän, dem 1. Steuermann, dem Produktenboß, dem 1. Funkoffizier und dem Schiffsdoktor gehen Opa und ich vorbei und entrichten unseren Obolus. Ich halte die Schale mit Fischen,

Opa verteilt sie gönnerhaft und winkt nach den Lobesworten verlegen ab. Auch dem Koch überreichen wir Räucherfisch, aber nur im Tausch gegen einige Büchsen Mandarinen.

Dann sitzen wir alle bei Opa, trinken Bier und essen den warmen Fisch ohne Messer und Gabel aus der Hand. Uns trieft das Fett aus den Mündern. Wir rülpsen und schmatzen, wir fressen, bis es uns fast wieder aus den Ohren quillt und die Augen vor Anstrengung heraustreten. Aber wir geben keinen Fisch ab. Das wäre eine Sünde.

Unsere gute Stimmung wird nur gedämpft, wenn einer vom Sturm spricht, der nun fast schon eine Woche so heftig bläst, daß die Matrosen die Netze nicht mehr aussetzen, sondern nur noch Netze flicken, und wir keine Fische schlachten, sondern Fische räuchern.

Laut Plan sollen wir in den einhundert Tagen rund 30 000 Zentner Fisch fangen und verarbeiten und daraus unter anderem 5 000 Zentner Filet herstellen. Insgesamt müssen wir Frostfisch, Filet, Fischmehl und Tran im Wert von 1,8 Millionen Mark nach Hause bringen. Schaffen wir mehr, steigt unsere Leistungsprämie.

Dombrowski kommt oft herunter, will uns Mut machen und versichert: »Jungs, es ist noch alles drin«, doch er sagt es mit dem Gesicht eines Losverkäufers, dessen Hauptgewinn bereits vergeben ist.

Für die nächsten Tage beordert er mich zu Schreibarbeiten in seine Kammer. Die vorsintflutliche, gut einen viertel Zentner schwere Schreibmaschine ist auch ein Sturmopfer, denn sie stürzte vom Wandbrett und hat sich das R gebrochen. »Du mußt das R überall mit der Hand einsetzen.«

Zuerst soll ich ein Diebstahlprotokoll schreiben. Der Technische Offizier Heinrich und der Schlosser Wales haben einen Materialschein gefälscht und sich in Rostock dafür drei volkseigene Lammfelljacken (sie sind als Arbeitsschutzbekleidung für Matrosen bestimmt) aus dem Lager geholt. Heinrich schaffte die Jacken – eine für sich und eine für die Frau, die sie modisch umarbeiten sollte – nach Hause. Wales hat seine an Bord. Als die Sache bei einer Überprüfung der Materialscheine ruchbar wurde und der TO und der Schlosser den Diebstahl zugeben mußten, wollte man die Affäre, wie Dombrowski mir erzählt, nicht an die große Schiffsglocke hängen, denn Wales ist Mitglied der Schiffsparteileitung und Heinrich ist Vorsitzender der Konfliktkommission des Dampfers. Man hätte für die Verhandlung erst einen neuen Vorsitzenden wählen müssen.

Also soll ich im Protokoll schreiben, daß alle drei Jacken an Bord sind.

»De TO Hein ich und de Schlosse Wales wollten diese Jakken bei Außena beiten auf Deck anziehen und damit E kältungsk ankheiten vo beugen ...«

Nachdem wir fertig sind, sagt Dombrowski, so, als müßte er sich bei mir entschuldigen: »Wenn ich schon jemand an die Wand klatsche, muß ich es so tun, daß ich ihn jederzeit wieder abkratzen kann.«

Aber wohl scheint ihm auch nach dieser Erklärung nicht zu sein, denn er holt zwei Gläser und stellt eine Flasche Schnaps dazu. »Den brauchen wir jetzt.« Wir trinken, und ich halte gewohnheitsmäßig mit einer Hand ständig mein Glas fest, damit es nicht vom schaukelnden Tisch fällt. Wilhelm schaut zum Schott herein, sieht mich, will wieder verschwinden, doch Dombrowski drückt ihn auf die Ducht.

»Keine guten Zeiten, wenn die Verarbeiter hier sitzen und Schnaps trinken, weil kein Fisch zum Schlachten da ist. Ohne Fisch kehrt sich auf solch einem Dampfer das Unterste zum Obersten.« Wilhelm sagt das leise und nicht wütend, seine Worte klingen traurig, als hätten ihn der Sturm oder der Schmerz in der Schulter niedergedrückt. Er beklagt, daß wir mit unserem Riesenschiff, achtzig Mann Besatzung, Radar, guten Netzen und Filetiermaschinen vor Kanada wie ein Urlauberschiff spazierenfahren müßten, während unter uns garantiert riesige Schwärme Rotbarsch stehen würden. Denn der Mond sei voll, und es rieche nach Fisch …

Ich tröste ihn: »Vielleicht legt sich der Sturm bald.« Doch er winkt ab. Nein, so würde der Himmel nicht aussehen.

Dombrowski weiß, was für ein Gesprächsthema den früheren Kapitän munterer macht als schwarzer Kaffee: »Solch ein Sturm war an dem Tag, als wir 'raus mußten aus Polen …«

Ich kenne Polen von vielen Tramptouren. In Gliwice, Dombrowskis Geburtsort, war ich noch nicht, aber in Leba, in der Gegend, wo Karl Wilhelm wohnte, habe ich gezeltet. Ich erzähle Wilhelm davon. Da wird er aufgeregt und beginnt, sich wie beim Hieven die Haare um die Finger zu wickeln.

»Den Hafen, den Fischereihafen, gibt's den noch in Leba?« Ich nicke. »Hast du auch das Kurhaus an der Hafeneinfahrt gesehen?«

»Ich war nicht drin, man kommt schlecht von der Zeltplatzseite heran, und die Hafeneinfahrt ist mit Beton befestigt, ein Grenzturm steht da.«

Karl Wilhelm erzählt, daß im Kurhaus früher prominente Gäste saßen, sogar der Max Schmeling trank dort sein Bier.

Wenn Karl mit seinem Vater nachts zum Fischen hinausfuhr, sah er die Lichter und hörte die Musik vom Kurhaus noch weit auf dem Meer. Verbarg sich der Mond hinter den Wolken oder warf er nur einen sichelschmalen Schein auf das Wasser, dann gab es wenig Fisch, dann glotzte Karl ständig hinüber zum Land, wo sie tranken und tanzten. In solchen Nächten war der Vater griesgrämiger als sonst, er schrie den Jungen an: »Schau gefälligst aufs Wasser, die Fische fliegen nicht in der Luft, jedenfalls hier nicht.« Wenn der Mond dagegen rund und voll am Himmel stand, sah der Vater nur noch das Meer, da hatte auch Karl keine Sekunde Zeit, zum Land hinüber zu schielen, da gab es keine Verschnaufpause, da roch der Vater den Fisch, da wurde er wieder jung und straff. Und manchmal hatten sie dann einhundert Zentner Flundern oder Sprotten im Netz.

»Die Fische kommen mit dem Mond wie Ebbe und Flut«, lehrte der Vater den Jungen. Wenn sie frühmorgens zerschlagen und frierend und müde am Kurhaus vorbeifuhren, spielte dort keine Musik mehr, und es roch nach Zigarettenqualm. Vater Wilhelm brummte: »Da haben sie in ihrem Plüsch gehockt, Wein gesoffen und Weiber betatscht. Haben bezahlt, als gehöre ihnen die Welt, und geredet, als wüßten sie alles von der Welt. Aber nichts wissen sie, nichts gehört ihnen. Du bist reicher als sie, Karl, denn dir gehört das Meer, und du weißt, wohin die Fische ziehen. Und das wissen nur Gott und die Fischer ...«

Die Eltern Karl Wilhelms besaßen in Lebafelde sechzig Hektar Land, ein Bauerngehöft und einen Fischkutter. Und dem Karl hatten sie ein Motorrad gekauft. Das war in dem ostpommerschen Leba eine Sensation, und Karl und sein Freund fuhren in ihrer freien Zeit zum Tanz übers Land. Man redete sie mit »junge Herren« an. Einmal im Sommer wohnten sie einige Tage im Hause des Gutsbesitzers (er verbrachte währenddessen seinen Urlaub in Italien) und vergnügten sich dort mit der Köchin und der Kinderfrau. Nach dem Tanz lag Karl oft mit einem Mädchen bis zum Morgengrauen in den Dünen ...

»Warst du bei den Wanderdünen von Leba?« fragt Wilhelm.

Ja, ich war bei den Wanderdünen von Leba. Dort weitet sich der Sandstrand zur Wüste, in der nur noch Disteln wachsen. Die Luft über den Wanderdünen flimmert von der glühenden Hitze, und wenn man zwischen den dreißig Meter hohen Sandbergen steht, glaubt man in der Sahara zu sein. Doch von den Gipfeln sieht man das Meer und den Lebsko Osero.

Wilhelm kennt die Dünen noch aus der Zeit, als Hitler dort ein Versuchsgelände für die V2-Waffen bauen ließ.

Der Steuermann trinkt langsam, dann fragt er: »Und die Polen in Leba, die fischen wieder?«

Sie fahren mit Kuttern hinaus, bis zur Mittellinie der Ostsee, wo die Fischereigrenze der Dänen beginnt …

Karl Wilhelm hat mit seinem Vater in der Bucht von Danzig gefischt und auch in polnischen Hoheitsgewässern »geräubert«. Wenn ein Zollboot der Polen auftauchte, wurde man damals noch für zwei Kanister Benzin und zwei Flaschen Schnaps handelseinig.

»Sag mal, wie sehen die Fischkutter heute aus?«

Der Rumpf schwarz und gelb die Aufbauten.

»Und wann fahren sie raus?«

Meist tuckerten sie früh um vier am Zeltplatz vorbei.

Wilhelm trinkt sein Glas aus.

»Waren Sie wirklich nie wieder dort, Steuermann?« frag ich.

Wilhelm bedankt sich für den Schnaps und sagt, er wolle beim Funker nach dem Wetterbericht schauen. Vielleicht beruhige sich der Sturm, man müsse endlich aussetzen. Der Mond sei rund und groß, und es rieche nach Fisch.

Der alte Steuermann geht.

Er sieht müde aus.

Coffeetime 12
Karl Wilhelm erzählt, wie ihm in Harstad vier Leute abhauten

Vor einigen Jahren machten wir eine Reise zu den Lofoten und den Vesterålen. In der Arbeitskräftelenkung sagten sie, daß sie mir einen neuen Kälteassi mitschicken würden. Sechsundzwanzig Jahre und gerade frischgebackener Chemiediplomer. Bei dem Wort Chemiediplomer war ich schon sauer, hab nun mal kein gutes Gefühl bei Studierten. Und gleich am ersten Tag – wir lagen noch im Hafen – fing der Ärger mit dem Kerl an.

Er hatte sich gedacht, der Herr Diplomer, er kriegt bei uns

einen weißen Kittel, aber wir verpaßten ihm einen Watteanzug und Arbeitsklamotten, und natürlich konnte er nicht als 1. Kältemaschinist, sondern nur als Gehilfe, als Assi, fahren. Er schrie herum, daß er studiert habe und es nun seinem Staat mit guter Arbeit danken wolle. Dazu jedoch brauche er einen verantwortungsvollen Posten, er sei kein Maschinenputzer, als Assi fahre er nicht. »Alle machen zuerst Assi«, sagte ich, »auch als Assi kannst du deinem Staat danken!« Da ging er zur Kaderleitung und kündigte. Ich war heilfroh, den studierten Pinsel vom Schiff zu haben, aber die Kaderleute an Land nahmen die Kündigung nicht an, sagten dem Diplomer, er habe den Kontrakt unterschrieben, müsse also mindestens zwei Monate bleiben, er solle gefälligst an Bord gehen, oder hätte er Lust, wegen Arbeitsverweigerung einen Eintrag in die Kaderakte zu erhalten? Er kam also wieder, und mich beauftragten sie, ich solle ihn agitieren, damit er nach siebzig Tagen nicht kündigt ...

Wir dampften los, und ich hatte keine Zeit mehr, den Kälteassi zu agitieren, ich hatte das Schiff zu steuern und dafür zu sorgen, daß wir Fisch hochholten und die Laderäume voll wurden, denn damals gab es für jeden Tag ohne Fisch nur fünfzehn Mark Heuer. Und wie es der Teufel will, nach ein paar guten Fangtagen krachte unsere Winde, und wir lagen untätig herum. Die Stimmung der Leute war so schlecht, wie's nicht mehr schlechter geht, denn nebenan versorgten etliche Trawler das Starschiff der Flotte, die »Junge Garde«, tonnenweise mit Fisch, die machten ein Schweinegeld, und meine Leute bekamen fünfzehn Mark am Tag, und Rostock ordnete an, daß wir keinen einzigen Beutel Fisch von den Trawlern übernehmen und verarbeiten dürften.

Wir blieben zehn Tage ohne Fisch, dann schickte uns die Fangleitung in den Hafen von Harstad, dort warteten wir noch einmal acht Tage auf Ersatzteile. Der Diplomer, dieser Schweinehund, wartete nicht, zusammen mit noch drei Leuten, die er überredet hatte, machte er sich aus dem Staub und bat bei den Norwegern um politisches Asyl. Ich hätte heulen können vor Wut, rannte zur Polizei in Harstad, doch die ließen mich nicht mal mit den vier Überläufern reden …

Zwischenbericht 6
Die Fischkriege

1298 berichtete Marco Polo von einem Magier in Südindien, der Haie tagsüber mit seiner Zauberkraft von der Küste fernhielt, damit man für ihn unbehelligt Fische fangen und Muscheln sammeln konnte. Nachts allerdings, wo sich jeder unkontrolliert vom Reichtum des Ozeans hätte holen können, ließ er die Haie wieder frei …

1976 empfahl das BRD-Landwirtschaftsministerium den kleineren Fischereiunternehmen, ihre Fanganteile den größeren Gruppierungen zu überlassen, denn der Staat könne sie finanziell nicht mehr unterstützen.

Am 15. März 1585 zwang der »hochlöbliche Rath« der Hansestadt Rostock die Fischer von Warnemünde, die eine Konkurrenz im Heringsgeschäft geworden waren, binnen vierzehn Tagen alle Boote zu verkaufen. Zwanzig Jahre später war nichts mehr vom Reichtum Warnemündes übriggeblieben.

1580, als über eintausend englische und französische Fischer vor Labrador nach Kabeljau angelten, zerschnitten sie sich (die vordem eine selbstmörderische Fahrt über den Atlantik gewagt hatten) gegenseitig die Angelschnüre, versuchten, die Boote zu versenken. Bewarfen sich mit Fischköpfen. Diese Kabeljaukopfschlacht war ein Vorgefecht des Krieges zwischen England und Frankreich, in dem es auch um den Besitz der Kolonie Kanada ging. Fischer aus der Bretagne und der Normandie hatten sich schon vor 1500 über den Ozean bis nach Nordamerika gewagt, wo sie Kabeljau mit Angelschnüren fingen. Sie fanden Kanada als erste, aber taten ihre Entdeckung nicht kund, weil sie vom Fisch lebten und nicht vom Ruhm.

Am 24. Juni 1497 (siebzehn Monate bevor Christoph Kolumbus das amerikanische Festland entdeckte) sichtete der von Bristoler Kaufleuten nach einem Seeweg in das goldene Indien ausgesandte Italiener Giovanni Caboto die Küste von Nordamerika und traf dort auch die französischen Fischer. Er meldete die Entdeckung von Kanada, verschwieg aber die Anwesenheit der Fischer, denn er lebte vom Ruhm und dem entsprechenden Honorar. Es betrug im Falle Labrador zehn Pfund – ausgezahlt vom Schatzmeister Heinrichs des VII., des englischen Königs. Nach der Erfolgsmeldung des Giovanni Caboto bekundete der englische König jedoch kein Interesse an der Entdeckung, nur die englischen Fischer machten sich auf den mühevollen Weg, um den Kollegen aus der Bretagne den Kabeljau nicht allein zu überlassen.

Franz I. dagegen, König von Frankreich, schickte 1534 Jacques Cartier nach Kanada, der es auch im Landesinnern erkundete und bis in die Nähe des heutigen Montreal vordrang. Darauf erklärte Frankreich das Gebiet zur französischen Kolonie und besiedelte es mit Soldaten, Häftlingen, Pelzjägern und Kaufleuten. Weil es in der französischen Kolonie jedoch an Frauen zur Bevölkerungsvermehrung fehlte, rekrutierte man in französischen Waisenhäusern willige Mädchen und verfrachtete die filles du roi, die Königstöchter, mit einem Sittlichkeitszeugnis vom Pfarrer in der Tasche, nach Neufundland. Ihre weiblichen Nachkommen mußten, wollten sie nicht hart bestraft werden, mit sechzehn heiraten, die Männer mit spätestens zwanzig. Wer in der französischen Kolonie mehr als zehn Kinder zeugte, erhielt eine königliche Prämie.

Um 1580 versuchten die Engländer, ihr Versäumnis nachzuholen. Sie schickten zuerst Kriegskorvetten als Geleitschutz für die englischen Fischer nach Labrador und begannen dann, französische Ansiedlungen an der Küste anzugreifen. 1583 eroberten sie Saint-John's und besetzten nach und nach das gesamte Gebiet. Im Pariser Vertrag mußte der französische König 1763 alle nordamerikanischen Kolonien östlich vom Mississippi abtreten. Aber der Vertrag enthielt eine wichtige Klausel: »Artikel V: Die Untertanen Frankreichs behalten Fischerei und Trockenrechte auf einem Teil der Küste der Insel Neufundland. Artikel VI: Der König von Großbritannien überläßt die Insel Saint Pierre und Miquelon Seiner Allerchristlichsten Majestät zum vollen Besitz als Unterkunft für die französischen Fischer.« Offensichtlich erzielten die Wurfgeschosse der französischen Fischer vor Labrador mehr Wirkung als die Kanonenkugeln Seiner Allerchristlichsten Majestät ...

Mitte des 16. Jahrhunderts, zur gleichen Zeit etwa, als die Hansestadt Rostock die Warnemünder Fischer in die Knie zwang, versuchten die Hansestädte Bremen und Hamburg, die Konkurrenz der dänischen und isländischen Fischer zu beseitigen. Doch als die Hanseaten auf Island zuerst ein Gotteshaus, später eine Niederlassung und dann sogar Handelshäuser für den Vertrieb von Stockfischen bauten, erklärte ihnen der dänische König den Krieg. Die Hansestädte kapitulierten und versprachen: »Ein jeder fische künftig vor seiner eigenen Tür.«

Nach diesem Grundsatz handelten auch die Isländer, als sie am 10. März 1952 ihre Hoheitsgewässer auf vier Seemeilen vergrößerten und anderen Ländern untersagten, »vor fremder – also vor der isländischen – Haustür« zu fischen. Das Verbot traf vor allem die Briten, und weil Islands Warenausfuhr zu neunzig Prozent aus Fisch besteht, boykottierte Großbritannien den isländischen Fisch auf seinem Markt und wollte das Inselvolk zur Strafe im »verwesten Fisch ersticken lassen«. Die UdSSR kaufte den Isländern daraufhin viele Jahre ein Viertel des von ihnen gefangenen Fisches ab. In dieser Zeit erstarkte, von den Fischern unterstützt, die Kommunistische Partei Islands, sie stellte nach der Wahl 1957 zwei Minister: den des Wohlfahrtsressorts und den des Fischereiwesens.

1958 erweiterte Island seine Fischereigrenzen zum Schutz gegen die Überfischung durch Ausländer auf zwölf Seemeilen. Da erklärte England der Insel den totalen Fischkrieg. Es schickte Kanonenboote in die isländischen Gewässer, englische Fischkutter wurden (wie seinerzeit vor Labrador) von Kriegsschiffen begleitet.

Drei Jahrhunderte zuvor hatte die Seemacht England ihre Fischkriege noch radikaler führen können, überschätzte jedoch schon damals die eigene Stärke. Sie sperrte beispielsweise die Nordsee für alle niederländischen Fischereiboote, und Oliver Cromwell zerstörte 1651 dreißig holländische Heringsfänger und ihre zwölf Begleitschiffe, die trotz Verbots in der Nordsee fischten. Als die Engländer 1661 von den Holländern 10 000 Pfund Sterling Lizenzgebühr für die Fischereierlaubnis in der Nordsee verlangten (das gab es also damals schon), hatten sie sich überreizt. Im gleichen Jahr schlug de Ruyster den Herzog von York, und die Engländer verloren den Fischkrieg mit Holland.

Gegen den EWG-Partner Island waren die Engländer durch ihre Großmacht-Kanonenbootpolitik viele Jahre im Vorteil. Erst als die Isländer Washington mitteilten, sie würden, falls die Engländer ihre Forderungen nicht respektieren, die NATO-Stützpunkte aufkündigen, geriet Großbritannien in Bedrängnis. Die USA machte den Engländern mit wirtschaftlichen Drohungen klar, daß die Stützpunkte wichtiger seien als der Kabeljau.

Denn die Fischkriege sind nur die Kinder der großen ökonomischen Kriege. Und in diesen Kriegen geht es nicht nur um den Fisch.

Die meisten Staaten am Meer beanspruchen heute eine ökonomische Schutzzone von zweihundert Seemeilen vor ihren

Küsten als nationales Eigentum. In diesen Gebieten befinden sich achtzig Prozent der Fischvorräte und achtzig Prozent des Erdöls. Wissenschaftliche Prognosen besagen, daß man aus dem Meer noch rund fünfundzwanzig Milliarden Tonnen Molybdän, drei Milliarden Tonnen Kupfer, eine Milliarde Tonne Kobalt, zwanzig Millionen Tonnen Uran, fünfzehn Milliarden Tonnen Mangan und zehn Millionen Tonnen Gold holen kann.

Solange die Menschen technisch nicht in der Lage waren, diese Meeresschätze auszubeuten und den Ozean nur zum Fischen, zur Schiffahrt und zur Piraterie nutzten, war es, wie schon das römische Recht bestimmte – von den erwähnten Kriegen um den Fisch abgesehen – für jedermann zugänglich, ein »Common Heritage of Mankind«, gemeinsames Erbe der Menschheit. Oder, wie es der Holländer Hugo Grotius schon 1609 sagte: »Jedes Volk kann ein anderes aufsuchen und mit ihm Geschäfte machen«, denn »Gemeingut ist das Element des Meeres, das ohne feste Grenzen besteht, so daß es nicht besessen werden kann und dem allgemeinen Gebrauch sowohl der Schiffahrt wie des Fischfanges bestimmt ist.«

Allerdings hatte vordem die mächtigste mittelalterliche Institution, die Katholische Kirche, das »gemeinsame Erbe« schon tüchtig aufzuteilen versucht. Am 4. Mai 1493, nur zwei Monate, nachdem Kolumbus von seiner ersten Fahrt aus »Indien« zurückgekehrt war, erließ Papst Alexander V. eine Bulle, in der er die Neue Welt, einschließlich der Meere, an Spanien und Portugal verteilte.

Anfang des 17. Jahrhunderts begannen die Holländer, zum Schutz gegen Piraten eine Drei-Seemeilen-Grenze vor ihrer Küste zu ziehen. Diese Entfernung entsprach der Schußweite der police batons of peace, der Küstenbatterien.

1679 erweiterte Schweden und 1814 Dänemark die Grenzen seiner Territorialgewässer auf vier Seemeilen, 1907 Rußland auf zwölf Seemeilen, im gleichen Jahr legte Argentinien seine Fischereigrenze auf zehn Seemeilen fest. Dann geschah lange nichts, bis, unbeachtet und belächelt, 1947 bzw. 1950 Peru und El Salvador die Fischereigrenzen auf zweihundert Seemeilen vor ihrer Küste festlegten.

Inzwischen haben vor allem die afrikanischen und amerikanischen Staaten in der UNO gefordert, daß jeder Küstenstaat das Recht erhält, eine zweihundert Seemeilen breite ökonomische Schutzzone einzurichten, in der kein anderes Land Bodenschätze fördern oder Fischfang betreiben darf. Heute sind nur wenige Länder technisch in der Lage, im Meer Öl und Metalle zu fördern. Die Länder der Dritten Welt fürchten nicht zu Unrecht, daß – wenn Sie sich in einigen Jahrzehnten so weit entwickelt haben, vor ihrer Haustür Erdöl und Metalle selbst fördern zu können – lediglich ein paar Krümel vom jetzt noch reich gedeckten Tisch des »gemeinsamen Erbes« übrig sind.

Am leidenschaftlichsten protestierten lange Zeit die USA gegen diese Schutzzonen. Als jedoch vor New York und Boston moderne Fischfangflottillen aus der UdSSR, der DDR, der VR Polen und aus Japan erschienen, forderten auch die Vereinigten Staaten kategorisch die generelle Erweiterung der Territorialgewässer. US-Vizeadmiral Momsen sagte: »Die Eroberung des Meeres ist lebensnotwendiger als das Wettrennen zu anderen Welten.« Und in der BRD-Zeitschrift »Hansa« war zu lesen: Unter der Rohstoffkrise hat die dritte Seerechtskonferenz »den Charakter eines globalen Machtkampfes um das Rechts- und Wirtschaftsregime auf den Weltmeeren angenommen«.

Rund ein Drittel aller Länder – dazu gehören die meisten sozialistischen Staaten – sind ohne Meer oder besitzen nur einen schmalen Küstenstreifen. Sie wären ohne Verträge mit den »Meeresstaaten« von der künftigen Rohstoffgewinnung aus dem Meer und der Hochseefischerei ausgeschlossen.

Die DDR brachte deshalb gemeinsam mit der UdSSR, der

Belorussischen SSR, der Ukrainischen SSR, der VR Bulgarien und der VR Polen einen Artikelentwurf zur ökonomischen Schutzzone ein. Danach soll jeder Küstenstaat das Recht haben, innerhalb von zweihundert Seemeilen lebende und mineralische Ressourcen zu erhalten, zu erkunden und zu nutzen. Andere Staaten haben das Recht, dieses Gebiet zu überfliegen, zu befahren, Kabel zu verlegen, wissenschaftliche Grundlagenforschung zu betreiben. Aber jeder Küstenstaat soll verpflichtet werden, den Zutritt von Fischern anderer Länder »in seine ökonomische Zone zu garantieren, wenn er nicht in der Lage ist, einhundert Prozent des zulässigen Fanges der lebenden Ressourcen zu realisieren«.

E-Meister Gerd Häfner, genannt James Watt

Vor rund zehn Jahren war ich mit meinem Leben ziemlich auf Grund gelaufen, da ruckte nichts mehr, da sah ich nirgendwo Land. Ich hatte Strippenzieher gelernt, Abitur konnte ich keins machen, denn mein Vater war 1944 nicht als Schlosser, sondern als kleiner Beamter gefallen, und ich war deshalb kein Arbeiterkind. Nach der Lehre ging ich freiwillig zur Armee, dachte, vielleicht läßt man dich anschließend studieren, doch irgendwie schleifte damals alles, und ich mußte als Elektriker im Leipziger Versorgungsbetrieb beginnen. An der Volkshochschule absolvierte ich vorsorglich einen Lehrgang zur Vorbereitung auf die Meisterschule, doch den konnte ich, wie sich danach herausstellte, voll vergessen, denn für einen neuen Meister war im Betrieb keine Stelle frei, da mußte ich warten, bis einer von den Alten das Zeitliche segnete. Mit Lohnerhöhung das gleiche. Aber ich hatte geheiratet, zwei Kinder waren inzwischen da, und wir besaßen immer noch keine eigene Wohnung.

Da wußte ich nicht, wie ich aus dem Schlamassel wieder 'raus sollte, und als ich in einer Anzeige (»Mit moderner Flotte auf

Große Fahrt«) ein schmuckes Schiff sah und las, daß man dort als Elektriker arbeiten könne, sagte ich zu meiner Frau: Ich muß mal weg von hier, bewarb mich beim Fischkombinat und fuhr als E-Assi.

Nach einem Jahr jedoch protestierte meine Frau, sie würde es allein zu Hause nicht mehr schaffen – unsere Kinder waren damals vier und zwei Jahre alt. »Entweder du hörst wieder auf mit der Seefahrt, oder ich lasse mich scheiden ...«

Da blieb ich an Land.

Damals hörte ich, daß man in Eisenhüttenstadt einen neuen Betrieb gebaut hatte und Leute suchte. Also machte ich meinen alten Mephisto – eine 125er RT – scharf und schnurrte nach Norden 'rauf. Am gleichen Tag unterschrieb ich den Arbeitsvertrag, und paar Monate später bekamen wir eine 2 ½-Zimmer-Wohnung. Der Blindflug dort hoch lohnte sich in jeder Beziehung, ich konnte im Betrieb meinen Meister machen, die Arbeit war ungewohnt und interessant.

Drei Jahre später begann nebenan in Frankfurt das Halbleiterwerk zu produzieren, da juckte es mich in den Fingern, wieder etwas Neues zu probieren, und 1971 zogen wir nach Frankfurt.

Zwei Jahre später, ich hatte alle Kinderkrankheiten im Werk miterlebt, es lief nun ziemlich ruhig – ich hätte seßhaft werden können –, sagte ich zu meiner Frau: »Wollen wir nicht wieder nach Leipzig 'runter?«

So richtig weiß ich bis heute nicht, weshalb wir das gemacht haben. Vielleicht, weil ich die Preußen nicht mag, dieses sture, obrigkeitshörige Volk. Nein, ich will das nicht verallgemeinern, aber nur ein Beispiel. Da pinselten an einem schönen Sommertag die Autobesitzer unserer Straße ihre Kennzeichennummern auf den Asphalt, reservierten sich die Parkplätze, dachten, die übrigen müßten sich, weil es was »Amtliches« ist, daran halten, und sie begossen den Blödsinn nach getaner Arbeit auch noch mit einem Kasten Bier.

Also 1973 packten wir unseren Krempel zusammen und fuhren mit dem Möbelauto wieder nach Leipzig. Dort leitete ich eine damals für die DDR völlig neue Truppe, eine Elektriker-Brigade zur Vorbereitung von Baustellen. Wir legten Stromkabel, versorgten provisorische Unterkünfte mit Elektrizität, waren Strippenzieher auf Vorposten. Als die Sache dann ordentlich lief und auch jeder andere den Chef machen konnte, begann für mich wieder der alltägliche Trott. Das einzige, wofür man noch kämpfen konnte, war der Urlaubsplatz, und wenn abends in der Kneipe der Willi und der Kurt am Stammtisch saßen und der Otto fehlte, hatten wir schon Gesprächsstoff für den ganzen Abend: Wo mag der Otto heute sein?

Auch zu Hause lief nun alles rund. Gute Wohnung, Auto, Fernseher, Kühlschrank, meine Frau einen ordentlichen Posten in der Verwaltung, die Kinder aus dem Gröbsten heraus…

Schlaffe acht Jahre waren seit meiner Fahrenszeit vergangen und an Land für mich eigentlich nichts mehr zu tun. Eines Abends, meine Frau machte einen Brigadeausflug mit Umtrunk und wollte um zwanzig Uhr spätestens zurück sein, hockte ich alleine vor dem Fernseher, mieses Programm, und als die Frau um halb neun noch nicht zu Hause war, sagte ich: Wenn sie bis einundzwanzig Uhr nicht kommt, schreib ich die Bewerbung! Und ich schrieb sie, steckte das Papierchen in ein Kuvert. Wenn sie bis zweiundzwanzig Uhr nicht kommt, sagte ich, klebe ich den Brief zu! Und ich klebte ihn zu. Wenn sie um dreiundzwanzig Uhr nicht da ist, dachte ich, gehst du und steckst den Brief in den Kasten! Um elf also zündete ich mir eine Lunte an, erhob mich, lief langsam die Treppe runter, dann um die Ecke zum Briefkasten…

Sie kam um halb zwei zurück, und ich konnte alles auf sie schieben.

Seitdem fahre ich wieder. Und ich habe es nicht bereut.

Jedesmal, wenn ich den Dampfer wechsle, ist es, als ob ich eine neue Arbeit beginne, dann horche ich drei Runden, wie der Hase dort läuft, und dann krieg ich die Sache immer in den Griff. Natürlich fahre ich auch wegen des Geldes, nicht zu Unrecht sagt man, die Hochseefischerei fährt für Geld und die Handelsflotte für Ansichtskarten. Außer anständigem Geld sieht man auch was von der Welt. Kriegt mit, daß die DDR und ihre Wehwehchen nicht der Nabel der Welt sind …

Einmal abends sitzt meine Große vor dem Fernseher, weiß nichts mit sich anzufangen, mault, keine Disko heute, und spielt mit dem Servierbrett … Da hab ich ihr von meiner letzten Reise nach Mocambique erzählt. Wie mitten in der Stadt ein Junge auf eben solch einem Servierbrett zu klopfen beginnt, ein anderer auf einer Schüssel klappert, einer auf einem Kamm bläst – und plötzlich bewegen sich die Leute drumherum, sie tanzen und singen. Stundenlang.

Wie sollte man den Kindern so etwas erzählen können, wenn man es nicht selbst erlebt hat?

Oder wie willst du wissen, wie göttlich Bier schmeckt, wenn du nicht selbst einhundert Tage unter der Äquatorsonne gefischt hast und dich nur noch zwei Lebenswünsche aufrecht halten: endlich wieder an den Füßen frieren und ein kaltes Bier trinken! Und dann kommst du zurück, und es ist zu Hause so kalt, daß du klapperst und du gar keinen Durst auf ein Bier hast und du dich vor Wut, daß du keinen Durst auf ein Bier hast, in den Hintern beißen möchtest …

Und das Leben an Land überhaupt. Sobald du vom Dampfer steigst, mußt du den Personalausweis und den Dienstausweis einstecken, dann brauchst du ein Schnipsel für die Straßenbahn, einen Antrag für die Eisenbahn, dann stellst du dich am Fahrkartenschalter an … Kaum bist du zu Hause, rennst du nach Kohlenkarten oder aufs Finanzamt, bringst die Wäsche zur Reinigung, mußt den Klempner bestechen. Nicht zu reden vom Schlangestehen wegen bißchen Fisch … Auf dem

Dampfer dagegen, da arbeitet man anständig und wird dafür wie im Kommunismus von vorn und hinten bedient.

Aber vielleicht setzt man dadurch auch Fett an, ich meine nicht Bauchspeck, sondern Kopfspeck. Seit meiner Schulzeit will ich studieren, endlich den Elektroingenieur machen. Auf einem großen Dampfer könnte ich heute mit meinem E-Meister schon nicht mehr als Chef fahren. Aber ein Fernstudium für E-Ingenieure gibt es nicht, ich müßte zum Direktstudium nach Berlin und dort mit meinen knapp 40 Jährchen für einhundertachtzig Märker pro Monat neu anfangen. Hundertmal hab ich es mir schon vorgenommen, aber immer laß ich es schleifen ...

Hoffentlich habe ich den Absprung nicht schon endgültig verpaßt.

Im Sommer nach meiner Reise wird mir Ursula Häfner, die Ehefrau von James Watt, erzählen:

Das schlimmste beim Abschiednehmen sind die zwei letzten Stunden vor der Abfahrt des »Hundezuges«, des Lumpensammlers Leipzig-Rostock.

Die Kinder sind im Bett, das Fernsehen läuft noch, aber keiner schaut hin. Dann die Nachrichten, Programmhinweise für den nächsten Tag. Man müßte miteinander reden. Aber es ist alles schon gesagt. Dann nimmt er seinen Seesack und geht. Ich bringe ihn nie zum Bahnhof, ich sitze im Sessel und höre, wenn seine Straßenbahn klingelt, brauche nicht auf die Uhr zu schauen, weiß auch so, wann der Zug abfährt. Danach stehe ich auf, räume den Tisch ab, stelle sein Glas in den Abwasch, schütte die Zigarettenkippen in den Abfall und habe den Hintern voller Tränen.

Sein Kopfkissen lasse ich im Bett liegen, daran schnuppere ich nachts.

Vier Wochen vor seiner Heimkehr beginnt meine große Unruhe. Ich gehe stundenlang einkaufen. Schinken und gutes Bier, Nordhäuser Korn und Thüringer Wurst. Ich backe Kuchen und Plätzchen, ich scheuere die Dielen, putze die Fenster.

Unsere Nachbarn wissen dann Bescheid und freuen sich. (Ursula Häfner, früher Verwaltungsangestellte, ist heute Stützpunktleiterin für die Betreuung der Hochseefischer.)

Ostern vor Labrador

Chefkoch Kulanski hat Sorgen mit den Ostereiern. Zwar ließ er in Rostock an die 10 000 KIM-Eier in die Proviantlast stapeln, doch inzwischen riechen und schmecken sie nicht mehr sehr frisch.

Ein findiger Kollege hatte auf einem Rostocker Fangschiff, das auch in einem Januar auf 100-Tage-Fahrt gegangen war, acht blinde Passagiere versteckt. Am Gründonnerstag ließ er sie zum Gaudi der ahnungslosen Besatzung frei, und seine »Lisas«, wie er sie nannte, trippelten ihm folgsam bis zum Fangdeck hinterher, wo sie zwischen den Holzdielen nach Würmern suchten. Am Karfreitag erhielt jedes Besatzungsmitglied ein mit Zwiebelschalen gelb gefärbtes frisches Osterei und zudem ein Glas Eierlikör. Und am Ostersonntag bot der Koch als Vorspeise Hühnerklein mit Spargel und Champignons an.

Was Kulanski für den Festtagsschmaus bereithält – da erwartet die Besatzung, daß er besser als im Interhotel und fast so gut wie Mutter zu Hause kocht –, verrät er noch nicht. Er hat sich vorerst nur ein neues Handtuch vor den Bauch gebunden und eine frisch gestärkte Kochsmütze auf das spärlich behaarte Haupt gesetzt.

Trotz dieser Festtagseinstimmung durch Kulanski ist mir

nicht österlich zumute, kein Gedanke an blühende Haselnußsträucher, an Osterlämmer, an Farben, Blumen, an vom Eise befreite Felder und Fluren …

Aber wir sind keineswegs vom Eise befreit, wahrscheinlich hat sich der Winter nicht in rauhe Berge, sondern hierher nach Labrador zurückgezogen, denn in den letzten drei Tagen sank die Quecksilbersäule auf zwanzig Grad unter Null. Außerdem peitscht der Sturm das Meer, es stürzt sich brüllend und gischtig auf das Schiff. Bei jeder Woge erstarrt ein Teil des Wassers an den Aufbauten und auf den Decks zu Eis. Die Planken verwandeln sich in Eisbahnen und dünne Antennendrähte in dicke Eisröhren … Stündlich wird das Schiff schwerer, und der Kapitän beordert alle Freiwachen zum Kampf gegen die Gewichtszunahme auf Deck.

Der Sturm bläst mir Eisnadeln ins Gesicht, sie stechen durch den gestrickten Kopfschützer, und auch die Wattejacke ist nicht dicht. Im Schlachthaus unter Deck hatten wir uns schon an den gefrorenen Fisch und die Kälte gewöhnt, doch erst hier auf dem Deck wird uns wieder bewußt, daß wir nicht irgendwo, sondern am Polarkreis fischen. Der Bestmann schreit mit dem Wind, er teilt jedem seinen Frontabschnitt in der Eisschlacht zu. Ich soll einige Meter der Reling, die inzwischen dick wie eine mit Raureif überzogene Kuhkoppel ist, vom Eis befreien. Doch beim ersten Überholen des Dampfers rutsche ich auf der Eisfläche aus, komme nicht wieder hoch, krieche auf allen vieren über Deck, kann mir vorstellen, mit welchem artistischen Geschick die Matrosen bei ähnlichem Wetter das Netz aussetzen und einholen. Einer von ihnen bringt mich zur Reling. Wenn das Meer über uns hinwegrollt, ducke ich mich ängstlich, doch schon Minuten später beginne auch ich mich mit einem Eispanzer zu überziehen. Bei jeder anrollenden Woge schleudert es mich fast außenbords, einmal lasse ich in höchster Not den Pickel in das Wasser fallen. Der Bestmann lächelt nicht mitleidig, sondern brüllt, daß ein glattes

Bootsdeck kein Tanzparkett sei. Hier brauchte ich niemand mit Verrenkungen zu imponieren, hier hätte ich mich gefälligst nach der alten Seemannsregel – eine Hand fürs Schiff und eine Hand für sich – zu richten. Also halte ich mich sorgsam an der Reling fest und muß nach einer halben Stunde auch den Handschuh abhacken.

Als uns endlich Schulz' Leute ablösen, zittern wir vor Kälte und Erschöpfung, gierig schlürfen wir heißen Tee. Vom bevorstehenden Osterfest spricht keiner. Zwei Stunden später allerdings reden wir alle durcheinander und laufen aufgescheucht wie die freigelassenen Osterhühner von Kammer zu Kammer. Der Funker hat die Meldung bekommen, daß die »Evershagen«, ein Transportschiff des Fischkombinats, noch vor den österlichen Festtagen am Fangplatz eintreffen wird, Fisch übernimmt und für uns Post – die erste Post dieser Reise – übergibt.

Ich will die Ankunft des Transporters nicht verpassen, doch als der Funker versichert, daß dieser bei dem Wetter nicht vor dem Frühstück hier sein wird, gehe ich wie nach jeder Schicht um ein Uhr schlafen. In den vier Stunden bis zum Wecken wird er also nicht ankommen, aber hier geschieht so vieles nachts, hier hält sich keiner daran, ob Schlafens- oder Arbeitszeit ist, auf einem Fischdampfer gibt es nur eine Uhr – das ist der Fisch. Und alle richten sich danach, der Bäcker, der um drei Uhr seine Brötchen bäckt, der Koch, der um vierundzwanzig Uhr Suppe austeilt, der Kapitän, der um zwei Uhr nachts einen sowjetischen Tanker beidrehen ließ und Treibstoff übernahm, so daß ich es verschlief und erst am Morgen davon erfuhr, weil der Dampfer nach Diesel stank …

Und der Teufel will es, auch der Transporter erscheint schon zu nachtschlafender Zeit. Er schickt als erstes die Post herüber, um vier Uhr rüttelt uns Teichmüller wach und legt Briefe und Karten auf die Koje.

Ich bin enttäuscht, ich habe nur zwei Uns-geht-es-gut-Karten, rede mir ein, daß ich gar nicht mehr erwartet habe, lese jede Karte fünfmal …

Roland arbeitet unter mir in der Koje wie ein Büroangestellter: Kuvert aufreißen, Datum vergleichen, ablegen, neues Kuvert aufreißen … Seine Freundin hat ihm zwölf Briefe geschrieben, aufgeregt versucht er, den ersten und den letzten zu finden. Er bringt sie immer wieder durcheinander, beginnt von neuem, endlich scheint er sie geordnet zu haben und liest wortlos bis früh um fünf. Dann sagt er: »Mist verdammter.«

»Schlechte Nachrichten?« frage ich.

Er schimpft: »Sie geht tanzen, hat den Kopf voller Unsinn, so, als ob ihr überhaupt nichts fehlt …«

Der Lehrling reicht mir einen Brief hoch: »Lies mal die Stelle von der Kirche!« Papier mit Linien, aus einem Schulheft herausgerissen. »… Das dollste Ding haben wir uns Dienstag erlaubt. Wir waren mit noch ein paar Mädchen im Dom (Kirche). Was wir da getrieben haben, war die reinste Gotteslästerung. Der Pastor hat uns den Schlüssel gegeben. Aber wir sollten uns von innen einschließen. Wir nun ganz unter uns. Marion 'rauf auf die Kanzel, schlägt die Bibel auf und sagt wie so'n schwuler Jay-Halleluja, Bruder usw. … Wir haben Tränen gelacht.«

»Na und«, sage ich, »soll sie wegen dir ins Kloster?« Er antwortet nicht.

Nach einer Weile: »Das Leben geht dort weiter, so völlig ohne einen, man kann an nichts mehr drehen, muß schön abwarten, daß einem hinterher wenigstens etwas davon erzählt wird. Aber ich bin erst achtzehn …«

Noch vor dem Hellwerden gehe ich an Deck und will die Leute auf dem Transporter begrüßen, doch der liegt fast zwei Kilometer entfernt vor Anker. Seine Lichter tanzen zwischen und auf den Eisschollen. Weihnachtsstimmung.

»Ich grüße euch!« rufe ich und winke.

Widder, der neben mir steht, tippt sich an die Stirn.

Wenn die See ruhiger wird, sollen wir unseren Fisch und das Fischmehl an den Transporter übergeben. Früher fuhr ein Fischdampfer, wenn er den Laderaum voll hatte, stolz nach Hause. Das war der größte Anreiz, so schnell und soviel Fische wie möglich zu fangen und zu verarbeiten. Heute bleibt man rund einhundert Tage draußen, unabhängig davon, ob man viel oder wenig fängt, heute fühlt keiner mehr die Glückseligkeit, wenn die letzten Zentner Fisch, die noch für die Heimreisemenge fehlten, an Bord gezogen werden. Heute kommt ein Dampfer manchmal mit nur zu einem Viertel gefülltem Laderaum in Rostock an, obwohl er ihn während der Reise schon zweimal randvoll hatte. Heute ist es eine gute Reise, wenn der Plan in einhundert Tagen übererfüllt wird, und eine schlechte, wenn er nicht erfüllt wird und es keine Leistungszuschläge gibt.

Wir haben kaum noch eine Chance, daß es diesmal eine Millionenreise wird. Je weniger Fisch man gefangen hat, desto schlechter ist die Stimmung. Und je schlechter die Stimmung ist, desto wichtiger sind gute Nachrichten von zu Hause.

Opa freut sich, seine Frau verzeiht ihm den Silvesterausrutscher. Dombrowski dagegen kommt mit Sorgenfalten in unsere Kammer.

»Meine Frau hatte einen Autounfall«, sagt er. Nein, passiert sei nichts, nur das Auto verbeult. Er zündet sich mit der noch brennenden eine neue Zigarette an. »Sie muß mit den Nerven fertig sein, hat bestimmt geflennt, als sie den Brief schrieb, es liest sich alles so wirr.«

In den Briefen von zu Hause schreiben die Frauen nicht, ob der Schornstein, der längst hätte erneuert werden müssen, beim letzten Schneesturm eingestürzt ist, ob der Junge in der Kaufhalle Zigaretten klaut oder die sechzehnjährige Tochter ein Kind bekommt ... Damit verschont man die Männer auf See. Aber manchmal, und das sei das schlimmste, sagt Dombrowski, würde unausgesprochen zwischen jeder Zeile stehen: »Komm endlich nach Hause, mach Schluß mit der Seefahrerei!« Und nun hat auch seine herzkranke Frau solch einen Brief geschrieben. Dombrowski versichert: »Das ist meine letzte Reise, garantiert die letzte!« Doch seine Stimme klingt fremd und unsicher. Und während er es sagt, schaut er auf seine Schuhspitzen …

Niemand aus unserer Brigade hat nach der Postübergabe noch eine Runde geschlafen, und um fünf Uhr – Teichmüller weckt uns sonst um diese Zeit – sitzen wir schon alle zur Coffeetime bei Opa. Sein Wassertopf kocht ohne Pause.

Jumbo hat keinen Brief bekommen. Aber er erzählte oft von Marie-Luise. Er lernte sie während der letzten Freizeit in der Bar kennen. Keine Schönheit, geschieden, ein Kind – doch vielleicht hätte er mit ihr eine Familie gründen können, sagt er. Aber nun hat sie nicht geschrieben. »Ach, die Weiber«, sagt er, »ich komm nicht klar mit ihnen.« Minuten später schläft er schon wieder.

Auf dem Gang tobt Moor vorbei und flucht, daß seine Olsche ihm Bonbons und Illustrierte geschickt hätte, aber keine Körner für den Vogel, das arme Tier werde bald verhungern, denn es fräße das teure, in Saint-John's gekaufte Super-Extra-Kraftfutter nicht.

Teichmüller sitzt niedergeschlagen auf Opas Koje. Eine von seinen Freundinnen hat ihm nicht geschrieben. Und nun glaubt er, daß ausgerechnet sie diejenige ist, mit der es etwas Dauerhaftes hätte werden können. Einmal hatte mir Bernd von seinem Kummer mit den Mädchen erzählt. (Mit keinem auf dem Dampfer würde er darüber sprechen, aber weil ich nur eine Reise fahre, könnte ich es ruhig wissen.)

»Meine Mutter war schön. Sie hat mich nie geschlagen, sie hat mich in die Arme genommen, und ich konnte mich bei ihr ausweinen.«

Die Mädchen laufen ihm hinterher.

»Jedesmal, wenn es mit einer fester geworden ist, mache ich Schluß, Dann habe ich plötzlich Angst vor dem Heiraten und suche eine neue ...« Davon erzählt Teichmüller in dieser Runde nichts, er sagt nur, daß sein Urlaubsplatz in Bulgarien okay sei, da werde er sich eine neue Biene aufreißen, aber länger als die geplanten einhundert Tage dürfte der Dampfer nicht draußen bleiben, am 103. Tag fliegt sein Flugzeug nach Sofia.

Baby sitzt mit glücklichen Augen auf dem Fußboden. Sein Mädchen hat ihm etwas »unwahrscheinlich Gutes« geschrieben. Nun müsse er nur noch hundertprozentig genau wissen, wann wir in Rostock sind...

Hermann Wendt kommt zum ersten Mal während einer Coffeetime zu uns herunter. Teichmüller und Opa rücken zur Seite, bieten dem Doktor einen Platz auf der Koje an. Aber nun erzählt keiner mehr, was in den Briefen steht, obwohl Wendt fragt, ob alles in Ordnung sei.

Allgemeines Kopfnicken.

Der Meister wechselt das Thema, er fragt Wendt, ob er Klaus Dohl, einen E-Assi, kennt. Mit ihm sei er einige Reisen gefahren, und jetzt würde dieser wegen Mordes in Bautzen einsitzen.

Teichmüller erzählt: »Er war ein feiner Kerl, der Dohl, immer still und bescheiden. Als wir Ostern vor zwei Jahren in Rostock einliefen, habe ich ihm noch ein schönes Fest gewünscht. Zu Hause erfuhr er, daß seine Frau einen anderen hat und von ihm ein Kind bekommt. Da hat Dohl sie mit dem Filetiermesser erstochen.«

Widder weiß: »Sie hat ihn überredet, zur See zu fahren, um in Ruhe fremdgehen zu können.« Und Baby weiß: »Sie hat den anderen sogar in Dohls Schlafanzug pennen lassen.« Und Opa weiß: »Sie brüllte ihn beim Pimpern an, er wäre ein Schlappschwanz, der andere würde es ihr wenigstens richtig machen.« (Medizinisch erwiesen ist, daß viele Seeleute Potenzsorgen haben. Die monatelange Enthaltsamkeit, zu große Erwartung beim ersten Verkehr und eine Frau, die vielleicht spottet: »Drei Monate hast du nicht, und nun kannst du nicht!« führen dazu.)

Nach der Coffeetime geht Wendt mit mir in die Kammer, schaut sich meine Handgelenke an, befürchtet, daß die Sehnenscheidenentzündung chronisch werden kann. Aber er spricht mehr von der »Seele« als von den Knochen.

»Das schlimmste auf See sind wahrscheinlich schlechte Nachrichten von zu Hause. Viele sind da wehrlos. Meine Frau weiß das. Solange ich unterwegs bin, kann ich mich hundertprozentig auf sie verlassen. Sie ist treu, und sie versteht, daß ich immer wieder fahren muß, denn mit meiner Arzthelferausbildung kann ich an Land nur noch als Krankenpfleger arbeiten ... Aber wenn ich länger als drei Wochen zu Hause bin, fühle ich mich wie ein überflüssiger Gast, da haben wir uns nichts mehr zu sagen, weil wir es beide vermeiden, über die Seefahrt zu reden, da spürt sie, daß mir was fehlt, da wird sie unsicher, schreit oder spricht tagelang nicht mit mir. Dann bin ich froh, wenn es Zeit ist, den Seesack zu packen. Vom Land kann man vor Problemen immer auf ein Schiff flüchten. Aber flüchte mal von einem Schiff ... Da mußt du springen!«

Eigentlich müßte auf jedem Schiff auch ein Psychologe mitfahren, sagt Hermann Wendt, aber den gibt's nicht mal in der Betriebspoliklinik.

Wendt ist der Meinung, daß die Gesellschaft uns nicht genügend gegen Tragik und Schmerz gewappnet hat. »Vor allem die jungen Leute nicht. Wir haben ihnen eifrig über die eine Seite des Lebens, die erfolgreiche, die zukunftsfrohe gepredigt. Für sie ist der Tod Schlußpunkt einer Entwicklung. Ihn will man nicht wahrhaben. Doch es ist da wohl so wie mit unserer Arbeit. Wer spricht aus, daß auf einem Fischfangschiff nicht nur Fänger, sondern auch Gefangene sind ...?«

Gegen Abend legt sich der Sturm. Wir dampfen mit halber Kraft zur »Evershagen«. Sobald wir auf Rufweite heran sind, begrüßen sich die Bekannten mit »Hallo, wie geht's?« – mehr nicht.

Dann krachen die zwei Schiffskörper längsseits aneinander, die Fender mindern den Aufprall, doch unser Dampfer zittert und vibriert in allen Ecken. Die Matrosen schlingen blitzschnell die Haltetaue um die Poller. Der Meister verteilt für die Übergabe schon dicke Seemannspullover, Wollhandschuhe, Kopfschützer, Filzstiefel und Arbeitsschutzhelme. Wie für eine Nordpolarexpedition eingemummelt, klettern wir die Eisenleiter zum Laderaum hinunter. Die Luke zum Deck ist offen, und wenn wir vom Laderaum hinaufschauen, hängt der Nachthimmel quadratisch eingerahmt über uns. Schwenkt die leere Brook, ein überdimensionales Einkaufsnetz, in die Luke, sieht es aus, als schickt uns der Himmel einen Beutel mit Sterntalern.

60 bis 70 25-Kilo-Kartons kann man in einer Brook stapeln. Und das muß möglichst in ein oder zwei Minuten passieren. Die halbzentnerschweren Frostpakete werden Ziegelsteinen gleich von Mann zu Mann geschmissen, bei den ersten Paketen, die mir Opa zuwirft, falle ich wie eine klappbare Zielscheibe um. Widder stellt mich wieder auf die Beine. Dann beginne ich, meinen Körper im Takt den ankommenden Kartons entgegenzustemmen, mich wegzudrehen und, in Schwung bleibend, die Kartons zum nächsten zu schleudern. Am schwersten ist es, wenn man am Anfang oder am Ende der Kette steht, denn dort muß man die Halbzentner hochreißen und in Bewegung bringen oder, was genausoschwer ist, auffangen, anhalten und blitzschnell in die Brook stapeln. Von den Arbeitern am Anfang und am Ende hängt das Tempo ab, dort wechseln sich Opa, Widder, Odysseus und Baby ab. Zur Anfeuerung schreit Widder – er hat die lauteste Stimme –, und im Rhythmus der fliegenden Kartons zählen wir gemeinsam bei jeder Brook von eins bis sechzig oder siebzig. So überlisten wir die Schwäche der Arme und Beine.

Minus zweiundzwanzig Grad lassen den Schweiß in den Bärten (auch ich habe mich in den letzten Wochen nicht mehr rasiert) gefrieren, sie sehen aus wie erstarrte Wasserfälle. Augenbrauen und Gesichter sind mit Rauhreif überzogen.

Regelmäßig nach dreißig Minuten werden wir abgelöst und kriechen schwerfällig wie Wetterfrösche bei Regen die Leiter hinauf. Eine halbe Stunde Pause, Kaffee und Tee, dann wieder hinunter in die Eiskammer.

Wir brauchen zum Verladen der eintausend Zentner Fisch genau sieben Stunden und achtzehn Minuten. Keiner mault: Eigentlich haben wir schon Feierabend. Feierabend ist, wenn die Ladeluke geschlossen wird.

Wie der Transporter losmacht und mit unserem Fisch nach (wohin eigentlich?) fährt, merke ich nicht. Wir sind geschafft. Ich schlafe traumlos in den Gründonnerstag hinein.

Ostern darf man die Netze nicht aussetzen, behauptet eine alte Fischerregel. Wir setzen trotzdem aus.

Der Chief, der bei der Lecksuche in unserer Kammer die Bibel gesehen hat, borgt sich das Buch aus. »Glaubst du an Gott?« frage ich.

»Um Gottes willen«, sagt der Lange, »ich bin doch Genosse!«

Meist spricht man auf dem Dampfer von Gott als Fluch oder Hoffnung: »Gott verdammt« und »Das wird uns der liebe Gott doch nicht antun«. Die wenigsten haben wie Otto, der den Waschmittelstore und die Arbeitskleidung verwaltet, noch Kindheitserinnerungen an Kirche und Religion. Otto hatte sich schon in der Christenlehre bei einem Kirchenlaienspiel vor der Sintflut auf die Arche des Noah retten können.

Der Schiffsdoktor – er ist Mitglied der CDU – behauptet, daß an Bord »mehr Gläubigkeit« herrsche als an Land. Hier sei jeder auf seine Weise ein bißchen fromm, denn ein Schiff könne untergehen. »Mit diesem Gedanken und der Hoffnung

– wenn es sein muß, auch auf göttliche Rettung – lebt wohl jeder von uns.«

Hermann Wendt fuhr auf einem Dampfer der DDR-Handelsflotte, dem bei Windstärke neun die Ladung verrutscht war und der mit einer ziemlich starken Schlagseite im Wasser lag. Jeder arbeitete auf seinem Posten, keine Panik, alle schufteten wie die Stiere, man wußte, daß sich jeder auf jeden verlassen konnte. Ein junger Steuermann, Genosse, kam zu Wendt ins Hospital, er halte es nervlich nicht durch, ob er ihm eine Beruhigungsspritze geben könnte. Oder etwas anderes.

Was denn anderes? fragte Hermann Wendt.

Ich möchte beten, sagte der junge Steuermann, aber ich kenne keine Gebete.

Von der Rostocker Hochseefischfangflotte sank bisher nur ein Schiff, die »Louis Fürnberg«. Allerdings ging sie nicht bei Sturm oder Eispressung unter, sondern im Hafen von Wismar. Man hatte bei der Reparatur einige Ventile nicht geschlossen und konnte dem Untergang lediglich hilflos zuschauen und fotografieren. Feuerlöschboote pumpten das Wasser nicht schnell genug heraus, ein 100-Tonnen-Kran, der das Schiff halten sollte, brach wie ein morscher Baum, und eine Genehmigung für schwere Taucher war nicht so schnell zu besorgen.

Nachdem der Laderaum 1 leer von Fischkartons ist, ordnet der Kapitän eine »österliche Überprüfung« der Lenzpumpe an. Doch die Pumpe pumpt nicht ordentlich, und als sie endlich pumpt, läuft das Wasser nicht außenbords, sondern in den Laderaum II, wo nach der Übergabe wieder hundert Kartons bei minus zweiundzwanzig Grad verstaut worden waren. Folglich gibt es nach dem Probelenzen den ersten echten Alarm der Reise: Wir Produktionsarbeiter müssen die im Laderaum sofort anfrierenden Kartons loshacken und höher stapeln. Wir fluchen auf die Maschinisten, die zu dumm sind, ein Schiff untergehen zu lassen, geschweige denn leerzupumpen. Die meisten Flüche und Verwünschungen treffen den Chief.

Widder schimpft: »Der Chief hat von nichts Ahnung, der läuft über den Dampfer wie Jesus über das Wasser.« Widder muß das wissen, denn er ist der einzige gläubige Katholik auf dem Schiff. Ich denke, daß er es allerdings nicht sehr ernst nehmen kann mit seiner Religion, denn er beherrscht die schlimmsten Flüche, macht auch kein Hehl aus seinem »sündigen Leben« an Land und wird wohl nicht zu Unrecht »Lord vom Storch« – nach einer berühmt-berüchtigten Rostocker Nachtbar – genannt. Aber ich habe mit Vorurteilen auf dem Dampfer schon oft Schiffbruch erlitten, also sage ich nichts, als Widder über seinen Glauben und die Fastenzeit zu Ostern meditiert, nur der plötzlich muntere und aggressive Jumbo schreit ihn an: »Du scheinheiliger Katholik, bumst überall herum, und bevor du zur lieben angetrauten Frau nach Hause gehst, schleichst du beim Priester vorbei, beichtest und bist für zehn Vaterunser wieder rein und unschuldig wie ein Neugeborenes. Kein Wunder, daß du so ein Hurenbock geworden bist. Opa und den anderen vergibt keiner ihre Sünden!« So laut und böse und leidenschaftlich habe ich Jumbo nur gesehen, als er für die Verarbeitung der Kabeljauleber stritt.

Am Abend des Gründonnerstags hängt Kulanski den Osterspeiseplan an das Schott der Pantry. Er verspricht: Hirschlende mit Preiselbeeren, Ente, Rotkohl und Thüringer Klöße, Lammbraten und grüne Bohnen, Spargelsuppe, Champignoncocktail, frische Weintrauben aus Saint-John's, Ananaseis ... Fisch steht nicht auf dem Speiseplan. Aber Widder dürfte Karfreitag nur Fisch und Gemüse essen ...

In der Nacht zum Karfreitag holen wir zehn Korb Heilbutt, Schmunzelbutt, Rotzungen und dazu buntes Gemüse hoch: ein paar Rochen (ihre »Flügel« sind eine Interhoteldelikatesse), Seesterne, Muscheln, Katfische, Seespinnen und Grenadierfische (wegen der langen Schwanzflosse und dem mäuseähnlichen Kopf »Ratten« genannt). Unsere Lizenz für Rotbarsch ist abgelaufen, nun dürfen wir nur noch Plattfische fangen.

Der Körperbau der Plattfische gleicht dem anderer Fische, aber ihre rechte Seite, mit der sie auf dem Meeresgrund liegen, ist heil und weich, die linke dagegen dunkel und hart, schützend und tarnend. Auch das rechte Auge wanderte auf die linke Seite (beim Heilbutt kam es nur bis zum Scheitel des Kopfes). Plattfische haben auf der linken Hälfte zwei Augen, rechts sind sie blind. Die dreißig Zentner haben wir in einer Stunde geschlachtet, dann schickt uns der Meister in die Koje. Ihm geht es nicht gut, seit der Übergabe im eisigen Laderaum fiebert er.

Beim Frühstück verteilt Edgar die ersten Ostertelegramme. Die Frauen schreiben: »Herzlichen Glückwunsch und ein frohes Osterfest!« Vom Frühlingsahnen und von der Sehnsucht nach einem Osterspaziergang schreiben sie nichts.

Schon vier Wochen vor Ostern hatten die Funker an der Bordwandzeitung die Standards für Ostertelegramme nach Hause angeheftet. Sie beginnen mit Nummer 1: »Ein frohes Osterfest wünscht Euch …« und enden bei Nummer 12: »Ein frohes und gesundes Osterfest von hoher See wünscht Euch …« Man braucht nur den Adressaten und die Standardnummer aufzuschreiben, das gibt der Funker an Rügenradio weiter, und die Post dechiffriert die Codenummer für den Empfänger zu Hause dann wieder in den vollständigen Glückwunschtext. Diese Methode spart Zeit und Geld.

Vergeblich suchte ich in den Standards »Ich liebe Dich immer noch und wünsche Dir ein wunderschönes Osterfest …« oder »Ich sehne mich nach Euch …«. Solche Telegramme könnten nicht in die verbilligten Standardnummernlisten aufgenommen werden, sagte mir Fuchs, das müsse man individuell und deshalb teurer durchgeben; Extrawünsche seien überall nicht billig.

Mittags in der Messe läßt sich Widder nur einen Teller mit Rotkohl geben. Bevor er zu essen beginnt, schaut er unter den Tisch. Die Hände sind gefaltet.

Zur Nachmittagsschicht erscheint Teichmüller – das hat es

während der Reise noch nicht gegeben – sternhagelbesoffen. Er hat versucht, seine Grippe mit Alkohol auszutreiben. Der geschwächte Körper überstand die Pferdekur nicht. Und nun lallt und schwankt der Meister.

Niemand von uns nutzt seinen Zustand aus, jeder geht wie sonst an seine Arbeit. Doch Teichmüller pfeift durch die Finger und fuchtelt mit den Armen, bis wir uns um ihn versammelt haben. Er zieht ein zerknülltes Fernschreiben aus der Hosentasche. Die Kombinatsleitung telegrafierte: Damit die Hochseefischer der DDR wegen der Fangbeschränkungen und der angespannten Fischereipolitik auch bei schlechten Reisen keine Lohneinbuße haben, werden Zusätze gezahlt und die Garantielöhne erhöht. Bei einer 100-Tage-Reise runde sechshundert Mark für einen Produktionsarbeiter.

»Ein gutes Osterei«, sagt Opa.

Nüchtern betrachtet, bedeutet das: Keiner wird weniger verdienen, wenn wir aus »ökonomischen oder lizenzpolitischen Gründen« weniger fangen.

Teichmüller, der Ärmste, kämpft immer noch mit seinem Grippemedikament, er pfeift, damit wir uns erneut um ihn versammeln. »Einer von uns soll mal ..., also nach der Arbeit muß er mal ..., an Land brauchen sie es sofort ... sich verpflichten und so ..., also besser arbeiten und die Maßnahmen begrüßen ..., bei mir abgeben ...«

Teichmüller stellt sich in Positur und befiehlt: »Ab sofort hat Genosse Opa das Kommando über die Brigade ...« Damit verschwindet er endgültig für den Rest des Karfreitags.

Wir arbeiten schnell und ordentlich, fahren mehr Kartons in den Laderaum als an den Tagen zuvor, und Baby inspiziert alle halbe Stunde den Betriebsgang, ob Dombrowski kommt. Dann müßte man den Meister auf dem Klo verstecken, sonst wäre für ihn ein Alkoholverbot fällig.

Am Ostersonnabend zu Widders Geburtstagsfeier geht es Teichmüller wieder besser. In Widders Kammer steht seit zwei Tagen ein 50-Liter-Kochtopf, dessen Inhalt ansonsten ausreicht, um mittags die gesamte Besatzung mit Soße zu versorgen. Diesmal ist er bis zum Rand mit Mandarinen, Zucker, Schnaps, Wein und Bier gefüllt. Alle Mann unserer Brigade haben sich um den Bowlentopf geschart, und immerzu kommt noch einer aus den übrigen Schiffsabteilungen und steigt mühevoll über die am Fußboden Hockenden. Als der Kapitän erscheint, rücken wir zur Seite, und Widder steht auf. Auch mit dem Kapitän stößt das Geburtstagskind an.

Nach den ersten Bowlenrunden holt Widder Einweckgläser aus dem Spind, legt Brot und Zwiebeln daneben und stellt Weißen zur Verdauung auf die Back. Hausschlachtene Thüringer Rot- und Leberwurst. Das spricht sich schnell auf dem Dampfer herum, denn der Platz in der Kammer reicht nun nicht mehr aus, man steht Schlange vor dem Schott.

Auch der Koch kommt gratulieren. Er kostet die Wurst und sagt: »Da schmeiß ich die ungarische Salami weg!«

Widder sitzt glücklich lächelnd in der Ecke. »Wenn wir schlachten, muß der Frost beißen wie hier und der Schnee dick vor den Türen und auf den Bäumen liegen. Dann ist es ruhig im Dorf. Vor dem Haus, wo sich der Schnee rot gefärbt hat und das Schwein gebrüht, gehäutet und ausgenommen wird, balgen sich die Hunde um die Abfälle. Und im Waschhaus kocht inzwischen im Kessel das fette Fleisch, das magere drehen wir durch den Wolf, der Fleischbeschauer kommt, kriegt sein Gehacktes und ein paar Schnäpse, und dann beginnt der Schlachter, die Wurst mit der Hand zu kneten. Knoblauch, Zwiebeln, Pfeffer und Salz müssen rein, jeder hat da ein anderes Rezept. Die Blasenwürste kochen im Kessel, und jedesmal, wenn einer die Tür aufmacht, quillt eine nach Schlaraffenland duftende, weiße dicke Wolke heraus, und im Dorf heben die Leute die Nasen und sagen: ›Du, der Widder schlachtet heute ...‹« Wir essen, bis uns fast die Bäuche platzen. Und jeden Schnaps trinken wir auf das Wohl Widders und des Thüringer Hausschlachters. Satt und zufrieden machen wir uns dann wieder an die Bowle. Erst war sie Vorspeise, nun ist sie das Kompott.

Widder legt seinen Arm um Baby, der vom Alkohol rote Apfelbäckchen hat, Jumbo lehnt schlafend an Roland, und Bernd Teichmüller stützt sich auf meine Schultern. Ich zucke nicht zusammen von seiner Berührung.

Dann sagt Opa: »Ein Geburtstagslied für unseren Widder!«

Es geht ein Rundgesang herum.

»Der Meister singt ein Lied, ein wunderschönes Lied.« Und Teichmüller singt: »Wenn alle Brünnlein fließen ...« – alle Strophen. Wir klatschen und stimmen den Chor an, der Teichmüller bestätigt: »Hast's fein gemacht, hast's fein gemacht, drum wirst du auch nicht ausgelacht!«

Jeder singt sein Lied für Widder, der 24 Jahre alt geworden ist ...

Ich denke an Geburtstagsblumen und Kuchen. Apfelsaft für alle Kinder, die ich eingeladen hatte. Kindliche Freuden einer heilen Kerzenscheinwelt. Ich fühle mich Widder und Teichmüller, Opa und Baby und den anderen so nah, als würde ich schon eine Ewigkeit mit ihnen fahren.

Zum Schluß singt Widder das Rennsteiglied. Danach schwärmt er vom Holunderblütensekt, den er im Juni zu Hause ansetzen wird, von Hagebuttentee und Marmelade aus den knallroten Heckenfrüchten, von Pilzen, die er im Herbst auf dem Kuchenbrett trocknen wird, von seinem Haus, das nun bald fertig sei. Von den Leuten, die er dort beherbergen, und dem Geld, das er damit verdienen werde; mehr als hier auf dem Kahn, dann habe er es nicht mehr nötig zu fahren, dieses Jahr noch, dann würde er anfangen, im Wald zu arbeiten, als Holzfäller, später vielleicht als Förster.

Außer mir, der ich andächtig zuhöre, glaubt es wohl keiner. Die anderen lachen darüber wie über einen guten Witz.

Wir trinken, singen und erzählen bis nach Mitternacht, dann

verschwindet einer nach dem anderen, um noch etwas zu schlafen. Wenn um fünf Uhr Fisch da ist, müssen wir 'raus.

Als einer der letzten hockt Jumbo vor dem Bowlentopf, er hat sich munter geschlafen und schöpft nun mit der Kelle den Bodensatz.

Um vier Uhr – inzwischen schiebt der Bäcker die Osterbrötchen in den Ofen – ist die Feier endgültig zu Ende. In der Toilette sitzt einer und heult. Manchmal schluchzt er nur leise, manchmal jammert er wie ein Kind. Ich warte lange, dann stoße ich die Flügeltür auf. Jumbo hockt, ohne daß er die Hose heruntergezogen hat, auf der Brille.

Ich helfe ihm hoch, doch auf dem Weg zu seiner Kammer wehrt er sich. »Nein, nicht zu Widder, nicht zu diesem Katholiken!«

Wir trinken bei mir einen starken Tee. In dieser Nacht erfahre ich, daß Jumbo mit sechs Jahren in ein Kinderheim mußte, weil sein Vater nach dem Westen abgehauen war. Katholische Betschwestern hatten seiner Mutter damals wochenlang die Tür eingelaufen, um sie zu »trösten.« Doch die Mutter erhängte sich auf dem Boden mit einer Wäscheleine.

Am Ostersonntag gibt es bunte Eier und Torte. Fisch haben sie noch keinen hochgeholt. Der Meister schickt uns nicht zum Eisklopfen, er läßt uns den Rausch ausschlafen. Die Matrosen dagegen klopfen auch am Ostersonntag, um den Dampfer vom Eis zu befreien.

Produktionsarbeiter Uwe Gessler, genannt Jumbo

Gesslers Großmutter ging in jeder Woche achtmal in die Kirche, täglich einmal und sonntags zweimal. Auch Gesslers Mutter mußte mit, nur der Großvater wehrte sich, er sagte: »Ich habe zu arbeiten, und wenn der liebe Gott das nicht versteht, ist er selbst daran schuld.«

In die Kneipe ließ die Großmutter den Großvater nie, nur in den Tierpark durfte er manchmal mit dem Enkel gehen. Dann trank er drei Bier; und der kleine Jumbo bekam eine Bockwurst und mußte nicht beten, bevor er hineinbiß.

Auf ihren Schwiegersohn, Jumbos Vater, hatte die Großmutter keinen Einfluß. Er lästerte Gott, ging nie in die Kirche, war ein Trinker und hatte außer Jumbos Mutter noch andere Frauen. Als er beim Schwarzhandel erwischt worden war, verschwand er in Richtung Westen.

Damals erhängte sich Jumbos Mutter.

Seine 17jährige Schwester erhielt eine Sondergenehmigung von den Behörden, sie durfte heiraten. Jumbo wurde in ein Waisenheim gebracht. Zehn Jahre blieb er dort. Jedesmal, wenn er am Wochenende seine Großmutter oder die Schwester besuchte, mußten sie ihn zu viert vom Zaun losreißen, um ihn in das Heim zurückschaffen zu können.

Der Vater hat ihm Briefe und Pakete ins Heim geschickt. Der Absender war immer sauber herausgeschnitten, und die Westschokolade aßen die Bettnachbarn, die stärker und älter waren als Jumbo.

Zur Jugendweihe schickte der Vater dem Sohn noch ein Paar Schuhe, supermoderne, mit schmalen Spitzen. Später schickte er nichts mehr. Bei einem Unwetter ertrank er, weil er sternhagelbesoffen gewesen war – von Beruf war er Tiefbauer –, in seinem ausgeschachteten Graben vor einem Westberliner Krankenhaus.

In Bendelin, wo Jumbo bis zur fünften Klasse im Heim lebte, bekamen sie nach der Wäsche Sachen, die vordem ein anderer anhatte. Erst im Greifswalder Waisenheim, damals war Jumbo elf, erhielt jeder sein Hemd und seine Hose. Einmal zerriß ihm ein Stadtjunge bei einer Prügelei das Hemd. Da hätte Jumbo den Jungen fast umgebracht.

Jumbo sparte von seinen drei Mark Taschengeld, die er am Montag erhielt, regelmäßig zwei Mark, dazu verdiente er sich

Geld mit Sammeln von Gläsern und Altpapier, mit Arbeiten in einer Gärtnerei. Er wollte sich etwas Eigenes kaufen, eine eigene Jacke.

Damals galt für ihn: »Man muß alles ordentlich verwenden, nichts Brauchbares wegschmeißen.« Und danach lebt er noch heute. Jumbo ist auch auf dem Dampfer der beste Altpapiersammler, der eifrigste Wäscher und gleichzeitig der sparsamste Waschpulververbraucher, der fleißigste Kabeljauleber-sammler …

Als Jumbo zehn war, träumte er davon, ein berühmter Boxer zu werden und eines Tages aus dem Heim zu fliehen.

Eine Freundin hatte Jumbo nie im Heim. Sein Zimmernachbar, genau wie Jumbo fünfzehn Jahre alt, wurde von der Heimleiterin einmal abends in der Kammer eines Mädchens erwischt. Sie hatten sich nur an den Händen gehalten, trotzdem mußte das Mädchen sofort zum Schwangerschaftstest in die Klinik.

Als Jumbo sechzehn war, träumte er von Liebe und einer Familie.

Als man ihn während seiner Maschinenbaulehre in einem Internat unterbrachte, haute er ab. Seine Schwester, inzwischen hatte sie selbst sieben Kinder, nahm ihn auf.

Nach der Lehre begann Jumbo ein Studium an der Fachschule für Maschinenbau, doch damals litt er schon an seiner Schlafkrankheit. Während jeder Vorlesung klappten ihm die Augen zu, und nach zwei Jahren mußte er das Studium abbrechen. Die Ärzte verschrieben ihm »Aponeuron« und andere Muntermacher. Jumbo nahm die doppelte Menge und schlief trotzdem ein. Da schenkte er die restlichen Packungen seinem Nachbarn, der war Angler.

Nach dem mißglückten Studienversuch arbeitete Jumbo beim Straßenbau. Er fuhr eine Dampfwalze. Wenn sie sich langsam im ersten Gang bewegte, saß er auf der Dampfwalze und träumte. Er träumte immer noch vom Ausreißen, von

Liebe und einer Familie. Seine erste Ehe jedoch dauerte nur acht Monate.

Danach ging Jumbo zur See.

Er gehört zu den Ausgeglichensten in der Produktionsabteilung. Wenn der Meister ihn nicht zu übermäßiger Eile antreibt, wenn man ihn nicht hindert, Kabeljauleber und Altpapier zu sammeln, ist er zufrieden.

Und wenn er die Arbeitssachen für die ganze Brigade wäscht und sich jeder bei ihm bedankt, ist er glücklich.

Coffeetime 13
Epi, der E-Assi, erzählt, wie sie einen Toten an Land brachten

Wir lagen mit unserem Trawler vor Neufundland und fingen Kabeljau. Eines Tages ließ der Alte das Netz gleich nach dem Aussetzen wieder hochholen und befahl »Volle Kraft voraus!« – in Richtung eines unserer größten Verarbeitungsschiffe. Noch ehe wir dort ankamen, wußte jeder von uns, daß die Kühlmaschine des Verarbeitungsschiffes explodiert war. Ein Maschinist war sofort tot gewesen, ein zweiter mußte mit dem Rettungshubschrauber nach Saint-John's gebracht werden. Wir sollten den Toten übernehmen und an Land bringen.

Im Lagerraum des Trawlers konnten wir den Toten nicht aufbewahren, das verstieß gegen das DDR-Lebensmittelgesetz. Da zurrten wir ihn, in eine Persenningplane gerollt, auf dem Peildeck fest. Es waren fünfzehn Grad minus. Beim Essen redeten wir von Feinfrost und Tiefkühlfleisch. Wir wußten nicht wohin mit unserer Angst und der Unsicherheit, also erzählten wir auf dem Totenschiff Kannibalenwitze.

In Saint-John's warteten der Makler und der Leichenwagen auf unseren halbmastbeflaggen Trawler. Vor der Einfahrt zum Hafen bedeckten wir den inzwischen vom Bootsmann gezimmerten Sarg mit der DDR-Fahne, zwei Matrosen hielten in Seemannspullovern Totenwache, und der Makler, der die Überführung nach Berlin organisiert hatte, bekreuzigte sich, als er das Schiff betrat. – Nun lachten wir nicht mehr, alles war offiziell, nun gab es Trauernormen, an die konnte man sich jetzt halten.

Vom Makler erfuhren wir, daß auch der zweite Maschinist gestorben war.

Zwischenbericht 7
Die Tat des Klaus D.

Seine Frau Gisela D. wurde 1946 geboren. Sie arbeitete als Produktionsarbeiterin im Fischkombinat und war eine außergewöhnlich hübsche Frau. Klaus D. ist sechs Jahre älter, gelernter Elektromonteur und fuhr seit 1974 als E-Assi zur See.

Beide hatten zur Tatzeit zwei Kinder, einen elfjähren Sohn und eine neunjährige Tochter, und wohnten in einem Rostokker Neubauviertel.

Die Vertreter der Arbeitskollektive gaben über Klaus D. zu Protokoll: »Er zeichnete sich durch Gewissenhaftigkeit, Einsatzbereitschaft, Kollegialität und Ausgeglichenheit aus ... und war eine in sich gefestigte, prinzipientreue, gesellschaftlich interessierte und im wesentlichen aktive Persönlichkeit ... Seine gute Arbeitsmoral zeigt sich auch darin, daß er bei erhöhtem Fischaufkommen jederzeit bereit war, Einsätze in der Abteilung Produktion zu leisten.«

Am 16. 4. 1976 gegen fünfzehn Uhr lief Klaus D. in Rostock ein. »Meine Frau war da mit den Kindern und meine Schwägerin. Wir fuhren mit dem Taxi nach Hause. Die Atmosphäre war normal, alles harmonisch.«

Am übernächsten Tag, nachdem seine Frau ihm wiederholt gesagt hatte, daß ihre Regel infolge einer Krebsuntersuchung ausgeblieben sei, gingen sie gegen dreiundzwanzig Uhr zu Bett. Als ihr Mann sie während des Verkehrs wieder nach der ausgebliebenen Menstruation fragte, schrie sie: »Was du immer mit meinen Tagen hast, ich kann's dir ja sagen, ich bin von einem anderen schwanger und werde mich scheiden lassen ...«

Da stach Klaus D., ohne zu überlegen, mit einem langen Filetiermesser auf sie ein. Am Morgen stellte er sich der Polizei ...

Aus dem Gutachten der Sachverständigen: »Bei der Gestaltung der Familien- und Ehebeziehungen war er hauptsächlich auf die Wahrnehmung unmittelbarer häuslicher Interessen, die ständige Vergrößerung des Familienbesitzes und hinsichtlich der Freizeitinteressen nahezu ausschließlich auf den häuslichen Rahmen orientiert. Damit glaubte er ... sein Privatleben unerschütterlich festgefügt zu haben ...«

In der Akte von Klaus D. findet man keinen Hinweis, daß die Richter beim Urteil die besonderen Bindungsprobleme der Seeleute berücksichtigten, ihre Angst vor dem Verlust der Ehefrau, ihren Glauben, daß sie die Strapazen der Seefahrt für das finanzielle Wohlergehen der Familie auf sich nehmen, ihre Wehrlosigkeit, wenn dieser Glaube zusammenbricht oder die Bindung zerreißt.

Klaus D. wurde zu acht Jahren Haft verurteilt und bei der Amnestie zum 30. Jahrestag der DDR nicht berücksichtigt. Er schrieb mir in einem Brief aus der Haftanstalt »... Wir haben auf dem Dampfer viel über das Fremdgehen der Frauen erzählt, weil es ja heutzutage überall auftritt, weil es zum guten Ton gehört oder modern sein soll. Auch hier, wo ich zur Zeit bin, redet man fast nur darüber. Aber ich war immer der Meinung, nach über elf Jahren Ehe ist das Ding gelaufen und übersteht jeden Kummer ... An Land ist man mit der Familie und der Frau enger verbunden. Alle Unregelmäßigkeiten und Sorgen bleiben einem da nicht unbekannt, man kann dann eingreifen. Auf See draußen und hier im Gefängnis verlernt man das und wird wehrlos ... Frau und Familie sind für einen Seemann, wie man so schön sagt, ein windgeschützter Hafen. Die Frau muß, während man auf See ist, alle Entscheidungen allein treffen, sie muß eine gute Familienpolitik betreiben. Das gibt dem Mann auf See die nötige Ruhe bei der Arbeit. Auf gut deutsch gesagt: Der Laden zu Hause muß laufen, dann läuft es auf dem Kahn auch. Das Schlimmste, was einen Fahrensmann treffen kann, ist die Nachricht, daß die Frau fremdgeht, da weiß man nicht mehr, wo man hingehört und was man tun soll ... Vielleicht werde ich irgendwann wieder zur See fahren. Aber heiraten werde ich dann nicht mehr. Wenn man nichts hat, kann man nichts verlieren.«

Abschied von Labrador

Je länger wir vor Labrador fischen, um so mehr achte ich unseren Dampfer und bedauere ihn zugleich. Der Zwanzigjährige kämpft mit seiner altersschwachen Maschine unverzagt tapfer gegen Sturm, Eis und haushohe Wellen. Er ist zäh und ausdauernd wie die achtzigjährigen Männer und Frauen aus manchem Thüringer Dorf, die noch bei jedem Wind und Wetter in den Wald tappen und Reisig mit dem Handwagen und Tannenzapfen mit der Kiepe nach Hause bringen. Sie keuchen vor Anstrengung, zählen fünfzig Schritte ab und machen eine Pause ...

Es ist immer noch so kalt, daß einem auf Deck sofort die Popel in der Nase gefrieren, und der Rudergänger muß alle dreißig Minuten das Eis von den Frontscheiben des Steuerhauses kratzen. (Unser Dampfer hat keine Fensterheizung auf der Brücke, denn er sollte eigentlich nicht nach Labrador, sondern nach Afrika geschickt werden.) Der Sturm wird seit Wochen nicht müde, und der Dampfer muß vier oder fünf Stunden ohne Netz gegen die Wellen ankämpfen, damit er dann, das Netz hinter sich herschleppend, zwei Stunden mit den Wellen fahren kann.

In diesen Tagen sagen wir nicht »Dampfer« zu unserem Schiff, sondern nennen ihn mit Vornamen: »unsere Hans« oder »altes Hänschen«. Wir lieben ihn wie ein Mann sein längst schrottreifes Auto, das er putzt und poliert, als sei es ein neues.

Manchmal jedoch, wenn der Hans am ganzen Leibe zittert und mit letzter Kraft stampft, wenn er kaum noch gegen die Wellen ankommt, wenn er es nicht mehr schafft, das Netz hinterherzuschleppen, wie es sich für einen ordentlichen Fischdampfer gehört, dann fluchen wir und fragen, weshalb unser »alter Schuh« unter extrem widrigen Bedingungen vor Labrador fischen muß, während die neuen, stärkeren Rostokker Schiffe schon wochenlang im Hafen von Falmouth vor Anker liegen und dort von englischen Fischern gekaufte Makrelen verarbeiten.

Widder, der die Dinge immer sehr drastisch benennt, sagt: »Die Chefs an Land müssen doch völlig verblödet sein.«

Und Opa meint: »Das geht den Schiffen heutzutage wie den Leuten. Die Alten schinden sich ab, und die Jungen, die suchen sich einen bequemen Posten.«

Dombrowski, der nichts zu einer Frage sagt, wenn er nichts Genaues darüber weiß, widerspricht. Die Chefs an Land seien weder blöd noch gedankenlos, die Sache hätte sich folgendermaßen zugetragen: »Wir hatten Ende des alten Jahres keine Lizenz für Kanada, rüsteten die Flotte mit Makrelenmaschinen aus und schickten fast alle großen Dampfer nach dem USA-Schelf. Als sie unterwegs waren, sperrten die Amerikaner ihre Fischereigebiete für die DDR. Das Kombinat stoppte die Schiffe, vereinbarte in Blitzverhandlungen mit den Engländern, daß wir ihren Fischern Makrelen abkaufen, und unsere neuen, starken Pötte machten in Falmouth und Plymouth fest. Aber da vergab Kanada unerwartet Fanglizenzen für Kabeljau, Rotbarsch und Heilbutt vor Labrador. Einer der letzten Dampfer, der zu dieser Zeit noch in Rostock lag und wieder mit Kabeljaumaschinen versehen werden konnte, war unser alter Schuh. Also schickte uns die Fangleitung nach Kanada.

Die Auskunft klärt, aber beruhigt nicht.

Unser Dampfer ächzt und stöhnt. Fische fangen wir immer seltener, und bei jedem Hol stehen nicht nur die Matrosen, sondern auch wir Produktionsarbeiter auf dem Fangdeck und beobachten mit unglücklichen Gesichtern das Einholen des Netzes. Sogar Widder hat das Knüpfen unterbrochen und wartet. Uns fehlt der Fisch. Der Fische wegen fahren wir über drei Monate lang auf dem Atlantik umher. Wenn wir keine Fische fangen, könnten wir besser gleich nach Hause fahren und die Zeit angenehmer verbringen. Einen festen Lohn bekommen wir auch für die fischlosen Tage; trotzdem stehen wir ungeduldig und fluchend an der Reling, und Baby sagt: »Wenn das so weitergeht, schämt man sich, nach der Reise die Piepen einzustecken.«

Während der Zeit, in der wir nicht aussetzen, sondern nur gegen die hohe See ankämpfen müssen, lädt der Kapitän zum »Treffpunkt Leiter« in die Messe ein. Schon eine halbe Stunde vor Beginn drängeln wir uns vor der Messe, denn unter der Einladung stand: Es gibt Kaffee und Kuchen. Der Kapitän hat heute eine gute Hose und seinen dicken Wollpullover angezogen. Er lächelt freundlich, auch die Nase ist knollig rot, er hat also gute Laune. Fragen, die »gestellt werden müssen«, sind nicht, wie das oft bei gleichen Anlässen in Betrieben geschieht, vorher abgesprochen; hier wird nur gefragt, was die Leute wirklich interessiert.

Baby meldet sich als erster: »Wann werden wir in Rostock einlaufen? Ich muß das wissen, ich hab was Wichtiges vor.«

Die Massen grinsen.

Der Kapitän zuckt mit den Schultern: »Wir haben die Fangleitung schon oft telefonisch nach dem verbindlichen Einlauftermin gefragt, sie können es noch nicht sagen. Wir müssen warten.«

Teichmüller hakt sofort ein: »Ich habe für den 2. Mai einen Ferienscheck nach Bulgarien. Die Fahrt sollte ja nicht länger als einhundert Tage, also nur bis zum 30. April, dauern.«

Der Kapitän schlägt Teichmüller vor, den Ferienscheck zurückzugeben. »Ich kann für nichts garantieren.«

Dann hageln die Fragen. Wann gibt es die nächste Post? Weshalb müssen wir mit dem alten schwachen Dampfer hier oben fischen und die neuen liegen in England vor Anker? Weshalb ist noch kein Termin für die Werft bekannt? Weshalb so wenig Knüpfwolle? Weshalb schickt das Kombinat die Ferienplatzangebote erst, wenn die Termine für die Anmeldung schon überfällig sind? Weshalb können wir mit 20 vor Kanada arbeiten, aber erst wenn wir 25 Jahre alt sind die angebotenen Urlaubsreisen nach Kuba oder Vietnam beantragen?

Der Kapitän schwitzt. Er muß für alles geradestehen, was an Land versäumt wurde oder was auch dort niemand beantworten kann. Er schluckt, und seine Nase wird spitz und weiß.

Uns geht es nach der Versammlung besser. Der Kuchen war genießbar, der Kaffee stark, und den Ärger konnte man sich von der Seele reden. Das ist lebenswichtig, wenn man schon achtzig Tage unterwegs ist.

Aber wo wird der Kapitän seinen Ärger los? Ein Kapitän ist eine Autorität, und selbst wenn einem Kapitän die Frau wegläuft, kann er sich nicht einmal beim Doktor ausheulen.

Wilhelm hatte mir auf diese Frage einmal sarkastisch geantwortet: »Ein Kapitän hat einen Revolver.«

Viele Fischer auf See sprechen nicht sehr höflich von den Kombinatsverantwortlichen an Land, man tituliert sie »Sesselfurzer« und »Bürohengste«. Dabei arbeiten in der Fangleitung und anderen Abteilungen des Kombinats viele Kollegen, die früher selber als Steuerleute oder in der Produktion gefahren sind. Sie wissen, wie der Wind auf See weht. Und müssen es trotzdem manchmal vergessen, denn nicht alle Anweisungen, Planaufgaben und Maßnahmen, die sie von Land aus auf den Schiffen durchsetzen sollen, stimmen mit den Erfahrungen überein, die sie selbst auf See gemacht haben.

Jeder Mann auf See ist auf die Kollegen an Land angewiesen. Nicht nur wegen der Fressalien, der Post, der Ersatzteile und des Diesels, sondern ohne sie hätte er auch niemanden (oder müßte sich jemanden an Bord suchen, und das wäre gefährlich), an dem er nach siebzig oder achtzig Tagen Seefahrt seine Aggressionen abreagieren könnte.

Vor dem Fischzug auf See ist heute ein erfolgreicher Lizenzfischfang an Land nötig. Mit einigen Ländern, beispielsweise Angola, konnten wir langfristige Verträge abschließen. Aber meist weiß vorher keiner, was die Lizenzhändler bei ihrem Fischzug im Netz haben. Und niemand kann deshalb genau sagen, wo die Rostocker Dampfer in drei oder vier Monaten fischen. Und weder der Fangleiter noch der Kombinatsdirektor vermögen deshalb, verbindliche Angaben zu machen, wann die Schiffe einlaufen, im Hafen liegen, wann die Besatzung Urlaub planen soll. Und mit dieser Ungewißheit steigt die Fluktuation unter den Hochseefischern.

Teichmüller telegrafiert trotzdem noch einmal wegen des Einlauftermins an die Fangleitung in Rostock. Sie antwortet, es sei immer noch ungewiß, ob wir länger als einhundert Tage draußen blieben. Da benachrichtigt er seinen Vater, er möge den Bulgarien-Ferienscheck zum Reisebüro zurückbringen.

Es ist jetzt so still geworden auf dem Dampfer, als hätten wir die Schlacht um den Fisch aufgegeben. Die Knüpfer knüpfen wieder, und der Fischmehler hat zum Wollewickeln sogar eine Bohrmaschine umfunktioniert. Die Leseratten wie Odysseus und Fuchs lesen. Die Schläfer schlafen, allen voran Jumbo. Er hat nach Widders Geburtstagsfeier seine Ruhe wiedergefunden. Nach dieser Reise will er in der »Wochenpost« eine Anzeige aufgeben. Ich helfe ihm, den Text zu formulieren: »Hochseefischer, 32, treu, still und zuverlässig, sucht...«

Dombrowski scheint den Schock wegen des Unfalls seiner Frau überwunden zu haben, er warf den Brief, in dem er schrieb, daß er mit der Seefahrt aufhöre, in den Papierkorb. Und auch das alte Protokoll über die Pelzjackenklauerei hat er zerrissen und ein neues, wahrhaftigeres getippt ... Aber ihm ist unwohl dabei. »Nun werden die zwei durch die Mühle gedreht«, sagt er. »Ich komme mir vor wie ein Feigling, der sich lediglich an Kleinere, Schwächere herantraut«, sagt er. »Immer nur die Untergebenen zu kritisieren, das versaut mit der Zeit den Charakter.« Als einziger stört der Linksaußen die scheinbare Ruhe auf dem Dampfer. Er erhält von der Kombinatsparteileitung den Auftrag, mit den Besatzungsmitgliedern über ihre »Westbeziehungen« zu sprechen ihr »Bewußtsein zu analysieren« und die Ergebnisse der Befragung zur Verarbeitung nach Rostock zu schicken. Daraufhin verteilt er die Fragen schriftlich an fünfundzwanzig Matrosen, Produktionsarbeiter, Maschinisten und Offiziere und verlangt sie in zwei Tagen beantwortet zurück. Es werde alles anonym bleiben, sagt er. Doch sicherheitshalber schreiben die meisten die Antworten voneinander ab. Danach ist wieder Ruhe.

Erst als der Funker aufgeregt durch die Gänge rennt, gleicht die Mannschaft einem aufgescheuchten Bienenschwarm.

Aus Rostock ist Anweisung gekommen!

In der Anweisung steht: »Noch vier Tage vor Labrador fischen, dann nach Südengland dampfen und im Hafen von Falmouth Makrelen, die englische Fischer verkaufen, verarbeiten!«

Der Einlauftermin steht nicht in der Anweisung. Auch nicht, ob wir von England aus mit dem Flugzeug nach Hause fliegen oder mit dem Dampfer nach Rostock fahren. Nicht, ob das Schiff nach dieser Reise in die Werft geht... Eines aber ist sicher: Wir werden vor England keine Netze aussetzen. Wir werden nur noch gekaufte Makrelen schlachten.

In den verbleibenden vier Tagen vor Labrador beginnt ein neuer Kampf um den Fisch. Matrosen, Maschinisten und Steuerleute stehen in ihrer Freiwache mit uns im Produktionsraum und filetieren Fische. Doch heute tun sie das nicht, weil wir zuviel Fisch haben, sondern weil wir zuwenig fangen und sich jeder noch einige Kilo für die Bratpfanne zu Hause einfrosten oder sich den Bauch noch einmal mit frischem Fisch vollschlagen möchte.

Teichmüller nimmt nur die Filetspitzen der gefleckten Seekatzen, Jumbo nur fette Heilbuttstücke, Odysseus Rotbarschfilets und der Doktor »Ratten« – Grenadierfische, deren Fleisch besonders fest ist. Jeder packt sich ein oder zwei Frostschalen (also an die zehn Kilo) mit seinem Spezialfisch, legt einen Namenszettel hinein und ermahnt die Tunnelbeschicker, die Glasierer und die Stauer, mit diesem Fisch beim Frosten und Verpacken und Stauen besonders sorgfältig umzugehen. Die Ängstlichsten spendieren Widder, Baby oder dem Stauer dafür sogar ein Bier.

In den letzten vier Tagen vor Labrador duftet es auf dem Dampfer nach Fisch. Gebratenem. Gekochtem. Gegrilltem. Gedünstetem. Gebackenem ...

Der erste, der mich zum Fischessen einlädt, ist der dicke Fischmehler. Wir haben bisher kaum miteinander gesprochen. Nur als sich auf dem Dampfer herumsprach, daß ich über die Arbeit der Hochseefischer schreiben wolle, hatte sich der Fischmehler so breitbeinig in den Gang gestellt, daß ich nicht an ihm vorbeikam. Er musterte mich von den Füßen bis zu den Bartstoppeln, als würde er mich zum ersten Mal sehen, dann schüttelt er den Kopf und sagte: »DU wirst die Wahrheit sowieso nicht mitbekommen.« Ich wollte wissen, weshalb er das dachte, doch er sagte nur noch einmal diesen Satz. Seitdem hatten wir uns nicht wieder unterhalten. Nun also steht er in meiner Kammer und sagt: »Komm mal in die Schlosserwerkstatt, wir haben Fisch gebraten!«

Zwischen Schweißbrennern, Bohrmaschinen, Fettpressen sitzen Dombrowski und Wales, der Schlosser. Neben ihnen brutzeln in einem großen Tiegel etwa zwei Kilo Fischfilet. »Rotbarsch«, sage ich mit Kennerblick. Sie nicken. Der Rotbarsch schwimmt in einem guten halben Pfund Butter, ist schon goldgelb. Der Fischmehler geht zum Werkzeugschrank. Neben Ventilen, Schraubenschlüsseln und allerlei Kästchen steht ein Marmeladenglas mit einer Salzmischung. Davon streut der Fischmehler zwei, drei Prisen über den Fisch.

»Salz, Pfeffer, Curry – mehr nicht«, sagt Wales, »alles andere verdirbt den Fischgeschmack.« Aus dem untersten Fach des Werkzeugschrankes holen sie Teller und Bestecke.

Wir essen, bis kein Krümel mehr übrig ist. Dann zieht Dombrowski eine kleine Flasche aus der Hosentasche. In dem Werkzeugschrank findet man auch Gläser. Zuerst stoßen Wales, der wegen des Jackendiebstahles nun eine strenge Rüge in der Kaderakte stehen hat, und Dombrowski miteinander an.

»Auf die nächste Reise nach Labrador!«

Dann schenkt der Fischmehler mir ein zweites Glas ein und fragt: »Na, wie war die Arbeit?«

»Ich fühle mich wohl«, sage ich und lüge nicht.

Am nächsten Tag jedoch fühlte ich mich nicht mehr wohl. Ich habe mich total überfressen …

Nach dem Frühstück, es gab außer Suppe und gebratener Leber auch Gegrilltes, mit Champignons belegtes Kabeljaufilet, lädt mich Teichmüller zum Fischessen ein. Aus der Tonne, in der Jumbo seine Lebergraxe gekocht hat, angelt er vier Foliepäckchen. Dann hebt er die Plane der nicht benutzten Heringsfiletiermaschine hoch. Darunter stehen Teller, und auf den Tellern liegen Messer und Gabeln. Wir wickeln die Päckchen auf: gedünstetes Filet von Seekatzen, mit Salami belegt.

Die Salami werfen wir in den Küt, sie diente nur als Gewürz ...

Eine Stunde danach klopft Baby ans Schott. Ich möchte zu ihm in die Kammer kommen, es gäbe Fisch. Er hat Kabeljau in Öl und mit viel Chili gebraten. Allerdings nimmt Baby – das alte Sprichwort »Fische und Frauen sind nirgends besser denn am Sterz« befolgend – für sein Gericht nur die Filetspitzen vom Schwanzende. Babys Chillie-Kabeljau ist so scharf, daß mir die Augen tränen und wir hinterher meine Monatsbuddel Rotwein austrinken.

Zum Mittagessen serviert Chefkoch Kulanski ein, wie er behauptet, königliches Fischgericht: Weißen Heilbutt, zwischen Spargel, Sellerie, Möhren, Pilzen, Kohlrabi und Speckscheiben gebacken. Nachdem ich davon gekostet habe, staune ich überhaupt nicht, daß kaum einer von der Crew das zweite angebotene Gericht – Brathähnchen in Sahnesoße – ißt ...

Kurz nach dem Mittagessen bugsiert mich Moor hinunter in den Maschinenraum und zeigt mir seinen Fischdämpfapparat: eine umgebaute Werkzeugkiste, in die er Dampf leitet. Heute liegen rund dreißig sorgfältig verschnürte Foliepäckchen mit Moors Spezialfisch darin. Er packt fünfundzwanzig davon in einen Eimer und beauftragt den Maschinenassi, die Portionen ordentlich an alle Besteller zu verteilen.

Moor wischt den Tisch ab, auf dem die Kontrollbücher liegen, legt ein Tuch darauf, holt aus einer Kiste Teller und Besteck, aus einer anderen eine Flasche Bier für mich und zieht sich die wulstigen Lärmschutzkappen von den Ohren. »Man muß hören, was man ißt ...«, sagt er. Andächtig wickeln wir die Fischpäckchen auf, und augenblicklich riecht es im Maschinenraum nicht mehr nach Diesel, es duftet wie in einem japanischen Speiserestaurant. Nach meinen ersten Lobesworten, verrät mir Moor sein von ihm erfundenes Rezept. Fischfilet wird mit folgenden Zutaten belegt, bestrichen, beträufelt, in Folie gewickelt und eine halbe Stunde gedünstet: Senf,

Tomatenmark oder Ketchup, Räucherspeck, Zwiebelscheiben, Gewürzgurke, grüne Gurke, Lorbeerblätter, Piment, Pfeffer, Paprika, Curry, Chili, Fischkräutergewürz, Kräutersalz, Selleriesalz, Pfeffersoße, scharfe Worcestersoße und Knoblauchsoße…

Als ich wieder in meiner Kammer sitze und mir zum Sterben schlecht ist, muß ich mit Schrecken daran denken, daß schon vor siebenhundert Jahren Papst Martin VI. die Regel »Aal ist eine feine Speise, aber nicht gerade meterweise« mißachtet hatte und beim Aalessen vom Schlag getroffen worden war. Dabei soll Fisch Lebenselixier und Medizin sein! Ärzte verordneten Fisch gegen körperliche Schwäche, träufelten das Fett vom Lachs in die Ohren von Schwerhörigen, »heilten« die Gelbsucht, indem sie lebendige Schleien auf den entblößtem Bauch der Patienten legten und sie dort so lange zappeln ließen, bis sie oder die Kranken gestorben waren. Ein altrömisches Rezept riet: »Nimm einen Aal und lege ihn in Wein. Gib beides dem Trunksüchtigen, und er wird fortan von seiner Krankheit geheilt sein.« Später wurde die Entwöhnungskur verschärft, indem man dem Alkoholiker Wein gemischt mit frischem Aalblut einflößte und wartete, bis ihm der Schaum aus dem Mund lief. (Aalblut enthält giftige Ichthyotoxine, die Krämpfe, Lähmungserscheinungen und ein Absinken der Bluttemperatur bewirken und die sich erst beim Kochen, Braten oder Räuchern – also Erhitzen – des Aales zersetzen.)

Ich liege in der Koje und massiere mir stöhnend den Bauch. Oben auf dem Fangdeck legen die Matrosen die Netze zum letzten Mal zusammen.

Der Abschied von Labrador ist endgültig. Ich hatte ihn, übermüdet, mit schmerzenden Händen, schon nach zwanzig Tagen herbeigewünscht. Aber jetzt will keine Freude aufkommen.

Odysseus bringt mir Fisch. Er hat noch einmal geräuchert.

Ablehnen darf ich nicht, es ist eine Ehre, Fisch geschenkt zu bekommen, den nicht die eigene Brigade geräuchert hat.

Der Abschied berührt Odysseus kaum, er wird in einem halben oder in zwei Jahren wieder hier sein. Für mich ist es ein Abschied von den Eisbergen und den Robben, von Saint-John's, von der Erwartung beim Netzeinholen, von den Leiden beim Schlachten der Kabeljaus, von der Freude nach der gemeinsam bewältigten schweren Arbeit. Und es ist ein Abschied von den Fischen. (Noch heute, ein reichliches Jahr danach, begutachte ich jeden gefrosteten Kabeljau, den ich irgendwo auftreibe, mit der stillen Frage: Haben *wir* dich damals vor Labrador gefangen? Haben vielleicht Baby, Opa, Odysseus oder *ich* dich geschlachtet?)

Der Abschied von den Fischen – dem Kabeljau mit seinem festen, fast grätenlosen Fleisch, dem Rotbarsch mit seinem Stachelpanzer, der ihm doch nichts gegen das Netz nützt, den gefleckten, fast zentnerschweren Katfischen, den fetttriefenden Heilbutts, den Rochen, die mit ihrem »Gesicht« (auf der Unterseite des Körpers haben sie ein niedliches »Frätzchen«) noch im Tode lachen, den Seesternen, die ein bißchen von der Märchenwelt in der Tiefsee ahnen lassen – dieser Abschied macht mich traurig. Ich traure um die Fische, die ich monatelang wegen ihrer Kälte, ihrer Stacheln und ihres Kütgestanks verflucht hatte.

Odysseus geht nicht auf meine Philosophiererei ein, er sagt nur: »Dir verfressenem Menschen tut's doch nur deshalb leid, weil du nie mehr so frischen, so köstlichen Fisch essen wirst wie hier auf dem Dampfer.« Das ist für Odysseus Materialismus!

In dieser letzten Nacht tobt das Meer vor Labrador, als würde es mit unserem alten Schuh zum letzten Mal die Kräfte messen. Ich hatte Bierkästen mit leeren Flaschen und andere bewegliche Güter sorgfältig verbänselt, doch das Meer reißt sie wieder los, Scherbenhaufen in der Kammer, in der Kombüse ... Gegen Mitternacht stürzen wir – sogar erfahrene Seeleute wie Schulz – in Schlafanzügen auf die Brücke, weil es krachte, als ob die Wellen den Dampfer gegen einen Eisberg geschleudert hätten. Doch die See traf uns nur voll von vorn, und ein riesiger Flutberg brach donnernd wie eine Steinlawine auf dem Deck zusammen. Unser alter Hans hielt. Er entkam auch diesem letzten Angriff ... Nur den Hauptsender hat es erwischt, er gibt keinen Piep mehr von sich, wir sind ohne Verbindung zu Rostock.

Während meiner Freiwache sitze ich ungeduldig im Funkraum, weil ich die idiotische Eingebung habe, daß ausgerechnet jetzt für mich eine wichtige Nachricht bei Rügenradio anliegt. Fuchs und Edgar knien vor dem Funkschrank und ziehen Schubfach für Schubfach, die mit verwirrend vielen Röhren und Widerständen bestückt sind, heraus. Sie falten Montageanleitungen auseinander, die aneinandergelegt fast die Länge des Dampfers erreichen, und arbeiten sich danach zentimeterweise auf dem Weg voran, den der Strom gehen müßte.

Der 1. Funkoffizier arbeitet verbissen und systematisch, schaut nicht hoch dabei, flucht leise und diszipliniert. Edgar dagegen faßt mal an diesen Draht, wackelt an jener Röhre, dabei grinst er herüber zu mir, aber macht sofort ein ernstes, sehr besorgtes Gesicht, wenn Fuchs ihn anschaut.

Kurz vor dem Essen, der 1. Funkoffizier ist schon nervös, bleich und der Verzweiflung nahe, tritt Edgar wütend und kräftig mit dem Fuß gegen den Sendeschrank. Sofort funktioniert er wieder.

Wir haben Verbindung zur Heimat! Rügenradio sendet die ersten Telegramme.

Für mich ist nichts dabei.

Zwischenbericht 8

Über Fischmehl und Eiweißmangel

Fischmehl schmeckt widerlich tranig. Es gelingt einem kaum, das Zeug hinunterzuschlucken; sogar wenn man mit Schnaps nachspült. Im Labor jedoch kann der Alkohol die Fette und damit den Trangeschmack extrahieren. In der Produktion ist das Verfahren noch nicht rentabel, denn der Alkohol ist nach der ersten Entfettungsübung nicht mehr potent genug, um die Extraktion ein zweites Mal zu vollziehen.

Allerdings würde mit dieser Art von geschmacklosem Fischeiweißkonzentrat der akute Eiweißmangel in vielen Ländern gemildert werden können, denn das Konzentrat ist so hochwertig, daß fünfzehn Gramm davon den täglichen Proteinbedarf eines Kleinkindes decken und fünfzig Gramm ausreichen, um einen Erwachsenen mit Eiweiß für einen Tag zu versorgen.

Zur Zeit jedoch verfüttert man das Fischmehl in den Industrieländern an Schweine und Rinder.

Fischmehl für die Tiermast!

Aber um zehn Kilo Rindfleisch zu erzeugen, müssen die Bullen einhundert Kilo Fischmehl fressen. Und um einhundert Kilogramm Fischmehl zu produzieren, muß man rund fünfhundert Kilo Fische fangen. Diese fünfhundert Kilogramm Fische (also der Preis für zehn Kilo Rindfleisch) würden ausreichen, um drei Menschen fast ein Jahr lang mit Eiweiß zu versorgen.

Auf der Erde leiden über eine Milliarde Menschen an Eiweißmangel.

Doch in den reichen Industrieländern verfüttert man von Jahr zu Jahr mehr Weizen, Soja und Fischmehl an Rinder und Schweine (aus deren Fleisch sich nur rund zehn Prozent des gefressenen Eiweißes zurückgewinnen lassen). Und die Fleischtöpfe eines Bruchteils der Erdbevölkerung werden immer voller.

Und Milliarden Menschen hungern.

Und Millionen Menschen verhungern.

Und ständig steigt diese Zahl.

1945 wurden neunzig Prozent des gefangenen Fisches in der Welt für die Ernährung der Menschen verwendet.

Heute sind es nur noch sechzig Prozent.

Den Rest verfüttern wir.

Fünfzig Kilo Fische, um ein Kilo Fleisch zu produzieren. Und um ein Kilo Fisch in Binnengewässern zu mästen, braucht man fast zwei Kilo Weizen.

Auch so fressen wir uns – oder wie manche imperialistische Staaten die Entwicklungsländer – arm …

Schiffsarzt Hermann Wendt

Hermann Wendt ist in Leipzig aufgewachsen. Nach dem Abitur wurde er 1944 als Fallschirmjäger ausgebildet. Bei seinem ersten Absprung über der Normandie geriet er in Gefangenschaft, und mit neunzehn Jahren fuhr er auf einem amerikanischen Transporter zum ersten Mal über den Atlantik.

In den USA floh er aus dem Gefangenencamp, um sich über Mexiko, Guatemala, Honduras, Nikaragua, Costa Rica, Panama, Kolumbien, Brasilien und Bolivien zu Fuß bis nach Argentinien durchzuschlagen. Nach drei Tagen fingen ihn die US-Soldaten wieder ein.

1945 machte Hermann Wendt seine zweite Seereise, er wurde nach England gebracht, wo er als Knecht bei einem Bauern arbeiten mußte. Er heiratete dort, studierte später vier Jahre Medizin, allerdings ohne Abschluß, denn er wollte wieder weg von seiner Lady und von Old England.

In Frankfurt am Main lernte er seine jetzige Frau kennen, und als die Lady ihren »Kriegsgefangenen« nicht freigab, überzeugte er die Frankfurterin, das Landgut und den Äppelwein aufzugeben und mit ihm nach Leipzig zu seinen Eltern zu gehen. Bis in die DDR würde der Arm der Lady nicht reichen ...

In Leipzig erhielten er und die Frankfurter Bauernhofbesitzerin eine Wohnung und einen Kredit von 2000 Mark. Wendts Eltern verdienten sehr wenig, sie hatten ihren Lebensmut verloren, als sie die Nachricht vom Tod ihres jüngsten Sohnes erhielten, der mit achtzehn Jahren in der Sowjetunion gefallen war. Hermann und seine Frau mußten die Eltern mit durchbringen.

Die Frankfurterin ging als Näherin. Er wollte sein Arztstudium beenden, aber an der Karl-Marx-Universität sagte man ihm, die vier englischen Jahre würden in der DDR nicht anerkannt, er müsse noch einmal von vorn anfangen. Da begann er, als Krankenpfleger zu arbeiten.

Es waren die Jahre, als hier viele Ärzte ihren Eid und ihre Patienten verrieten und sich nach dem Westen absetzten. Damals starben Schwerkranke, weil wir zuwenig Mediziner hatten.

In dieser Notlage wurden Krankenpfleger, Sanitäter, Apothekergehilfen und Masseure in Schnellkursen zu Arzthelfern ausgebildet. Auch Hermann Wendt erklärte sich bereit. Es fehlten so viele Mediziner, daß man den Arzthelfer Hermann Wendt als leitenden Stationsarzt im Markleeberger Krankenhaus einsetzte. Keiner fragte nach Titel und Papieren, und Wendt zählte auch nicht die Patienten, denen er das Leben rettete. Er arbeitete Tag und Nacht. Jahrelang. Als endlich die neuen Mediziner von den Hochschulen kamen und wir außerdem die Grenze dicht machten, konnte man auf die »Notärzte« ohne Titel und Papier verzichten. Wendt wurde abgelöst.

Damals gab es jedoch zuwenig Arbeiter auf dem Dorf, und Wendt meldete sich bei der Kampagne »Arbeiter aufs Land« ... Er wurde stellvertretender Chef eines Ambulatoriums in Mecklenburg.

Dort arbeitete er viele Jahre als Arzt. Doch dann hatten wir so viele junge Mediziner, daß wir sie auch auf das Land schikken konnten. Und man fragte Wendt wieder öfter nach seinen Papieren. Da bewarb er sich als Schiffsarzt.

Seit zwölf Jahren fährt Hermann Wendt zur See. Ununterbrochen. Normalerweise erlaubt der Medizinische Dienst ungefähr drei Jahre Arzttätigkeit auf See, dann müssen die Mediziner erst wieder ein Jahr an Land arbeiten, um das theoretische Wissen aufzufrischen und die Fingerfertigkeit für Operationen zu üben. Bei Wendt machte der Medizinische Dienst eine Ausnahme. Denn noch fehlten Ärzte für die Fischdampfer. »Hier bin ich wer, hier habe ich die Verantwortung für achtzig Menschen«, sagt mir der Schiffsdoktor.

Und ich kann bestätigen: Keiner fragt auf dem Dampfer nach seinem Titel, die Leute vertrauen ihm, hier ist er der Dok! Aber wenn er einmal keine Seetauglichkeit bekommen sollte oder pausieren muß? Was wird er dann an Land machen? Wird der Stationsarzt, der stellvertretende Leiter eines großen Landambulatoriums, der Schiffsoffizier wieder als Krankenpfleger arbeiten? In seinem Alter? Außerdem hat er ein Herzleiden.

Nein, sagt er, nichts Organisches, doch er spürt den Schmerz jetzt schon sehr oft.

Die Engländer verkaufen uns Makrelen

In neun Tagen werden wir in Falmouth ankommen. Dann sind wir nur noch fünfhundert Seemeilen von zu Hause entfernt. Nur noch drei Wochen …

Für Dombrowski ist, wie er sagt, die Reise schon gelaufen, er beordert mich zum Schreiben des abschließenden Reiseberichtes in seine Kammer. »Irgendwo in den Ordnern steckt der Bericht von der letzten Fahrt.«

Ich finde Materiallisten, Beurteilungen, Verpflichtungen, Belehrungen und Anwesenheitsformulare. Für das Fernbleiben von der Arbeit sind dort unter anderem folgende Gründe rubriziert: G – gesetzlicher Urlaub. J – Jahresurlaub. H – Haushaltstag. T – Trennung und Heimfahrtage. WP – Wahrnehmung persönlicher Interessen. WS – Wahrnehmung staatlicher Interessen. V – Versammlungen, Sitzungen und Tagungen. SL – Schulungen, Lehrgänge, Fachschule ...

Ich sage Dombrowski: »Das brauchst du auf dem Dampfer doch niemals.«

»Alles muß seine Ordnung haben, also krieg ich die Dinger mit.«

Der letzte Reisebericht der Abteilung Produktion – Abrechnung über gefangenen und verarbeiteten Fisch, über Versammlungen, Belehrungen, besondere Vorkommnisse usw. – ist zwölf Seiten lang. »Darunter kann ich nicht bleiben«, sagt Dombrowski. Dann diktiert er mir.

Als er das Sportfest unter der Rubrik »gesellschaftliche Aktivitäten der Abteilung Produktion« aufzählt, protestiere ich: »Das hat doch die FDJ organisiert!«

»Aber die Arbeiter unserer Abteilung haben auch teilgenommen, also schreib's auf!«

Der Kapitän schaut herein. Er stöhnt: »Überall, wo man hinkommt auf diesem Dampfer, überall wird geschrieben.«

Während ich Erfolge tippe, waschen meine Kumpels in der Verarbeitung Farbe oder pönen. Sie streichen Farbe über Rost und hartnäckigen Schmutz, danach sieht alles wieder ordentlich sauber aus.

Am fünften Morgen der Überfahrt erscheint mir die Welt wie im Traum, ich laufe trunken auf dem Deck hin und her. Die Sonne strahlt vom wolkenlos blauen Himmel und spiegelt sich in der ruhigen, glatten See. Labrador liegt hinter uns. Der Frühling vor uns.

Gleichmäßig rauscht die Bugwelle, das Stampfen der Maschine klingt wie Musik. Ich fahre in diesen Stunden mit unserem alten Hans nach Kuba, Indien, Moçambique …

Wilhelm kommt oft aus dem Brückenhaus und pumpt sich wie ein Maikäfer vor dem Abflug Luft in die Lungen. »Es riecht nach frisch gepflügtem Acker«, sagt er.

Auch der Schiffsdoktor scheint das Land wahrzunehmen. Sein Blick ist unruhig, er spricht lauter als sonst und läuft aufgeregt von einer Seite der Reling zur anderen.

Vor dem Schott des Hospitals höre ich seine Stimme: »Keine Bange, alter Junge, du wirst wieder fahren, du wirst noch lange auf dem Schiff bleiben können, mußt nicht an Land bleiben.«

Ich warte. Moor kommt nicht heraus. Dann klopfe ich. Der Doktor ist allein im Hospital …

Seine weißen Schuhe glänzen heute noch strahlender als sonst, sein Gesicht ist noch sorgfältiger rasiert, das Hemd noch glatter gebügelt … An diesem Tag trinkt er auch – was er sonst nie tut – schon am Nachmittag einen Braunen. Dann geht er zu Teichmüller und hört sich bei ihm auf dem Kassettenrecorder sein Lieblingsband an. Heino, der als heimatloser Tramp durch die Welt zieht …

Wilhelms Nase hatte die richtige Witterung. Am nächsten Morgen empfängt uns Falmouth mit grünen Wiesen und dem Duft frisch gepflügter Äcker. Um die Bucht windet sich ein golden leuchtender Weg – blühender Ginster. Und im Jachthafen haben die ersten Boote schon weiße und rote Segel gesetzt. Schwäne gleiten zwischen ihnen. Ich borge mir ein Fernglas und sehe eine Märchenwelt. Ich reibe mir die Augen, aber es bleiben Palmen. In den Vorgärten blühen Tulpen, und Mädchen sitzen in der Frühlingssonne.

Der Lotse kommt an Bord. Wir haben die englische Fahne gehißt, sie ist sauber und glatt. Unsere dagegen, obwohl sie der Bootsmann extra für England gewaschen und gebügelt hat, sieht grau und verblichen aus und ist obendrein ausgefranst. Sie hat Labrador hinter sich.

Neben uns liegen ungefähr zwanzig Verarbeitungsschiffe aus Bulgarien, der BRD, Polen, Dänemark. Die Bulgaren winken uns zu.

Wir machen fest.

Nun warten wir auf Fisch.

Als gegen zweiundzwanzig Uhr die Lichter von Falmouth verlöschen, geht unsere schwimmende Stadt vor der Stadt noch nicht schlafen. Es sieht aus, als sei an dieser Stelle die Milchstraße in das Meer gefallen. Auf allen Fabrikschiffen arbeiten die Fischeschlachter rund um die Uhr oder warten, wie wir, rund um die Uhr, daß die englischen Kutter Makrelen bringen.

Die Engländer versprachen Makrelen, und alle, alle kamen, um vom Fischsegen etwas abzukriegen. Wir bezahlen den englischen Maklern für das Kilo Makrelen fünf DM. Aber da sind sie noch nicht sortiert, gewaschen, geköpft, filetiert, gefrostet und nach Rostock transportiert. Zu Hause werden sie für 1,40 Mark je Kilo verkauft...

Wir liegen zwei Tage, bevor ein englischer Fischkutter längsseits kommt und uns vierhundert Zentner Makrelen übergibt. Die Fische riechen gut, sind fest – aber leider so klein, daß nach dem Filetieren nur noch Schnitzelzeug übrigbleibt. Dombrowski ordnet an: Die Makrelen lediglich ordentlich waschen und dann ungeschlachtet einfrosten!

Wir stehen an der Wanne und schaufeln beidhändig sieben oder acht Makrelen auf einmal in die Schalen, ordnen sie flüchtig, damit Schwänze und Köpfe in einer Richtung liegen. Wir brauchen weniger als eine Minute, bis eine Schale voll ist. Wenn der Fisch in der Wanne zur Neige geht, pfeifen wir wie ein Fußballschiedsrichter. Dann packt uns Hörnchen vom Bunker neue Makrelen auf das Fließband.

Aber nur zwei, drei Tage lang pfeifen und packen wir. Dann haben wir nichts mehr zu pfeifen. Die englischen Fischer bringen uns keinen Nachschub. Schon auf der Überfahrt orakelten Dombrowski und Wilhelm, daß die Makrelenzeit vor Südengland bei unserer Ankunft zu Ende sein würde.

Nachdem wir zwei Tage gewartet haben, verordnet uns der Kapitän Landgang. Aber weil wir auf Außenreede liegen, müssen jeweils sechs Landgänger mit dem Schlauchboot bis zum Hafenkai tuckern, die Fahrt dauert eine halbe Stunde, und wenn man Pech hat und Wind aufkommt, fällt der Landgang im wahrsten Sinne des Wortes ins Wasser.

Hermann Wendt beantragt sofort Landgang, doch als er an der Reihe ist, fährt er nicht, denn unser E-Assi hat hohes Fieber, eine Art Lungenentzündung, und spuckt Blut. Ich bekomme den Platz des Doktors im Schlauchboot, er bittet mich, daß ich ihm Zeitungen und ein englisches Schwarzbier mitbringe.

Als wir wieder an Bord sind und ich dem Doktor das Bier und die Zeitungen, bringe, sagt er, so als müsse er sich für die Hast, mit der er in seine Kammer verschwindet, bei mir entschuldigen, daß er sieben Jahre hier in England gelebt habe, daß er hier zum ersten Mal verheiratet war, lange bevor er zur See fuhr, als Kriegsgefangener ...

Drei Tage spuckt der Epi noch Blut. Und Wendt läßt ihn keine Stunde allein. Und schielt sehnsuchtsvoll zum Land. Als das Fieber sinkt und der Epi wieder Farbe bekommt, untersagt der Kapitän jeglichen Landgang, denn wir haben für das Schlauchboot kein Benzin mehr.

Wir sind jetzt sechsundachtzig Tage unterwegs.

Wieviel Tage noch?

Vor Falmouth schlafe ich schlecht. Ich hatte mich monatelang an die Geruchskombination von Fisch, Diesel, Schmieröl, an das Vibrieren der Hauptmaschine und die Schaukelei gewöhnt. Doch seit wir in der Bucht liegen, wälze ich mich stundenlang in meiner Koje, denn mit der Ruhe kam die Unruhe. Die Sehnsucht nach dem Frühling zu Hause.

Der Meister weckt uns nicht mehr mit »Hey geat – Fisch ist

da«, sondern »Abruf«. Wir werden wie am Tag zuvor die letzten stinkenden Fischreste aus den Winkeln des Verarbeitungsraumes klauben und die Maschinen zum fünften oder sechsten Mal mit Waschpulverlauge schrubben. Farbe waschen ist eine Arbeit, die nie endet.

Teichmüller macht seinen Kontrolldurchgang. Ich bürste schneller und kräftiger. Danach verschwindet er in seiner Kammer. Coffeetime!

Wir hocken im Schneidersitz zu acht auf dem Fußboden von Opas Kammer. Schweigend wie die Mohammedaner in einer orientalischen Teestube. Keiner weiß am 86. Tag neue Geschichten. Jeder stiert in den Kaffeesatz. Eine wortlose Viertelstunde, dann scheucht uns Teichmüller hoch. Opa sagt: »Scheiße!« Zwei oder drei sagen auch: »Scheiße!« Mehr nicht.

Bevor ich zum Mittagessen gehe, wasche ich mich gründlich. Lieber würde ich duschen, doch duschen dürfen wir vor Old England nur einmal in der Woche. Während der Dampfer in der Bucht liegt, produziert er kein Wasser. Wir müßten bei zu hohem Verbrauch zusätzlich Wasser von den Engländern kaufen.

Zum Mittag gibt es Spargel und Steak. Spargel kann ich schon nicht mehr sehen. Das Fleisch schmeckt nach Aluminium und Fisch. Widder schüttet sein's in den Abfallkübel.

Auf dem Fangdeck haben die Matrosen ein Volleyballnetz gespannt. Der Ball ist an eine lange Leine gebänselt, damit er nicht außenbords fallen kann.

Zum Abendbrot gibt es frische Gurken und saftige Birnen. Die hat der Koch in Falmouth gekauft. Nach dem Essen würde unsere zweite Schicht beginnen – wenn Fisch da wäre.

Ich lege mich in die Koje.

Kurz vor Mitternacht schaut Widder herein. Er greift unter das Kopfkissen meiner Koje. »Gib mir mal dein Magazin. Ich brauche heute 'ne Frau!« Er steckt es unter den Pullover.

Punkt vierundzwanzig Uhr blättere ich meinen Kalender um. Der 87. Tag.

Das Rostocker Hafenbräu sieht inzwischen aus, als würde ein Aquarianer in den Flaschen seine Wasserflöhe aufbewahren. Doch als wir die Laderäume fegen, ziehen Baby, der dicke Fischmehler und ich zwei Kästen davon hoch. Wir hocken uns nach Feierabend in die Kammer des Fischmehlers und biegen einen Gehörigen bei. Zuerst singen wir Schlager, später »in einem Polenstädtchen« und zum bitteren Schluß »schweinische Lieder«.

Baby, der Milchtrinker vom Anfang der Reise und Anwärter auf den Meisterlehrgang, schläft ab und zu eine Stunde auf der Ducht, dabei hat er den Mund halb geöffnet und lächelt zufrieden wie ein Kind. Jedesmal, wenn er aufwacht, stützt er den Kopf auf beide Hände und erzählt uns das, was er schon vor dem Einschlafen erzählt hat. Seine Freundin wird im Spätsommer ein Baby bekommen, und nach dieser oder der nächsten Reise wollen sie heiraten. Aber auf dem Standesamt muß man sich einige Monate vorher anmelden. Wie jedoch soll er sich voranmelden, wenn er nicht weiß, wann er zu Hause sein wird? Außerdem fragt er sich, was er machen soll, wenn das Kind da ist: weiterfahren oder aufhören? Aber wenn er im Herbst ein Meisterstudium beginnt und Meister in der Verarbeitung ist, kann er nicht so schnell Schluß machen mit der Fahrerei. Doch was wird seine künftige Frau dazu sagen? »Ich muß nach Hause, mit meinem Schatz reden«, lallt er. »Ich muß nach Hause zu meinem Schatz.«

Der Fischmehler, er ist der Nüchternste unserer Runde, sagt grinsend: »Schreib das auf, Scherzer ...«

Plötzlich, selig vom Bier, möchte ich reden, eine große Rede halten. Der grüne Fisch bringt mir ein Rednerpult. Und stellt ein Glas trübes Bier darauf. Vor mir sitzen Widder, Opa, Wischynski, Baby, Jumbo, Dombrowski, Wilhelm, Roland, James Watt, Odysseus – die gesamte Crew. Als ich hinter das

Pult trete, klatschen sie. Wie immer, wenn ich reden muß, stottere ich am Anfang ein wenig.

»Wenn etwas gut ist, dann sollten wir stolz sagen, daß es gut ist. Und wenn bei uns noch was beschissen ist, sollten wir sagen, daß es noch beschissen ist.«

Beifall.

Ich trinke das Glas mit einem Zug leer. Der grüne Fisch schenkt mir ein neues ein.

»Eigentlich wollte ich sagen: Ihr seid Helden! Man müßte auch über euch und nicht nur über die Berliner Bauarbeiter und die Drushba-Leute lange Artikel schreiben. Denn ihr habt nicht einmal festen Boden unter den Stiefeln. Ganz zu schweigen von einer Kneipe oder Mädchen. Und trotzdem macht ihr auf euren schwimmenden Stahlkästen Politik. Große Politik. Eiweißpolitik. Vielleicht wird man euch eines Tages ein Denkmal setzen. Zum Beispiel: Jumbo aus Stein auf einem Betonsockel. Und darauf wollen wir einen trinken!«

Sie klatschen und lassen mich hochleben.

Ich sage dem grünen Fisch: »Bring uns französischen Kognak, sowjetischen Wodka und schottischen Whisky, aber kistenweise!«

Er bringt sie.

Fragt, ob ich noch einen Wunsch habe.

»Nein«, sage ich, »nein – ich brauche dich nicht mehr, ich habe alles, was ich mir wünsche, du bist entlassen!«

Am nächsten Morgen schaffen es Widder und Teichmüller auch mit vereinten Kräften nicht, mich zum Arbeitsbeginn aus der Koje zu holen.

Der Meister bestraft mich mit sechs Stunden Arbeit außer der Reihe. »Wenn wir noch mal Arbeit haben sollten«, grient er.

Baby erwischt es schlimmer. Karl Wilhelm stolpert über ihn, als er steif im Arbeitsgang liegt. Wenn Dombrowski über die Alkoholleiche gestolpert wäre, hätte alles noch glimpflich abgehen können, aber nicht, wenn der 1. Steuermann über einen besoffenen Produktionsarbeiter fällt. Baby erhält Alkoholverbot für den Rest der Reise. Außerdem spricht ihm die Schiffsleitung einen Verweis aus, der in die Kaderakte eingetragen wird. Nun braucht er sich über den Meisterlehrgang vorerst keinen Kopf mehr zu machen.

Außerdem müssen wir uns bei Kriemhild entschuldigen. Sie hat nebenan nicht schlafen können, unsere »schweinischen Gesänge« auf ihrem Tonband mitgeschnitten, ist früh um vier Uhr zum Kapitän gegangen, hat ihm die Lieder vorgespielt. Der Kapitän weckte Dombrowski, damit auch er sofort über die Moral seiner Leute informiert werden konnte.

Nach der Ausnüchterung lächelt Baby. Er ist wieder ruhig und zufrieden. Er lächelt sogar noch, als wir zum zweiten Mal Post erhalten und die meisten von uns fluchen, weil der Transporter zwar die Zeitungen von Ende März an Bord hat, jedoch keine Privatpost, die vergaß man in Rostock mitzugeben, nur die alte vom Februar bringt er.

Seit der Briefausgabe liegt Roland während der Freizeit regungslos in seiner Koje und stiert auf die Bretter über ihm. Sein Mädchen schrieb, daß sie ein großartiges Angebot erhalten hätte. »Als ich gestern mit meiner Freundin zum Tanz war, haben wir die Jungs von der Kapelle kennengelernt, und ich sang ihnen vor. Sie wollten gleich einen Vertrag mit mir machen, denn sie brauchen eine Sängerin. Vielleicht unterschreibe ich und ziehe nach Schwerin, von dort ist die Kapelle ...«

Roland fragte: »Da muß sie bestimmt mit jedem von denen ins Bett gehen?«

Nun liegt er und grübelt, ob sie den Vertrag inzwischen unterschrieben hat oder nicht. In den Briefen, die in Rostock vergessen wurden, steht die Antwort.

Opa hat noch einmal geräuchert. Aber alles ist ihm verbrannt, er holte nur noch Fischkohle aus der Tonne. Nun rennt er mit verbiesterter Miene herum und hat einen neuen Spitznamen: »Der Köhler von ROS 703«.

Am vierten Tag, nachdem die Engländer den Makrelenfang eingestellt haben, gehen Odysseus und Baby mit einem handgeschriebenen Zettel von Kammer zu Kammer.

»An den Leitenden Offizier der Produktion zur Weitergabe an die Schiffsleitung. Wir verlangen vom Kombinat sofort einen verbindlichen Einlauftermin und weigern uns, länger als einhundert Tage draußen zu bleiben ...« Laut Betriebskollektivvertrag muß bei jeder Fangreise, die einhundert Tage überschreitet, die Besatzung um ihr Einverständnis gebeten werden, notfalls ist darüber abzustimmen. So steht es auf dem Papier. Odysseus sagt, daß er nichts gegen eine ökonomisch notwendige Reiseverlängerung habe, aber er werde keinen Tag länger bleiben, nur, um hier nutzlos herumzuliegen.

Ich unterschreibe und gehe mit zu Dombrowski. Der liest sehr lange. Sagt nichts. Aber seine Hand zittert. Ich habe Dombrowski noch nie zittern sehen. Er gibt Baby das Blatt zurück und schnauzt: »Das geht mich nichts an, aber auch gar nichts, schreibt den Wisch gefälligst neu und richtet ihn an die Gewerkschaft. Das ist Sache der Gewerkschaft.«

Was hat ihn so aufgeschreckt?

Wir warten noch einmal drei Tage.

Der Koch kocht immer schlechter. Er beabsichtigt, seinen Verwandten in der BRD zu telegrafieren, sie möchten ihm sofort Devisen schicken. Dann will er mit dem Zug quer durch England fahren und per Flugzeug nach Berlin. »Komme, was will, ich muß zur Jugendweihe meines Sohnes zu Hause kochen!«

Der Kapitän reitet auf einem Gummiziegenbock, den er für seinen Jüngsten in Falmouth gekauft hat, über die Brücke ...

Das Meer ist auch am zwölften fischlosen Tag ruhig.

Kurz vor Sonnenuntergang erhalten wir eine Weisung. Sie befiehlt kurz und lakonisch, daß wir nach Rügen dampfen und dort von Saßnitzer Kuttern Heringe übernehmen und verarbeiten sollen! Kein Wort vom Einlauftermin.

Noch ehe wir, der Weisung folgend, nach Rügen dampfen, werden nicht nur im Produktionsbereich, sondern in allen Abteilungen Unterschriften gegen eine Reisezeitverlängerung gesammelt. Das passiert nicht oft auf den Schiffen des Kombinates.

Die Unterschriften der Maschinengang sammelt Moor. Er hat dazu ein Schreiben aufgesetzt, in dem steht unter anderem: »... auch wegen der Familienplanung verlangen wir die Einhaltung der 100-Tage-Reisezeit ...«

Vor der allmorgendlichen Schiffsleitungssitzung liegen die Schreiben bei dem Vorsitzenden der Schiffsgewerkschaftsleitung, dem 2. Steuermann. Von den einundachtzig Besatzungsmitgliedern haben außer dem Kapitän, dem Doktor, dem 1. Steuermann und dem Politoffizier alle unterschrieben. Die Gewerkschaftsleitung berät über die Erklärung der Besatzung und beschließt: Die Weigerung des Schiffskollektivs ist sofort an das Kombinat weiterzuleiten.

Doch solch eine Nachricht muß verschlüsselt werden, den Code dafür hat nur der Kapitän. Man muß ihn bitten, sich in der Kammer einzuschließen, den Code aus dem Panzerschrank zu holen und die Meldung von der Weigerung seiner Mannschaft zu chiffrieren.

Knut Olsen geht kommentarlos in die Kapitänssuite.

Kurz nachdem diese Meldung durchgegeben ist, fragt das Kombinat an, ob die Besatzung einverstanden sei, am 104. Tag einzulaufen.

Der Kapitän läßt die Mannschaft noch einmal befragen.

Wir bleiben bei unserer Entscheidung.

Und die Fangleitung schickt die letzte Anweisung dieser Reise:

Einlauftermin am 100. Tag!

Wir dampfen nach Hause.

In der Nordsee fängt Odysseus auf dem Peildeck einen kleinen, entkräfteten Vogel. Moor, der Wellensittichspezialist, behauptet, es sei ein Spatz, Jumbo sagt, es sei ein Fink, und Widder, der künftige Waldarbeiter, versichert, es sei ein kleiner Eichelhäher.

Wir füttern ihn mit Brot, Erdnüssen und Haferflocken. Im Sund zwischen Schweden und Dänemark, dort werden wir fast auf Tuchfühlung mit dem Land sein, will ihn Odysseus wieder fliegen lassen.

Ich klettere mit Odysseus auf das Peildeck. Der Nebel liegt dick und schwer auf dem Dampfer, er drückt den Rauch auf das Deck, und wir atmen schnell und flach. Die Heckspitze ist nicht zu sehen, geschweige denn das Land. Auf der Backbordseite liegt Schweden. Auf der Steuerbordseite Dänemark, Helsingør, die Stadt mit dem Schloß, wo Hamlet lebte. »Sonst kann man die grünen Schloßdächer erkennen«, sagt Odysseus. Ich würde gern hinüberschauen ... Heimkehrend habe ich Fernweh.

Im Trawlbrückenraum holt Odysseus den Spatz-Fink-Eichelhäher aus der Kiste, aufgeregt flattert der Vogel hin und her, stößt immer wieder gegen die Scheiben. Wahrscheinlich hat Odysseus schon miterlebt, wie sich eingesperrte Vögel an den vermeintlichen Fenstern zur Freiheit totstießen, denn er steckt ihn vorsorglich noch einmal in den löchrigen Pappkarton.

Dann gehen wir hinaus in die Kälte und lassen den Vogel fliegen. Er verschwindet in Richtung Helsingør. Ob er in Hamlets Schloß Rast macht?

Wir schauen ihm lange schweigend hinterher.

In den Nebel hinein sage ich: »Wir können zwar neugierig sein auf die Welt, aber wer kann sie schon sehen?«

Der »Köhler von ROS 703« und Wales, der Schlosser, steigen zu uns herauf, und obwohl es bis zur Trawlbrücke schon nach dem Morgenkaffee duftet, bleiben wir stehen und quatschen. Nach fünfundneunzig Tagen müßte eigentlich alles gesagt sein, aber wir stehen und reden und reden …

Der Tag der Ankunft in Rostock wird auch ein Tag des Auseinandergehens sein.

Odysseus fragt den »Köhler«, ob er das nächste Mal wieder mitfährt.

Opa nickt.

»Vielleicht geht's nach Norwegen 'rauf oder 'runter zum Südpol. »Sie reden von der nächsten Reise, dabei ist diese noch nicht zu Ende.

Ich fühle mich ausgeschlossen.

Am Morgen des 100. Tages – nach 2386 Stunden sind wir wieder in Rostock. Wir bringen für über eine dreiviertel Million Mark Filet, Frostfisch, Tran und Fischmehl nach Hause.

Als wir die Gangway hinuntersteigen, rennt vom Ende des Kais ein langer, dürrer Mann auf uns zu. Er winkt und schreit und stolpert fast vor Aufregung.

Es ist Wischinsky.

Henry Wischinsky.

Er will seinen Seesack holen.

Die sieben Kinder seien alle gut untergebracht, sagt er.

»Ich werde wieder mit euch fahren! Wie kann man bloß leben, ohne zur See zu fahren, Leute?«

Bevor wir in verschiedene Richtungen auseinandergehen, umarmen wir uns.

Mit ihren Bärenkräften zerquetschen Widder, Baby und Odysseus mich fast.

Und der dicke Fischmüller sagt grienend: »Vergiß das Denkmal nicht …«

Zwischen(abschluß)bericht 9
Über die Jahre seit unserer Rückkehr

Unser alter Hans hat noch zwei Fangreisen in die Ostsee gemacht, danach wurde er zum Schrottwert verkauft.

Widder, Dombrowski und die anderen, die nach unserer Reise aufhören wollten, fahren immer noch.

Moor erhielt nach der Verschrottung des Dampfers keine Seetauglichkeit mehr.

Baby und Roland und Odysseus heirateten und arbeiten jetzt an Land, Roland als Binnenfischer.

Auch Teichmüller hat Familie. Er will noch fünf Jahre fahren.

Unser Schiffsarzt Hermann Wendt ist während der übernächsten Reise an einem Herzversagen auf See gestorben.

Jumbo besuchte mich. Auf seine Heiratsannonce in der »Wochenpost« meldeten sich über dreihundert Frauen, darunter war auch eine fünfundzwanzigjährige Meiningerin. Ich ging mit Jumbo zum »Haus der Dame«, in dem sie als Verkäuferin arbeitet.

Sie trafen sich zweimal im Café.

Danach hat sie Jumbo nie wieder geschrieben.

Sie sagte mir später: »Unter einem Hochseefischer, einem Seemann, habe ich mir etwas ganz anderes vorgestellt.«

»Und was haben Sie sich vorgestellt?«

Sie überlegte eine Weile, dann zuckte sie mit den Schultern.

Notwendige Berichtigungen zu diesem Buch und einige Rezepte, wie die Hochseefischer Kabeljau, Garnelen, Heilbutt und andere Fische an Bord zubereiteten

Also erstens stimmt die Geschichte, daß im VEB Fischkombinat Rostock bei einem Staatsbesuch ein für die Ordensverleihung vorgesehenes Schiff wegen der Kürze der Zeit nur von der Landseite aus gestrichen wurde (»von der See sieht der Staatsbesuch den Rost doch nicht«) zwar im Prinzip, aber ... Ortwin Fuchs (später Kapitän), der damals zu den abkommandierten Anstreichern gehörte, erzählte sie mir im Januar 1998 vollständig. »Es war nicht ein Schiff, sondern es waren drei. Und es war auch nicht damit getan, daß der Staatsbesuch die halbseitig gestrichenen, landfeinen Schiffe bewunderte, sondern nach dem Auszeichnungsakt wünschten die führenden Genossen bei einer lustigen Seefahrt zu speisen. Das hieß, sie würden auf einem Dampfer die Warnow entlangtuckern und die Rostseite unserer drei Schiffe entdecken. Wir schafften es, die Schiffe in Rekordzeit zu drehen. Und als der Staatsbesuch winkend vorbeifuhr, leuchteten die gestrichenen Seiten seewärts.«

Zweitens ist aktuell zu berichtigen oder zu streichen (leider nicht wie seinerzeit in der DDR zu streichen, sondern im wahrsten, nachwendischen Sinne des Wortes zu streichen): die Rostocker Fang- und Verarbeitungsschiffe der Supertrawler-Klasse (102 m Länge über alles) »Ludwig Turek«, 1991 als »Ming Zhu« verkauft nach China, »Eduard Claudius«, 1992 in Bilbao, Spanien, verschrottet, »Ehm Welk«, 1992 als »Ming Chang« verkauft nach China, »Arnold Zweig«, 1991 in El Ferrol, Spanien, verschrottet, »Hans Marchwitza« und »Bruno Apitz«, über Charter und Joint Ventures 1993 bzw. 1992 nach Nachodka,

Rußland, verhökert ... die Fang- und Verarbeitungsschiffe »Erich Weinert«, 1991 in Spanien verschrottet, »Willi Bredel«, 1991 in der Türkei ... das Kühl- und Transportschiff »Reutershagen« (mit 152,77 m Länge über alles das größte Schiff der deutschen Hochseefischerei), 1993 nach Griechenland verkauft, die »Evershagen«, 1990 nach Tortola, British Virgin Island ... die Transport- und Verarbeitungsschiffe »Junge Welt« und »Junge Garde« (141,40 m Länge über alles), 1992 in Pakistan verschrottet bzw. nach Kaliningrad verkauft ...

Insgesamt wurden seit 1990 rund vierzig stolze Schiffe der ehemaligen DDR-Hochseefischerei aus Rostock verschrottet oder verkauft.

Von den über 4 000 DDR-Hochseefischern des Jahres 1989 fahren heute nicht einmal mehr 300 auf fünf Rostocker Fang- und Verarbeitungsschiffen der Gefriertrawler-Klasse (62,20 m Länge über alles) für die Mecklenburger Hochseefischerei GmbH (MHF), die mit Mehrheitsanteil einem isländischen Fischereiunternehmen gehört. Überleben kann die MHF vorerst nur (sie mußte sich mit der uneffektiven Rotbarschfängerei begnügen, bekam keine Anteile an der deutschen lukrativen Kabeljau-Fangquote, die behielten die Westdeutschen!), indem sie die Hochseefischer von November bis Februar saisonbedingt arbeitslos meldet.

»Seemannstränen bringen noch jeden Dampfer zum Kentern«, hatte mir der Kapitän der »Friedrich Wolf« (im Buch hatte ich sie in »Hans Fallada« umbenannt, doch diese Anonymität ist inzwischen nicht mehr notwendig) gesagt, als ich 1978 dort im Fischschlachthaus schinderte, aber sofort tröstend hinzugefügt: »Allerdings glaube ich nicht, daß aus *dir* jemals ein richtiger Seemann wird.« Wahrscheinlich hatte er recht. Jedoch: Wenn ich in Rostock an der Pier stehe, wenn ich irgendwo in der Welt die See sehe – manchmal sogar, wenn ich Fisch kaufe – denke ich: Scherzer, die Zeit auf dem Dampfer war die beste Zeit deines Lebens! ...

Sie haben ihre Gefühle zwar immer zu verstecken versucht, die Matrosen, die Fischschlachter und die Männer oben auf der Brücke – nur so waren die 100 Tage Fangreisen im Nebel vor Grönland und Labrador zu überstehen –, aber inzwischen, vielleicht weil ihre Tränen kein Boot mehr zum Kentern bringen können, habe ich einige heulen sehen. Jörg K., den Maschinisten, als er mir erzählte, wie er das Geländer im Maschinenraum noch einmal putzte, bevor er im türkischen Aliaga, wo sein Schiff verschrottet wurde, von Bord ging ... Später auch Karl U., den ehemaligen 1. Steuermann, mit dem ich in Warnemünde eine Buddel leerte, weil an diesem Tag auch nach vier Stunden Wartezeit »kein reicher Wessi« gekommen war, den er mit seinem kleinen Boot zum Seeangeln rausfahren konnte. Und als einige Hochseefischer erfuhren, daß Scherzer zum neuaufgelegten Buch ein Nachwort schreibt, schickten sie Briefe und Tagebücher. Briefe, in denen sie ihre Gefühle genau wie auf dem Schiff zurückhalten, aber wer zwischen den Zeilen liest ...

Und so sind diese Briefe ein aktuelleres Nachwort, eine authentischere Berichtigung zu diesem Buch, als wenn *ich* die Chronologie des Fischkombinates Rostock nach 1989 (beispielsweise darüber, wie viele am Niedergang verdienten, denn allein die Stillegung eines Fangschiffes brachte je BRT 3 500 DM) zu Ende schreiben würde. Die Hochseefischer berichten von ihren letzten Reisen, von den Hoffnungen oder von unguten Gefühlen beim Flaggenwechsel am 3. 10. 1990, von ihrem Leben, seitdem es für sie endgültig vorbei war mit der christlichen Seefahrt und »wir uns fühlten wie Fische, die das Laufen lernen sollten«.

H. Jürgen Paulisch, Rostock:
»Nach mehr als 20 Jahren im VEB Fischkombinat Rostock begann meine letzte Reise, von der niemand wußte, daß es die letzte sein würde, am 30. Mai (Weltuntergang!) 1990 auf dem

Fang- und Verarbeitungsschiff ROS 336 ›Hans Marchwitza‹ und endete am 10. Oktober 1990 auf dem Flughafen Berlin-Schönefeld ... Vor Mauretanien und später vor Namibia fingen wir Sardinella und Schildmakrelen. Der Tag der Deutschen Einheit am 3. Oktober sollte feierlich mit einem Flaggenwechsel begangen werden. Dafür wurden auf dem Peildeck über alte Gemüsestiegen weiße Tischdecken ausgebreitet, Sektgläser bereitgestellt, und um 12.30 Uhr sagte der Kapitän einige kurze Worte, danach wurde die DDR-Flagge eingeholt und die neue BRD-Flagge gehißt. Anschließend wurde das ›Nebelhorn geblasen‹ und auf die deutsche Einheit angestoßen. Von einem Jubelfest wie in Berlin konnte keine Rede sein ... Drei Tage später Landgang in Walfish-Bay. Jeder konnte zum ersten Mal soviel Landeswährung (Südafrikanische Rand, denn Walfish-Bay liegt zwar in Namibia, wurde aber als einziger Tiefseehafen nie aus der Hand Südafrikas gegeben) aufnehmen, wie er wollte. In Walfish-Bay gab es eine Kneipe, die einem Deutschen gehört. Dort hingen angeblich auch Reichskriegsflaggen, und unseren Seeleuten wurden 50 Rand geboten, wenn sie die am 3. Oktober eingeholte DDR-Flagge verkaufen würden.«

*Gerd Kober**, Ostseebad Sellin:
»Mein Leben in Stichpunkten. 1972–1975 Lehre als Vollmatrose, später Meister für Schiffsführung und Abschluß der Seefahrtsschule Warnemünde/Wustrow als Ingenieur für Schiffsführung. 1979–1983 Nautiker im Fischfang Saßnitz, danach I. bzw. II. Offizier im Fischkombinat Rostock und auf den Forschungsschiffen ›Eisbär‹ und ›Ernst Haeckel‹. Nach der Wende fuhren wir im Auftrag der EG (Reeder war das Landwirtschaftsministerium in Schwerin!) mit der ›Haekkel‹ als Fischereiaufsicht vor Neufundland, hatten die europäischen Fischer 200 sm vor der kanadischen Küste zu kon-

* Name geändert

trollieren. Die EG wollte das Schiff länger als bis 1994 chartern, doch die Landesregierung in Schwerin sagte: ›Zu teuer!‹, entließ die Besatzung und verkaufte das Schiff nach Rußland. Seitdem arbeitslos. Noch 1993, ich war damals gerade auf See (!), erhielt ich einen Brief meiner Frau mit der Scheidungsklage. Ich könnte ihr nichts vom neuen möglichen Wohlstand bieten. Während ich vor Neufundland war, Auto, Möbel verkauft, Konto leergemacht, danach ließ sie sich scheiden. Ich hatte 1993 eine kleine 33 m^2 Eigentumswohnung für 146 000 DM gekauft. 120 000 DM Kredit und 12 000 DM vom Kapitän geborgt. Kann nun die monatliche 1 000-DM-Rate nicht mehr zahlen. Zur Zeit Zwangsversteigerung der Wohnung. Als Steuermann bin ich an Land ein Ungelernter. Arbeitslosenhilfe reicht nicht zum Leben. Ich versuche mich nebenbei als Türsteher, Hausmeister, Bauhelfer, neuerdings auch mit Striptease in Bars (treibe schon immer Sport und habe mit meinen 41 Jahren noch einen ansehnlichen Körper) über Wasser zu halten.«

Klaus Worgall, Rostock:
»Meine letzte Reise – ich war Kapitän – endete im April 1990. Im Oktober 1990 bekam ich ein Angebot aus einer sich neu gründenden Bildungsgesellschaft. Diese Arbeit ist mir unerhört schwergefallen, da sie völlig artfremd war und mit meiner 36jährigen Tätigkeit überhaupt keine Berührungspunkte hatte – außer daß mir viele ehemalige Hochseefischer im Rahmen einer Weiterbildung oder einfach einer Beschäftigungstheorie über ABM oder einer Art ›Selbstfindungskurse‹ immer wieder begegneten. Eine ganze Reihe von gestandenen Kapitänen und Schiffsoffizieren der Hochseefischerei habe ich so über Jahre von einer ABM in die andere bis in die Rente begleitet. Einst stolze Kapitäne und Schiffsoffiziere waren plötzlich nur noch Hilfsarbeiter … Würde man mich fragen, ob die 36 Jahre Hochseefischerei für mich ein Erfolg waren, würde ich mit JA antworten. Würde man mich fragen, was ich

aus meiner Fahrenszeit am meisten vermisse, so ist dies die Kameradschaft und Humanität der Seeleute untereinander und anderen gegenüber ...«

Aus dem Tagebuch von *Gunter Wagner*, Vetschau:
»Freitag, den 26. 10. 1990, Pos. 18° 7,7'N60° 28'E
Mit jeder Schraubenumdrehung kommen wir unserem Verschrottungsziel in Pakistan näher. Auf Wache alles klar. Als ich an Deck kam, wurde gerade die Laderaumluke geöffnet, um den restlichen Proviant und die Heimatware in den Proviantlasten zu verstauen. Laderaum wird abgetaut und Kühlanlage drucklos gemacht. Essen hätten wir noch reichlich. Zum Mittag gab es einmarinierten Hering und Pellkartoffeln. Der Koch versucht ein Pärchen Stelzen zu füttern. Auf UKW sind die Kriegsschiffe der Golfregion zu hören.

Sonnabend, den 20. 10. 1990

Die Wache war schnell weg. Mußte paarmal laufen, weil die Klimaanlage gestört hat. Nach der Wache habe ich meine Koje innen und außen sauber gemacht. Noch mal neue Bettwäsche aufgezogen. Vielleicht das letzte Mal in meiner Seefahrtszeit? ...

Sonntag, den 28. 10. 1990

Den 21. Sonntag sind wir unterwegs. Nach der Wache habe ich wieder ein Fach in meiner Kammer ausgeräumt. Viel Bastelkram. Lack, Verdünnung, zu schade, ums wegzuwerfen. Aber es muß weg. Anschließend habe ich bis 6 Uhr Frühschoppen gemacht. Eine Kerze auf den Tisch gestellt. Es könnte der letzte gewesen sein ...

Montag, den 29. 10. 1990

Als ich 23.45 Uhr auf Wache bin, hatten wir die Reede von Karachi erreicht. Anker ins Wasser. Maschine Stop. Wir sind am Ziel unserer Reise ... Das Seewasser 27° und herrlicher Sonnenschein. Von der Reling aus habe ich eine große Seeschlange beobachtet. Sind sehr giftig ... Kurz nach 13 Uhr waren die Leute von der Schrottwerft hier und haben sich alles angeschaut. Maschine noch kurz angelassen, alle Systeme durchgefahren ... Mein Seesack ist gepackt.«

Ende des Tagebuchs. Aus einem beigefügten Brief: »Drei Tage später landeten wir in Berlin-Tegel. Hier bekamen wir von einem Vertreter des Fischkombinates einen Vorschuß. 500 DM, mein erstes Westgeld. Weil mich niemand abholte, ich aber schnell nach Hause wollte, habe ich die ersten 250 DM für ein Taxi ausgegeben. Urlaub, Freizeit, Kurzarbeit 0 und zum 31.1.91 meine Kündigung. Ein fast unüberwindlicher Schlag nach 30 Jahre Fahrenszeit. Ich pflegte dann meine 86jährige Mutter und war trotz aller Bemühungen bis Juni 93 arbeitslos. Danach erhielt ich vom Arbeitsamt für zwei Jahre nach AFG§249 eine Beschäftigung in einer Sanierungsgesellschaft. Ab 1.6.97 wieder arbeitslos und habe auf Grund meines Alters (55 Jahre) keine Aussicht, je wieder Arbeit zu bekommen.«

Klaus Oschlies, Berlin (Ost):
»Sehr geehrter Herr Scherzer, ich habe 1954 in Rostock im Fischkombinat gelernt und bin bis zum bitteren Ende als Matrose, Netzmacher und Bestmann auf Loggern und Trawlern gefahren. Mein letztes Schiff war ROS 411 ›Bruno Tesch‹ (1971 bis 1992). In den 21 Jahren war ich mit ›Bruno‹ im Nordmeer, Barentsee, Spitzbergen, Grönland, Island, Labrador, USA Schelf, Antarktis und vor Moçambique gewesen ... 1991 waren wir mit ›Bruno‹ noch einmal in Durban (Südafrika) in der Werft zur Überholung des Schiffes. Doch schon eine Reise später wurde unser Bruno in Spanien verschrottet. Danach habe ich in Rostock noch Wache auf Schiffen gemacht, die zum Verkauf oder zur Verschrottung an der Pier lagen. Noch nie hat es das gegeben, daß solch eine bedeutende Flotte in nur zwei Jahren samt 4000 Seeleuten verschrottet wurde. Nur bei Seeschlachten. Und für mich begann die Arbeitslosigkeit. Zu Hause in Berlin war in der Zwischenzeit meine Frau mit den Kindern ausgezogen, wollte für sich allein leben. Wer möchte

schon mit einem arbeitslosen Seemann zu tun haben, der kein Geld mehr nach Hause bringt, sondern nur noch Geld kostet?...

Mit freundlichen Grüßen Ihr Seemann Klaus Oschlies.«

Erika Nitsch, Saßnitz:
»Ich war viele Jahre als Schiffsschwester mit den Hochseefischern unterwegs. Diese Zeit war meine ›Lebensschule‹. Nie habe ich an Land solch ein Gefühl des Füreinanderdasein gehabt, nie wieder diese Kameradschaft und rauhe Ehrlichkeit erlebt. Ich möchte keine Sekunde davon missen. Wo sonst kann der Mensch diese Eigenschaften heute noch erlernen als im gemeinsamen Kampf mit den Gewalten des Meeres? Was aber wird, wenn bald Schiffe ohne Menschen fahren?...

Ich möchte mit diesen Zeilen noch einmal alle grüßen, die mit mir auf Fähren, Luxuslinern und Fischereischiffen gefahren sind...«

Wolfgang Wenzel, Hornstorf:
»Im Juni 1991 fischten wir mit den letzten Rostocker Garnelentrawlern ›Karl Wolff‹, ›Bruno Tesch‹ und ›Heinz Kapelle‹, auf dem ich fuhr, vor Moçambique. Die Garnelenfischerei war immer lukrativ, keiner ahnte deshalb, was kam. Am 2. September erhielten wir aus Rostock die Order: alle drei Schiffe zum Verschrotten in die Abwrackwerft nach San Juan de la Arena (Spanien) bringen! Wie wir bald danach erfuhren, wurden durch die EG Millionen an Stillegungsprämien für jedes Schiff gezahlt, das hatte in der Reederei die Verschrottungs-Kräfte siegen lassen. Bei der ›Heinz Kapelle‹ Schaden an der Antriebsleitung, ich wechselte mit meiner Mannschaft auf die ›Bruno Tesch‹ und nahm die ›Heinz Kapelle‹ (unbemannt!) in Schlepp. Die ›Karl Wolff‹ sollte den Schleppzug begleiten. Von Maputo aus lagen 6 600 Seemeilen vor uns. Das meist unruhige Wettergebiet Südafrika, Kap der Guten Hoff-

nung, mittlerer Atlantik, Biskaya im Herbst und dazu ein unbemanntes Schiff im Schlepp …

Die ganze Fahrt verläuft gut (›glücklich‹ widerstrebt mir zu schreiben). Wir bestehen das schwerste Wetter, bei East London weht es am 15. 10. fürchterlich. SSW Stärke 11. Aber alles hält, wäre die Schleppverbindung gebrochen, hätten wir das unbemannte Schiff verloren. Alle Besatzungen lieferten hier noch einmal den Beweis ihres seemännischen Könnens, ihrer großen Erfahrungen. Unsere Seeleute waren wegen ihrer guten Ausbildung auf allen Meeren geschätzt …«

Wolfgang Harm, Rostock:
»Zusammen mit meiner Frau bin ich fast drei Jahre auf der ›Friedrich Wolf‹, über die Sie ja geschrieben haben, gefahren. Damals noch als Matrose, Netzmacher und Bootsmann. Meine Fahrenszeit begann im September 1955 und endete mit der Kündigung im Juli 1993. Arbeitslos bis November 1994. Danach ABM im Klinikbereich Rostock. Danach Umschulung zum Datenverarbeitungskoordinator für die Güterverkehrswirtschaft. Aber in diesem Bereich unterzukommen war von Anbeginn aussichtslos. Mein Praktikum machte ich bei einer Autovermietung. Da ich meine Aufgaben wohl gut erfüllte und mir 12 Stunden Arbeitszeit nicht neu waren, wurde ich übernommen. Seit dem 10. 6. 96 bin ich dort beschäftigt und vermiete Autos.«

Heinz Adler, der älteste ehemalige Hochseefischereikapitän der DDR, Rostock:
»Vor einer Woche war ich im Deutschen Schiffahrtsmuseum in Bremerhaven bei einer Veranstaltung des Arbeitskreises ›Geschichte der Hochseefischerei‹. Leider war ich dort der einzige Rostocker. Deshalb wollen wir hier einen eigenen Arbeitskreis bilden, allerdings sind die älteren Hochseefischer schwer hinter dem Ofen vorzulocken. Die meisten sind nach

der Wende in ein tiefes Loch gefallen, denn ihr Lebenswerk sollte plötzlich nichts mehr wert sein. Aber als ich den Westdeutschen in Bremerhaven von unserer Arbeit erzählte, bekam ich schnell mein Selbstwertgefühl wieder. Die Berufskollegen haben auf den internationalen Fangplätzen oft erlebt, daß wir mehr Fisch hochholten als sie. Sie würdigten nun neidlos unsere Leistungen und unser kameradschaftliches Verhalten. Heute weiß ich, daß wir stolz auf unsere Leistungen sein können ...«

Dagmar Müller, Wismar:
»Mein Mann Gerd fuhr von 1955–1970 für das Fischkombinat. Danach sein erster Krankenhausaufenthalt, es war ein Magendurchbruch. Zum Glück in der Heimat und nicht vor Island oder Labrador. Aber die Seetauglichkeit war weg! Er hat dann zwei Jahre an Land gearbeitet, in der ›Konsumgüterproduktion‹, man hat damals noch für die ehemaligen Fahrensleute gesorgt. Dann konnte er wieder Planken unter die Füße nehmen, bei der Seebaggerei. Bis auch die Baggerei 1990/91 trotz guter Aufträge von ausländischen Reedern auf Grund gesetzt wurde. Mein Mann hatte es vom Landmaschinenschlosser bis zum Chief gebracht. Und es fiel ihm schwer, plötzlich alles aufgeben zu müssen ... Er liegt zur Zeit zum zweiten Mal in seinem Leben im Krankenhaus. Ihm ist die Galle übergelaufen, soll ja vorkommen. Das ist eigentlich eine Routineoperation, aber er konnte sich nicht so recht berappeln (sagt der Mecklenburger), er liegt und liegt, hat irgendwo die Flinte ins Korn geworfen.

Das ist die Vorgeschichte, oder auch schon das Ende der Geschichte. Doch da lese ich, daß die ›Fänger und Gefangene‹ neu aufgelegt werden sollen. Und dieses Buch stand immer in der Kammer meines Mannes. Ich holte es mir, um es noch einmal zu lesen. Ich persönlich kenne ja die Seefahrt nur aus Erzählungen, obgleich ich oft mit an Bord war. (Zuerst noch heimlich, wir waren nicht verheiratet!) Also ich las alles noch einmal, und dann habe ich meinen Gerd bei jedem Krankenhausbesuch gefragt, ob das alles so stimmt, wie es in dem Buch steht. Wir haben Kapitel für Kapitel durchgekaut, und er wurde wieder mobil, erzählte selbst von der Schinderei an der Filetiermaschine, vom Landgang in Kanada … Jedenfalls habe ich es geschafft, ihn mit diesen Erinnerungen aus der Lethargie herauszubekommen. Er wird bald entlassen, und dann werden wir die wunderschönen Dias seiner Reisen angucken. Und er wird die tollsten Geschichten dazu erzählen, und drei von unseren Enkeln werden staunend ›Maulaffen feilhalten‹, die anderen zwei Mäuse sind noch zu klein. Und er kann sehr gut erzählen … Es ist und war unser Leben, es war manchmal schwer (zur Seemannsfrau taugt nicht jede), am schwersten die Zeit, als fast alles hier zu Ende ging für die Hochseefischer und für meinen Mann …

Aber wir haben die See ja immer noch vor der Tür …«

Die See nicht mehr vor dem Haus hat René Röhlich. Nach seiner Fahrenszeit bei den Hochseefischern, er war Bäcker und Koch, ging er nach Gera zurück. Und »nutzte« nach 1993 die Zeit seiner Arbeitslosigkeit, um all die Fischgerichte, die sie auf den Fischdampfern zubereitet hatten, aufzuschreiben. Er hatte in der Ostsee nicht nur Heringe, Dorsch, Plattfische und Sprotten, im europäischen Nordmeer Rotbarsch, Heilbutt und blauen Wittling, in westbritischen Gewässern Makrelen, vor Labrador Grenadierfisch, an der westafrikanischen Küste Seehecht, Sardinen und Thunmakrelen, vor Moçambique Garnelen, im Südatlantik Kalmare und in den antarktischen Gewässern Eisfisch (das waren die Hauptfanggebiete der Rostocker) gefangen, sondern auch verschiedene Beifänge wie Rochen, Seespinnen, Haie und Muscheln nach Seemannsart zubereitet. Rezepte, oft von alten Seemännern abgeschaut, die er in einem »Hochseefischer-Spezialitäten-Kochbüchlein« veröffentlichen möchte und von denen er uns einige sozusagen zum »Anfüttern« überließ, denn wie er schrieb: »Die Rezepte sind von einem Hochseefischer erarbeitet und ... all den Hochseefischern gewidmet, die in der DDR-Hochseeflotte arbeiteten und die Härten der Fischerei genau kennen.«

Ausprobieren dürfen sie natürlich auch die anderen Leser!

Eierspeisen mit Fisch oder Meeresfrüchten

Norweger Schmör

Dieses Hochseefischerrezept ist auf unserem Dampfer frei kreiert worden und ein schnelles und einfaches Frühstücksgericht.

Es besteht aus einer Scheibe Weizenbrot, gebratenem Makrelenfilet und Tomatensoße (man kann auch Makrelenfilet in Tomate aus der Fischdose verwenden, dies allerdings etwas warm machen).

Angerichtet wird das auf einer Scheibe Weizenbrot, den Fisch mit der Tomatensoße obendrauf, auf das Ganze kommen noch 1–2 Rühreier, und garniert wird es mit frischem Schnittlauch und frischer Petersilie.

Rührei mit Shrimps

In einer kleinen Stilpfanne etwas Margarine erhitzen, gekochte und gesäuberte Shrimps darin anschwitzen (man kann auch einige Zwiebelwürfel dazugeben), in eine Mug (in der Seemannssprache Tasse) 2–3 Eier einschlagen, mit einer Prise Salz und einer Prise Pfeffer würzen und mit einer Gabel kräftig durchschlagen. Die Eier in die heiße Pfanne geben und mit einem Holzlöffel das Rührei ziehen, bis es gestockt ist. Mit frischen Kräutern garnieren. Die Shrimps können auch durch Miesmuscheln, Thunfisch, Räucherfisch usw. ersetzt werden.

Omelett mit Kalmarragout

Für das Omelett: 2 Eier, eine Prise Salz, etwas Margarine für die Pfanne

Für das Kalmarragout: 125 g Butter, ca. 1 l Fischbrühe, 10 vorgekochte Kalmartuben in kleine Würfel geschnitten, ½ Dose grüne Erbsen, 1 kleine Dose Champignons in Scheiben, ½ Dose Mais, ¼ l Weißwein, etwas Mehl, Salz, weißer Pfeffer, einen TL Zitronensaft, Worcestersoße, ⅛ l saure Sahne

Die Butter in einem hohen Topf auslassen, mit dem Mehl (3 – 4 Eßl.) verrühren, und eine Mehlschwitze bereiten, mit der kalten Fischbrühe auffüllen und leicht aufkochen lassen. Wenn diese weiße Grundsoße zu dick wird, dann noch etwas Flüssigkeit zugeben. (Die Fischbrühe sollte nach und nach zugegeben werden, man muß nämlich aufpassen, daß es nicht zu dünn wird.) Die vorgekochten Kalmarwürfel in einer Schüssel mit dem Weißwein, Zitronensaft, Worcestersoße, Salz, einer Prise Zucker und dem weißen Pfeffer zuvor ca. ½ Stunde marinieren. Von der weißen Grundsoße die Hälfte abnehmen, das Gemüse mit der anderen Hälfte aufkochen lassen. Wenn die weiße Grundsoße mit dem Gemüse leicht kocht, dann die marinierten Kalmarwürfel dazugeben und alles miteinander kurz aufkochen lassen. Ist unser Ragout zu dick, dann können wir von der Hälfte der Grundsoße, die wir abgenommen haben, wieder etwas dazugeben. Dann von der Kochstelle nehmen, die saure Sahne unterheben und nochmals mit den Gewürzen abschmecken.

Die Eier aufschlagen, die Margarine in der heißen Pfanne auslassen und ein Omelett darin ziehen. Das Omelett muß eine schöne gelbe Farbe haben, auf die eine Hälfte des Omeletts das Kalmarragout geben und die andere Hälfte darüberschlagen, auf einem Teller anrichten und mit gehackten Kräutern und einer Tomatenecke garnieren.

Fischsuppe mit verschiedenen Gemüsen

2 mittlere Kabeljaus oder Seehechte
dazu Fischmittelgräten und Köpfe vom schwarzen oder auch weißen Heilbutt
2 mittlere Gemüsezwiebeln, je 100 g in Streifen geschnittener Sellerie, Kohlrabi, Porree und Karotten, dazu ein paar gefrostete Erbsen
Olivenöl, Salz, weißer Pfeffer, etwas Chili, ¼ l Weißwein, einige Tropfen Sojasoße für die Grundbrühe, 1 Lorbeerblatt, Pimentkörner, Pfefferkörner und Röstgemüse

Die Fischgräten und -köpfe säubern und waschen, in kaltem, leicht gesalzenem Wasser langsam zum Kochen bringen. Während die Fischbrühe zu kochen beginnt, nach und nach das sich bildende Eiweiß mit einem Schaumlöffel abschöpfen, damit die Brühe nicht trüb werden kann. Anschließend Lorbeerblatt, die Piment- und Pfefferkörner dazugeben, etwas Gemüse (Karotten, Sellerie, Kohlrabi und ½ Zwiebel) auf der heißen Herdplatte anrösten und in der Brühe mitkochen. Die Brühe darf nicht zu sehr kochen, wir benötigen ja eine klare Brühe.

Die gesäuberten Fische in dieser Brühe garziehen, wenn Fische gar, dann Fischfleisch von Haut und Gräten befreien.

Die geputzten Gemüsezwiebeln in Streifen schneiden, etwas Olivenöl in einem Suppentopf erhitzen, die Zwiebel und das in Streifen geschnittene Gemüse darin glasig anschwitzen. Die Fischbrühe passieren und das Gemüse damit ablöschen, kurz aufkochen lassen und die Fischstücke dazugeben.

Mit den anderen Gewürzen leicht feurig abschmecken und nach Belieben mit frischen Kräutern verfeinern.

Frischer herzhafter Salat von der Seespinne mit ofenfrischen Schusterjungen

1–2 Seespinnen, 3 gekochte Eier, ½ Glas in Streifen geschnittene saure Gurken, 1 kleine Dose Champignons, 1 kleine Dose Mais, frische oder getrocknete Kräuter, Mayonnaise, saure Sahne, Salz, weißer Pfeffer, etwas Senf und einige Tropfen Worcestersoße

1–2 frisch aus dem gehievten Netz genommene Seespinnen wurden kurz in kochendem Wasser gebrüht, danach wurden Scheren und Beine geknackt und das weiße Fleisch herausgenommen. Dieses sehr schmackhafte Fleisch wird in mittlere Würfel geschnitten. Mit gekochtem, in Streifen geschnittenem Ei, in Streifen geschnittener saurer Gurke, dem Mais aus der Dose, den Champignonscheiben und frischen oder getrockneten Kräutern, der Mayonnaise, der sauren Sahne und den Gewürzen zu einem herzhaften Salat vermischen. Mit etwas Senf, einigen Tropfen Worcestersoße und vielleicht etwas Gurkensaft abschmecken. Man kann auch Krebsfleisch oder Hummerfleisch als Ersatz verwenden.

Dieser Salat schmeckt am besten mit ofenfrischen Schusterjungen, auch auf Toast oder mit frischem Schwarzbrot.

Seehecht, gedünstet, mit Senf- oder Kräutersoße und naturellen Kartoffeln

4 ausgenommene, kopflose Seehechte (küchenfertig) von ca. 20–25 cm Länge (Köpfe mit in den Fischsud geben), etwas Gemüse für den Fischsud (Karotte, Sellerie, Kohlrabi und Lauch), Salz, Piment- und Pfefferkörner, 1 Lorbeerblatt, 1 gespickte Zwiebel, Petersilienstengel oder ein Kräutersträußchen

Für die Senf- oder Kräutersoße: 125 g Butter, 4–6 Eßl. Mehl, ca. 1 l Fischsud, Salz, weißer Pfeffer, gehackte frische Kräuter (Dill, Schnittlauch, Petersilie oder auch getrocknete Kräuter) oder mittelscharfer Senf, 2–3 Eßl. saure Sahne und einige Tropfen Worcestersoße

In einer großen Pfanne gesalzenes Wasser zum Kochen bringen, das in grobe Stücke zerkleinerte Gemüse, die Gewürze und die gespickte Zwiebel zugeben und alles miteinander kurz aufkochen lassen.

Die Hitze klein halten, so daß es köchelt, und die Fische einlegen, ca. 15–20 Minuten darin garziehen lassen. In der Zwischenzeit wird in einem Topf Margarine erhitzt und mit dem Mehl eine Schwitze bereitet, diese wird mit wenig kaltem Wasser abgelöscht, damit sich keine Klumpen bilden. Dann wird mit dem bereiteten Fischsud nach und nach unter ständigem Rühren aufgefüllt und eine cremige Soße bereitet.

Diese Soße wird mit den Kräutern oder dem mittelscharfen Senf und den Gewürzen lieblich abgeschmeckt und mit einigen Tropfen Worcestersoße und der sauren Sahne verfeinert. Sind unsere Fischstücke gar, dann werden diese auf einem Teller angerichtet und mit in Butter geschwenkten Kartoffeln serviert, die Soße wird über die Fischstücke gegeben.

Zusätzlich kann man auch bei der Kräutersoße frische gehackte Kräuter über unseren Fisch oder die Kartoffeln geben.

Man kann zu diesem Gericht auch einen Rohkostsalat reichen.

Rochenflügel in Knoblauchsoße mit Kartoffelpüree und Butterkarotten

1–1,5 kg frischer Rochenflügel, ¼ l Weißwein, Gemüse für den Fischsud (Karotten, Sellerie, Kohlrabi, Lauch, Zwiebeln und ein Kräutersträußchen), Salz, weißer Pfeffer, Worcestersoße und 2–3 Zehen frisch geriebener Knoblauch

Die Rochenflügel portionieren und mit kochendem Wasser überbrühen, anschließend die Haut abziehen. Danach den Rochen mit Wasser bedecken, Salz, die geputzten, in grobe Stücke geschnittenen Gemüse zugeben und alles zum Kochen bringen. Wenn der Sud kocht, auf kleiner Flamme weiterköcheln lassen. Für die Knoblauchsoße wird eine weiße Grundsoße mit dem Fischfond bereitet und mit frischem geriebenen Knoblauch, weißem Pfeffer, Salz Worcestersoße und dem Weißwein abgeschmeckt.

Beim Anrichten kann der Mittelknorpel entfernt werden, und dann wird der Rochenflügel auf einem Teller mit Kartoffelpüree und Butterkarotten angerichtet und mit Knoblauchsoße überzogen.

Gebratenes Rotbarschfilet mit Pfirsich überbacken, Pommes frites

4 größere vorbereitete Rotbarschfilets, Salz, Pfeffer, etwas scharfer Paprika, eine Prise Curry, Zitronensaft, Mehl zum Mehlieren, etwas Margarine zum Braten, 1 Dose Pfirsiche halbe Frucht, 4 große Scheiben Käse (Emmentaler) zum Überbacken

Die vorbereiteten Rotbarschfilets mit Pfeffer, scharfem Paprika und Curry würzen, mehlieren und im heißen Fett goldgelb braten, anschließend etwas salzen.

Die gebratenen Filets abtropfen lassen und auf ein Backblech geben, mit einer Pfirsichhälfte bei mittlerer Hitze im Backofen ca. 10 Minuten überbacken.

Der Pfirsich kann auch in Scheiben oder als Fächer auf das Fischfilet gelegt werden. Der Käse kann durch eine Sauce Hollandaise ersetzt werden.

Man kann dieses Gericht, wenn man den Käse zum Überbacken verwendet, damit es nicht zu trocken wird, nach dem Überbacken leicht mit Pfirsichsaft glasieren.

Dieses Gericht kann mit Pommes frites, aber auch mit anderen Beilagen serviert werden.

Gekochter weißer Heilbutt in Kräutersoße mit Salzkartoffeln und grünem Salat

Der weiße Heilbutt ist ein besonders schmackhafter und seltener Fisch. Er lebt im Nord-Atlantik, kann bis zu 4 m lang und sehr alt werden und bis zu 300 kg wiegen. Größere Fische werden filetiert und portioniert und kleinere Fische in mittlere Stücke geschnitten.

4 Stücke Filet à 150 g, für den Fischsud folgende Gewürze: Piment, Pfefferkörner, Lorbeerlaub, Salz, 3 Nelken, etwas Zitronensaft und folgende Gemüse: Sellerie auch mit Laub, Karotten, Kohlrabi und Porree, 125 g Butter, etwas Mehl, frische oder getrocknete Kräuter (Petersilie, Schnittlauch, Dill), Pfeffer, Worcestersoße, etwas saure Sahne

Einen flachen Topf bis zur Hälfte mit Wasser füllen und zum Kochen bringen, anschließend die Gewürze und das in grobe Stücke geschnittene Gemüse dazugeben. Alles zum Kochen bringen und dann auf ganz kleiner Flamme leicht köcheln lassen. Die Fischstücke in den Sud geben und ziehen lassen, in der Zwischenzeit die Butter auslassen und mit dem Mehl und etwas Fischsud eine helle Grundsoße bereiten.

Diese Soße mit Salz, Pfeffer, Zitronensaft und der Worcestersauce abschmecken, nochmals aufkochen lassen und die gehackten Kräuter zugeben, mit etwas saurer Sahne verfeinern. Nach 20 Minuten dürften die Fischstücke gar sein, aus dem Sud herausnehmen, die Kräutersoße darübergeben, mit Salzkartoffeln und grünem Salat anrichten und heiß servieren.

Anstelle von Kräutersoße kann man auch Senf- oder Meerrettichsoße servieren.

Orientalischer Meeresfrüchtespieß in Sesamteig gebacken mit Pommes frites und Feuerlandsoße

200 g gefrostete Shrimps, 200 g gefrostete Scallops, 300 g frisches Kabeljaufilet, 1 Dose Ananasscheiben, 1 Dose Pfirsichhälften

Die Ananasscheiben, Pfirsichhälften und Kabeljaufilets in größere Würfel schneiden und alle Zutaten abwechselnd auf Spieße stecken.

Für den Ausbackteig: je nach Bedarf ½ bis 1 l kalte Milch (und zum Teil auch etwas Ananas- und Pfirsichsaft), Weizenmehl und Stärkemehl nach Bedarf, einige Tropfen Sojasoße, 2–3 Eier, eine Messerspitze Backpulver, Salz, weißer Pfeffer und 3–4 Eßl. Sesamkörner

Aus der Flüssigkeit und dem gemischt-gesiebten Mehl/Stärkemehl mit einem Schneebesen einen dickflüssigen Teig bereiten, die Eier, Gewürze, Sojasoße und das Backpulver unterrühren. Danach die Sesamkörner untermischen, wenn die Körner zuviel Flüssigkeit aufsaugen und der Teig dadurch zu dick wird, muß noch etwas Flüssigkeit zugegeben werden. Der Teig darf aber weder zu dick noch zu dünn sein, sondern muß eine mittlere Konsistenz haben.

Die Meeresfrüchtespieße in dem Teig wenden und in der Fritteuse in heißem Öl bei 250 °C goldgelb ausbacken.

Dieses Gericht kann mit Pommes frites und Feuerlandsoße angerichtet und serviert werden. Die Feuerlandsoße ist eine scharf würzige, etwas dickere Tomatensoße mit Mandarinenstücken, scharfem roten Paprika und Chili oder Cayenne-Pfeffer.

Diese Soße ist frei nach Art der Hochseefischer erfunden und kann auch durch eine ähnliche Soße ersetzt werden.

Gebratene grüne Heringe mit warmen Speckkartoffeln und saurem Rosenkohlsalat

4–6 grüne Heringe, Salz, Pfeffer, Zitronensaft, Mehl zum Mehlieren, etwas Bratfett, frischer Schnittlauch, 4–6 Zitronenecken

Die gesäuberten Heringe gründlich waschen, man kann sie vor dem Zubereiten einige Zeit in Milch einlegen, dadurch verliert sich der strenge Fischgeruch etwas. Die Heringe werden dann gepfeffert, gesalzen und mit Zitronensaft mariniert. Danach in Weizenmehl wenden und im heißen Bratfett in einer Stilpfanne goldgelb braten.

Die Speckkartoffeln werden aus gewürfeltem, geräuchertem Bauchspeck, Zwiebelwürfeln und gekochten, geschälten und in Scheiben geschnittenen Pellkartoffeln zubereitet.

Der in Würfel geschnittene Speck wird angebraten, und nach einigen Minuten werden die Zwiebelwürfel mit glasig angeschwitzt, danach die in Scheiben geschnittenen Pellkartoffeln zugeben und leicht mit anbraten. Es sollen aber keine Bratkartoffeln werden.

Zur Verfeinerung dieser Speckkartoffeln kann man bei 4 Portionen auch ¼ l saure Sahne nach dem Braten mit unterheben.

Auf diesen sehr schmackhaften Speckkartoffeln werden die gebratenen Heringe angerichtet und mit gehacktem Schnittlauch bestreut, zum Garnieren geben wir auf jeden Hering eine Zitronenecke und reichen dazu sauren Rosenkohlsalat.

Fischauflauf »Nord-West-Atlantik«

8–12 mittlere Fischfilets halb Kabeljau, halb Rotbarsch, frisches Gemüse: 2 Karotten, ½ Sellerie, ½ Kohlrabi, 1–2 Stangen Lauch, 2 kleine Zwiebeln, 2 Knoblauchzehen, 1 kleine Tasse Frostmais, 1 kleine Tasse Frosterbsen; 1/8 l Weißwein, etwas Zitronensaft, Worcestersoße, Sojasoße, Salz, weißer Pfeffer, 250 g dicke saure Sahne, 250 g geriebener Käse oder 6–8 Scheiben Emmentaler oder Edamer, gehackter Schnittlauch und Butter für die feuerfeste Form

Die frischen Fischfilets waschen und abtropfen lassen, das Gemüse putzen, die Zwiebeln und den Knoblauch schälen.

Die Karotten, den Sellerie und den Kohlrabi in dünne Streifen schneiden, den Lauch in dünne Ringe, die Zwiebeln in feine Würfel und den Knoblauch in feine Scheiben. Die Fischfilets mit einigen Tropfen Worcestersoße, Sojasoße und Zitronensaft beträufeln und 30 Min. an einem kühlen Ort marinieren lassen, danach mit Salz und weißem Pfeffer würzen. Nun eine feuerfeste mittlere Form ausbuttern und 6 Fischfilets auf dem Boden dieser Form nebeneinander schichten.

Die Zwiebelwürfel mit den Knoblauchscheiben in wenig Butter glasig dünsten und die Gemüsestreifen und die Lauchringe im kochenden Wasser kurz blanchieren und danach gut abtropfen lassen. Nun die glasigen Zwiebelwürfel, die Knoblauchscheiben, das blanchierte Gemüse, den Frostmais und die Frosterbsen gut miteinander vermischen und die Hälfte von diesem Gemüse über die Fischfilets geben. Die restlichen Fischfilets obendrauf geben, aber darauf achten, daß die Fischfilets übereinander liegen, denn zu jeder Portion gehören zwei Fischfilets, das restliche Gemüse darüber verteilen.

Mit dem Weißwein auffüllen und bei mittlerer Hitze (180 °C) ca. 25 Min. im Backofen garen, die feuerfeste Form herausnehmen und mit einem Eßlöffel die saure Sahne daraufstreichen.

Den Schnittlauch feinhacken und über die saure Sahne streuen, nun den geriebenen Käse darüber streuen und leicht mit einer Gabel unterheben.

Wieder in den Backofen geben und bei niedriger Hitze (150 °C) ca. 10–15 Min. überbacken lassen. Der Käse muß gut zerlaufen, denn er gibt diesem Gericht die Bindung, damit es beim Anrichten nicht auseinanderfällt.

Wenn dieses Gericht fertig ist, nehmen wir es aus dem Backofen, teilen es in 6 gleiche Teile, heben jede Portion vorsichtig mit einem Heber heraus und richten diese auf einem angewärmten großen Teller an, garnieren mit etwas Schnittlauch und einem Stengel Petersilie.

Labskaus

600 g gepökeltes Schweinefleisch, 1 Dose Corned beef, 150 g durchwachsener Bauchspeck, 2 Zwiebeln, 4 Salzheringe, 400 g Stampfkartoffeln, 1 Lorbeerblatt, Pfeffer, Muskat, etwas Rote Bete, 4 Gewürzgurken, 4–6 Eier und ca. ½ l Fleischbrühe

Das gepökelte Schweinefleisch und das Corned beef durch die grobe Scheibe des Fleischwolfes drehen. Den durchwachsenen Bauchspeck, die Zwiebeln und die entgräteten Salzheringe (evtl. 2 Tage zuvor wässern) in Würfel schneiden.

Den gewürfelten Bauchspeck in einer großen Pfanne auslassen und die Zwiebelwürfel darin anschwitzen, dann das gewolfte Fleisch dazugeben und alles etwas anbraten. Mit Pfeffer, geriebener Muskatnuß und dem Lorbeerblatt (das später wieder entnommen wird) würzen.

Das Ganze nun leicht schmoren lassen, die Stampfkartoffeln und je nach Bedarf etwas Fleischbrühe dazugeben. Alles miteinander vermengen und auf einer vorgewärmten Platte portionsweise anrichten und pro Portion ein Spiegelei obendrauf geben, mit Rote-Bete-Scheiben und Gewürzgurkenwürfeln garnieren.

Es besteht auch die Möglichkeit, die Rote Bete und die Gewürzgurke zu würfeln und mit unter die Masse zu mischen. Diese Variante war bei vielen Hochseefischern sehr verbreitet, ist aber vom Optischen nicht empfehlenswert.

Es gibt in der langen Zeit der Seefahrt viele Varianten von Labskaus, ich selbst kenne das originale Rezept nicht.

Dieses Rezept stammt von unserem Bootsmann Kurt Engelhardt, dem ich mit der Veröffentlichung dieses Rezeptes in meinem Buch dafür danken möchte.